English-Maay Dictionary

Published by
Adonis & Abbey Publishers Ltd
P.O. Box 43418
London
SE11 4XZ
http://www.adonis-abbey.com
Email: editor@adonis-abbey.com

First Edition, July 2007

Copyright 2007 © Mohamed Haji Mukhtar & Omar Moalim Ahmed

British Library Cataloguing-in-Publication Data
A catalogue record for this book is available from the British Library

ISBN: 9781905068890 (HB)

Printed and bound in Great Britain

English-Maay Dictionary

By

Mohamed Haji Mukhtar
&
Omar Moalim Ahmed

Adonis & Abbey
Publishers Ltd

Table of Contents

Preface

This is the first English-Maay Dictionary. The idea of this Dictionary was conceived during many years of studying and researching Somali history and culture. In 1972 when Somalia adopted one Somali language Af-Mahaa as the official language of the country, I was in Cairo, Egypt completing my Masters program on Somali history at Al-Azhar University. I was the president of the Somali Student Association at 36 Sherif Pasha Street. One evening during a regular meeting of the association, a student spoke in Af-Maay and another shouted at him, and said: "warya! ku hadal af-Somali", hey you! speak Somali language, referring to the Af-Mahaa. The speaker of the Af-Maay responded aggressively, and feast fighting evolved, and the situation became so tense. As a moderator, I allowed to hear more intervention from the floor, but in a civil manner. There were supporters for both languages. What struck me the most neither side was willing to give in. Thus, a compromising argument came from the floor. Since we are all students and our means of instruction is Arabic, let us use Arabic in our formal debates a student suggested.

There are many instances that I was confronted with even more aggressive deliberations, particularly in the diaspora settings. The most alarming were phone calls, letters or e-mails from non-Somali case workers from refugee camps, immigration and naturalization officials or lawyers dealing with Somali asylum seekers, all asking translators and interpreters for Af-Maay speaking cases. The situation worsened with the lack of an appropriate English-Maay dictionary for the use of ESL teachers to help Af-Maay speaking students in the U.S.A., Canada, England, Australia and other diasporic places use English as means of instruction.

In the early 1990s I started compiling a small handbook aiming ESL programs teaching speakers of Af-Maay. When I discussed my project with public school teachers and specialists of African languages in the academic level, it became clear to me that there was a long-felt need amongst Af-Maay speakers as well. I then started to expand on the entries and sought the help of friends. Many of my friends welcomed the idea but only one Omar Moallim Ahmed committed to the plan.

During the years we received a lot of encouragements from teachers, immigration offices and legal firms. We were delighted when the Somali Peace and Reconciliation Conference of 2003 at Mbegathi, Kenya acknowledged that Af-Maay will be another official language of the Somali Republic. The Transitional Federal Charter of 2003 stated in article 7: "The official language of the Somali Republic shall be Somali (Maay and Mahaatiri)." While this marked an important breakthrough for Maay speakers, the task of standardizing the language is just beginning. In preparing this dictionary, we frequently encountered difficulties finding equivalent in Af-Maay for certain English entries, or when translating abstract concepts into Af-Maay. In many instances explanation and description had to be given. Words which have been borrowed from Af-Mahaa, Arabic, Italian, English and other related languages which are in common use, were included.

We hope that this dictionary will help to make Af-Maay accessible to anyone who wishes to learn and use the language, and encourage the Af-Maay speaking people to use the English language well.

How to Use the Dictionary

All English entries are alphabetical and printed in bold type, where the Af-Maay translations and explanations are in normal type. Italic type is used for all examples. The pronunciation of the entries are placed in between virgules. The parts of speech for each entry is placed before the translations and explanations, i.e. (n) for noun, (v) for verb, (prep) for preposition, (infl) for informal, (adv) for adverb, (pl) for plural, (abbr) for abbreviation, and (adj) for adjective. Numbers are used in cases of multiple translation and explanation for a single entry.

About the Af-Maay Language

This language is also known as "Maay", "Maaymaay" or "Maayteri" meaning (what did you say?) some times this language is also called "Af-Reewing" the Reewing language. It is the first language of Somalis living south of the Shabelle valley, in the Middle and Lower Shabelle regions, Bakool, Bay, Gedo, Middle Juba, and most of Lower Juba regions, and most of the Banadir. Af-Maay is also spoken in parts of the Northern Frontier District of Kenya (NFD) and the Southwestern regions of Ethiopia. This language is intelligible by Digil speakers of Af-Garre, Af-Dabarre, Af-Jiddu and Af-Tunni, but unintelligible to the Af-Mahaa known as Af-Somali, the Somali language, speakers of the north and northeast of the Shabelle valley, except for urbanized and itinerant populations. There are no pharyngeal sounds, but there are nasals, fricatives and plosives.

Maay Script

A modified Latin-based orthography for Af-Maay adopted at the first Inter-Riverine Studies Association (ISA) Congress, held in Toronto, Canada, in 1994. In 1972, the former Somali Democratic Republic adopted a Latin-based script for Af-Mahaa, which became the official language of the nation. Maay speakers responded by aggressively working on the development of their own script. In 1976, a secret association, the Af-Yaal (Language Keepers), was founded to revive Maay language and culture, but by 1980 many Af-Yaal members were persecuted, imprisoned or driven into exile. It was those in exile who developed various forms of Maay scripts. Since 1991 and the collapse of Somalia's state floods of Maay speaking refugees arrived in refugee camps in the Horn of Africa and many were given asylum to Europe, the United States, Canada and Australia.

The Maay alphabet known as Alif-Maay is composed of 34 letters. There are 24 consonants called *shibly*: B, P, T, J, JH, D, TH, R, S, SH, DH, G, GH, GN, Q, F, K, L, M, N, NG, W, H, and Y. The vowels are called *shaghal*: A, E, I, O, U, AA, EE, II, OO, UU and Y if preceded by a consonant, as in *dugsy* (school) or *serby* (rod).

There are six vowels and consonants that are exclusive to Af-Maay and not present in the official recognized Af-Mahaa. They are: (1) P, which always occurs in the middle of the word, a sound produced by the lips, similar to the English P, i.e. *heped* (chest), *hopoog* (scarf for women), or *opy* (placenta). (2) JH, a guttural sound close to the English J, i.e. *jheer* (shyness), *jhiryng* (fracture), or *jhiir* (name of a grazing land northeast of Baidoa). (3) TH, pronounced as th in the English article "the," i.e. *mathal* (appointment), *ething* (permission), or *mathy* (head). (4) GH, pronounced as in the Arabic *ghayn*, i.e. *haghar* (deceive) or *naghaar* (crowd). (5) NG, similar to the end sounds of the English word, "helping," i.e. *angkaar* (curse), *engjeg* (dry) or *oong* (thirst). (6) GN, like the Italian signora, i.e. *gnagnur* (cat) or *maagny* (ocean).

When Af-Mahaa was the official language, people speaking these sounds faced difficult in writing. If one's name held those sounds not recognized as standard, the name would be transliterated into Af-Mahaa and, thus, it was possible not to recognize one's official name, i.e. Iddiraang Mad Emet in Af-Maay would become Cabdiraxmaan Muxammad Axmed in the official Af-Mahaa.

Acknowledgements

This dictionary resulted from the generous assistance of many people. Special thanks go to my father Malak Mukhtar Malak Hassan who is now 104 years of age and provided a wealth of insights, detailed corrections and comments to many entries and pronunciations. I consider myself enormously fortunate to be raised by my mother Keeray Alyow Haydar who is 92 years of age and speaks only Af-Maay and taught me fluently. I am indebted to my colleague Omar Moallim Ahmed who coauthored the dictionary, without him this work would have not been completed. I would also like to thank Mohamed Haji Eddow and Liban Nur Ali of Baidoa.com for their encouragement and specially for contributing entries to accelerate the work. I would also like to thank the National Somali Bantu Project at Portland State University for their unflagging support and encouragement.

I am grateful for the support of Sharif Hassan Sheikh Adan, the Speaker of the Transitional Federal Parliament (TFG) who facilitated my final interviews with cultural icons in Mogadishu in 2005. My gratitude and my appreciation goes to my brothers Hassan; Abdikarim; my sisters Maryan, Malayka, and Anab who accompanied me with family owned track from Baidoa to Jilibow for my protection and security in 2005. I must admit that without -my youngest daughter- Subeida's back up from Wajid to Huddur, I would have not arrived to Huddur safely. Praise and thanks are due to Allah who saved me from the attempt on my life in Huddur in July 2005.

A number of scholars provided encouragements, insights and advice in the course of compilization of this work. They include Lee Cassanelli, University of Pennsylvania; Lidwien Kapteijns, Wellesley College; Suzanne Lilus, Abo Akademi University, Finland; Ambassador Salah Mohamed Ali; Abdi Kusow, Oakland University; Abdullahi Osman, University of Georgia; Ali Jimale Ahmed, Queens College; Ambassador Mohamoud Dirir Minister of Culture and Tourism, Ethiopia; Mohamed Hussein Moallim, Hedmark Islamic Cultural Center, Norway and Mohamed Ahmed Nur "Awsheeng" of Center for Peacebuilding Initiative, Inc.

Finally, my family –Robey, Saida, Salah, and Subeida – are, in a word, the best. I love and value them more than it is possible to say, especially in a dictionary.

Mohamed Haji Mukhtar
Savannah, Georgia
May 2007

The Dictionary

A

A,a/ey/ harafky koowaad oo farty ingriinsky.

abandon/abandan/ (v) ku tabow, gooyow. *She abandoned her car in the snow.*

abbey/abey/ (n) itho kaniisidy lety oo soorooying ky noolying waany ky shaqeeyayaang.

abbot/abat/ (n) langky mathyghy ing eh soorooyingky amy widaadethy gaalathy.

abbreviation/abreviyeeshan/ (n) harfy laha gaabiyi, sithy *CD* oo lahaku gaabiyi *compact disc.*

abdicate/abdhiket/ (v) hukung usku dhaafow, hool ku herow amy ku fedheethow.

abdomen/abdomen/ (n) hathuung.

abhor/abhoor/ (v) kahathow.

abhorrent (adj) wal eed lyng kahathaw oo hung.

abide/abaayidh/ (v) shar'ighy amy heer ly rahy. *Please abide by the rules.*

ability/ability/ (n) tabar qofky wal ky qobythikory.

able/eybal/ (adj) tabar, yibaad.

abnormal/abnormal/ (adj) wal yaab leh (wal aathy ing haayny).

abominable/aboominabal/ (adj) eed ing hung.

aboard/aboord/ (adv) kor, eleeng, fuul. *They went aboard the ship.*

aborigines/aborijinees/ (n) dadky assalky eh oo dhul lyngky kooyi.

abortion/aboorshan/ (n) dhiisis (unug laha rithi).

about/abaawt/ (prep) 1. ky saabsyng. *A story about foxes.* 2. ing dhowaan. *It is about four o'clock.* 3. inty i heggy. *The children were running about in the street.*

above/abbav/ (prep) kor, eleeng.

abrasive/abraysive/ (adj) 1. wal kakyng oo wal hooly kory amy nathiifiyi kory 2. etheb dorong amy amal hung.

abreast/abreest/ (adv) is baal dereery, is dhiny dereery. *We run four abreast.*

abridged/abrijid/ (adv) wal laha gaabiyi.

abroad/abrood/ (adv) binaangky, bangky, goony haang arly dathow.

abrupt/abrabt/ (adj) 1. kethis. 2. etheb doryng.

abscess/abses/ (n) meel bararsyng oo maly leh.

absence/absens/ (n) moqonaashy

absent/absent/ (adj) eleeyi, moqong. *Emet is absent from school today.*

absolute/absolut/ (adj) dhong, dhimaatiryng. *The witness told the absolute truth.*

absorb/absoorb/(v)dhuughow, nuughow.

absorbent/absoorbant/ (adj) shey wal nuughaw.

abstain/abasteyn/ (v) 1. shumug, ku herow, dhaafow, ku dheerathow. 2. ku shib errow, wal ingky darytoy.

abstract/abastarakt/ (adj) wal fikirley eh oo lyng taabythy korny. *Feeling is a abstract word.*

absurd/abserd/ (adj) ly yaab leh oo masqang gal ing haayny amy dabbaalnymy eh.

abundant/abandant/ (adj) eed ing bathang, wal ku bathing, siyaady eh. *We have an abundant supply of food.*

abuse/abyuus/ (v) 1. aayow. 2. goldhowow. 3. wal sy gef eh lyng etheegsythy, had-guthub, had-dhaaf. *Abuse of power or drugs.*

abysmal/abismal/ (adj) wal hung.

abyss/abis/ (n) showly gunging lahaayny.

academic/akademik/ (adj) wal baryshy amy wal iskoolky lyky barythaw.

academy/akademy/ (n) iskool amy dugsy goony eh oo lyngky telygaly wal baryshy korreeyty.

accelerate/akselarayt/(v) sheelereeyow, kabaal-kuurrumow, hoog ing dereerow. *He accelerated the vehicle.*

accelerator/akselareytor/ (n) sheellery.

accent/aksent/ (n) lahjy (sythy afky qofky ingky hathalaaw). *He speaks English with a Canadian accent*

accept/aksept/ (v)agbalow, oggolaathow.

acceptance/akseptans/ (n) agbalaad.

acceptable/akseptabal/ (adj) ly agbaly kory.

access/akses/ (n) 1. mary (jid mary). (v) 2. wal ly hely kory amy ly deery kory. *I have an access to the information.*

accessible/aksessabal/ (adj) ly mary kory, ly deery kory, ly hely kory.

accessory/aksesory/ (n) wal siyaady eh amy dheeraad eh.

accident/aksithent/ (n) 1. kethis. 2. berber, derder.

accommodate/akomodayt/(v) deeghow, qaathow. *The house can accommodate up to four people.*

accommodation/akomodeyshan/ (n) meel ly deghaw (albeergy).

accompany/akambany/ (v) weheliy-ow, ly jerow.

accompaniment/akampaniment/ (n) ed i muusiky weheliyaang hees.

accomplice/akomplis/ (n) qof dembiily eh galang siyow.

accomplish/akompylish/(v) dham-maayow, leeyow.

accomplished/akompylisht/ (adj) ly leeyi.

accord/akoord/ (n) hellis.

according to/akoording tu/ (prep) yeetho ly rahaw amy lyng fiiriyaw. *According to Aliyow, this movie was a good one.*

account/akaawnt/ (n) 1. tiry, hisaab. 2. koonty bang-gy. 3. bayaang, hathal amy doo ly abtughy.

accountant/akaawntant/ (n) tiry haayi, hisaab haayi (hisaabiyi).

accumulate/akyuumulayt/ (v) kuusymow, isky darymow, inis seethow.

accurate/akuret/ (adj) dhab eh, toosyng (sah eh).

accuracy/akurasi/ (n) sah (lahang amy qalad in lahaayny).

accuse/akyuus/ (v) da'weeyow, eetheyow. *He was accused of stealing*

accustomed/akastamd/ (adj) lyng barythy, aathy liky dhikythy (aathy lyky weeldhythy). *He is not accustomed to fasting*

ace/eys/ (n) yaky (baal turub).

ache/ayk/ (n) dhuuris, lahaw, dhimow.

ache/ayk/ (v) dhuuriyow. *My head aches.*

achieve/ajiiv/ (v) deerow, liibanow. *He achieved his goals.*

achievement/ajiivment/ (n) hormar, liibang.

acid/asid/ (n) asiid amy aashity.

acid rain (n) roob asiid leh.

acknowledge/aknolej/ (v) gorothow, oggolaathow, qirow.

acknowledgement/aknolejment/ (n) i'tiraaf (ing mahad naghow)

acne/aknii/ (n) fing qooq, fing barbaar.

acoustic/akustik/ (n) wal edky amy qaylythy ky hiring.

acquaintance/akweyntans/(n) goryshy, og (lang hanuung lyng gorythaany).

acquire/akwayer/ (v) kasbythow, deerow amy helow.

acquit/akwit/ (v) demby ku waayow. *The jury acquited the person accused of the crime.*

acquittal (n) demby ku dhaaf, dey.

acre/eykar/ (n) hektaar (dhul billeershey dhong ilaa 43,560 lugaad amy 4047 mitir oo wereeg eh).

acrobat/ekrobat/ (n) lang fufudud oo jineestiky kasaw.

acronym/akronim/ (n) harfy laha gaabiyi sythy *BBC* oo lahaku gaabiyi amy ing teeghyng: *British Broadcasting Corporation.*

across/akroos/ (prep), (adv) gooy, dhiny amy guthub. *He ran across the bridge.*

act/akt/ (v) weelow, suubiyow, falow.

act/akt/ (n) hukung, shar'i.

action/akshan/ fal, wal ly weelaw. *Her swift action saved his life.*

active/aktiv/ (adj) karty leh, wal qobyd leh, maghuuf eh.

activity/aktivity/ (n) falal (wal qofky suubiyaw).

actor/aktor/ (n) atoory; langky shaneemothy amy filinky masilaw.

actress/aktres/ (n) atriishy (qofty filingky masilaasy).

actual/akjuwal/ (adj) dhab eh, rung eh, haqiiqy eh.

actually/akjuali/ (adv) rung haang. *Actually, he is not telling the truth.*

acupuncture/akupankjar/ (n) toob irbitheed.

acute/akyuut/ (adj) hanuung dorong. *I got an acute pain in my side.*

acute angle/akyuut angal/ (n) haghal 90 derejy (digrii) ku yer. Fiiri **triangle**, seddi gaasly.

A.D./ey-dii/ (abbr) harfy laha gaab⹂yi oo ing teeghyng: *Anno Domino* oo *Latin* eh. way lyng etheegsytheeyi naⱡy liisy dhalyshithis ku reed.

adapt/adapt/ (v) ly qobsythow, ing barythow. *When the family moved to Somalia, they had to adapt to the warm weather.*

adaptable/adaptabal/ (adj) lyly qobsythy kory.

adaptation/adapteyshan/ (n) sheeky qoryng oo filyng lyng beddeli.

adaptor/adaptar/ (n) beddely.

add/ad/ (v) iskydarow. *If you add two and one, you get three.*

addition/adishan/ (n) 1. isky darky hisaabty. 2. siyaady (wal wal lyky dary)

additional/adishanal/ (adj) wal siyaady eh.

adder/aadhar/ (n) dhejy yer oo ɲariid leh.

addict/aadikt/ (n) qof wal hung aathy ky dhikithy waany ungku hery korny.

address/adrees/ (n) inwaang (meelly qofky ky nooli amy ky sugygni).

adequate/adhekwit/ (adj) ky fiⱡyng (kifaayi). *The food is adequate.*

adhesive/adh-hiisiv/ (n) shey wal ky dheghaw, sithy koollithy.

adhesive/adh-hiisiv/ (adj) dhedheg leh, dhedheg eh.

adjacent/adjeysent/ (adj) ky dheⱬgyng, dhiny yaaly.

adjective/aadjaktiv/ (n) eeng, sify (shey maghaaghy wal ku sheeghaw). *The suitcase is blue.*

adjourn/adjoorn/ (v) hirow, hakiyow, reed ing dhikow. *The meeting was adjourned.*

adjust/ajast/ (v) isky toosiyow.

administration/administareyshan/ (n) maamul. *The principal is the head of the school administration.*

admiral/admaral/ (n) lang teliye eh oo askarty maagnathy ku mid eh.

admire/admaayar/ (v) ku helow, jee-lathow. *Everyone admired Hassan's painting.*

admirable/admaayrabal/ (adj) luku hely, lyng boghy.

admit/admit/ (v) 1. qirow. 2. oggolaathow. 3. ky darow.

admission/admisshan/ (n) oggolaashy.

adolescence/adolsens/ (n) dhallany-ernimy, barbaarnimy.

adopt/adhapt/ (v) 1. korsythow unug athy ing dhalny. *I am willing to adopt more children.*

adoption/adapshan/ (n) koris, korsi-igni (unug amy owlaad dathow korsythow).

adore/adoor/ (v) 1. hanuung jee-lathow (lang athy eed ing jelly amy derjaayasy). *I adore my mother.* 2. aabuthow (Ilaahey aabuthow).

adorn/adoorn/ (v) bilow (suu-ruthooyow). *We adorned the room with flowers.*

adornment/adornment/ (n) wal oo wal lyky suuruthooyaw amy lyky sharahaw.

adult/aadholt/ (n) qof wiing amy kori (waayel).

adulthood/adalthuud/ (n) aw-reer, wiinang.

advance/advaans/ (v) 1. hor ing bahow, hor ing dereerow. (n) 2. hormar

advanced (adj) hormarsyng.

advantage/advaantij/ (n) waltar leh, faa'ithy leh. *In basketball, it is an advantage to be tall.*

advent/aadvent/ (n) wal usub oo ha bahy.

adventure/adhvenjar/ (n) wal hekaar eh amy dhib bathyng (isbiimees). *We got lost in the snow. It was a great adventure.*

adverb/aadverb/ (n) kelimy amy haraf wal ku sheeghaw falky amy sifithy. *Carefully, quickly and very are adverbs.*

adversary/adversari/ (n) qof amy waddang othow etiing (lang hakoo horjeethy).

adverse/advers/ (adj) wal kiing doryng.

advertise/advertays/ (v) dighow, wargiliyow.

advertisement/advertaaysment/ (n) 1. wargilis. 2. faallis (iingdheh).

advice/adhvays/ (n) waany, tely.

advise/adhvays/ (v) waaniyow, ly taliyow. *The doctor advised him to stay in bed.*

aerial/eeriyal/ (n) anteeny.

aerobics/erobiks/ (n) dhydhiinsyshy (alalymiinty).

aeronautics/eeronootiks/ (n) ilmyghy baabuur-buubaghy.

affair/afeer/ (n) arryng, haalyd. *I don't want to know about his affairs.*

affairs/afeers/ (n) maal. *A lawyer handles the firm's affairs.*

affect/affekt/ (v) wal deersiyow, wal weelow. *The lack of rain may affect the crops.*

affection/afekshan/ (n) jeelang, ing roonang. *I have a great affection for my kids.*

affirm/affiirm/ (v) sughow, haqiijiy-ow amy eddaayow.

affix/affiks/ (v) dhejiyow, isky hirow. *I affixed labels to the envelopes.*

afflict/aflikt/ (v) lahawow, dhib deerow. *He was afflicted by a disease.*

affliction/aflikshan/ (n) wal jirry sheenaw.

affluent/aafluwant/ (adj) tanaad eh, dheregsyng, taajir eh.

afford/affoord/ (v) tabar ing lahaathow. *Can you afford to buy a home.*

afraid/afreyd/ (adj) obsy, welwel.

after/aftar/ (prep) ku reed, ku ba'dy.

aftermath/aftarmaath/ (n) ku reed. *The aftermath of war.*

afternoon/aftarnuun/ (n) duhur amy assar (waqtighy duhurky ilaa maghribky ing dhoheeyi)

afterward, afterwards/aftarwoord/ (adj) markaas ku reed.

again/ageyn/ (adv) mar kely, mar lammaad. *Tell me that story again.*

against/agenist/ (prep) 1. haku horjeethy, lid ky eh. *He voted against the bill.* 2. ky tiirsing. *Stand the ladder against the wall.*

age/eeyj/ (n) 1. gu, siny, de'y. 2. waqty.

ages/eeyjis/ (n) waqty dheer.

aged (adj) de' eh amy de'y eh, gu wiing, waayel eh.

agency/eeyjansi/ (n) wakiil amy wakaaly.

agent/eeyjant/ (n) 1. dillaal, shahhaad (qof oo qof kely hool ing galaw). 2. tiftif, bassaas.

aggravate/aggraveyt/ (v) 1. ku dorsythow (haalid humaati oo lisii humaayi amy lisii qasy). *Being out in the cold weather aggravated his cold.* 2. dhirfiyow.

aggressive/aggressiv/ (adj) rabshy bathyng.

aggression/aggreshan/ (n) ol, gardorry billaawow (ol qaathow).

agile/aajil/ (adj) eed ing fufudud, nunughul.

agility/ajiliti/ (n) nuglaang.

agitate/ajiteyt/ (v) kiyow, boorriyow.

agnostic/agnaastik/ (n) gaal, diing ing lahaayny (qof Ilaahey ini jery ing aaminsinaayny).

ago/agow/ (adv) haty ku hor, waqty ku hor, waqty taby. *He left two weeks ago.*

agony/aagany/ (n) lahaw dorong. *He was in agony from the toothache.*

agree/agrii/ (v) 1. oggolaathow. 2. ky rahow.

agreement/agriiment (n) hellis.

agriculture/agrikaljar/ (n) wal beer ly hariiry.

agricultural/agrikaljural/ (adj) walaaghi beer lu ky leh.

aground/agraawnd/ (adv) tiimbyshy amy deghow sithy markab iwm. *The ship ran aground.*

ahead/aheed/ (adv) 1. hor. 2. ku hor.

aid/eyd/ (n) 1. kaalmy, gergaar. (v) 2. kaalmeyow, wal tarow.

AIDS/eeydhis/ (n) harfy laha gaabiyi oo ing teeghyng : *acquired immune deficiency syndrome* bushy oo korky tabarty wal uskuky reeby fathy ku leeyaw.

ailment/eeylment/ (n) bushy, jirry.

aim/eeym/ (v) 1. shiishow, abbaarow. (n) 2. toog, qesed, muraad.

air/eer/ (n) neef, howy.

air-conditioning/eerkondishining/ (n) howy ly habriiriyi.

air-conditioned/eerkondishanid/ (adj) habriiriye leh.

aircraft/eerkraft/ (n) baabur-buuby, dayuury amy helikobtar.

air force/eer foorcy/ (n) olky dayuurythy i dadky wethaw.

airline/eerlaayn/ (n) ururky amy kambanighy dayuurytho leh.

airliner/eerlaayner/ (n) dayuury wiing.

airplane/eerpleyn/ (n) baabur-buuby, dayuury.

airport/eerpoort/ (n) dayuurydegheeng.

airtight/eertaayt/ (adj) debeel dhuugsyng (eed ing hiryng, neef amy debeel ing galy korny maany ingku bahy korny).

aisle/aayal/ (n) gember-mary, korsymary (gemberre maraghy highy). *He likes to sit next to the aisle when he flies.*

ajar/ajaar/ (adj) waabysyng, wal yer furung. *The back door was ajar.*

alarm/alaarm/ (n) 1. obsy, nahow. 2. wal kiing dighaw sithy koorty amy gambaleelky. (v) 3. obsiyow, nahiyow.

alarm clock/alaarm klok/ (n) sa'ad weerasy, sa'ad koor leh oo dad kiyaasy.

albino/albiino/ (n) qof amy hooly korky dhong ku ed amy dhoghortiyo eddy.

album/albam/ (n) 1. albung. 2. ajal.

alcohol/alkahol/ (n) aalkoly.

alcoholic/alkaholik/ (n) aalkolisty.

alert/alert/ (n) 1.uskujer. (v) 2. ing dighow. *The government alerted the town about the coming heavy rain.*

algebra/aaljebra/ (n) aljabry (hisaab oo haraf i sumud ly etheegsyth-aw).

alias/eyliyas/ (n) maghy rasmy ing haayni amy beeng eh.

alibi/aalabaay/ (n) wal eddaayaw qofky inii meel kely jeri maddi dembyghy ly gali.

alien/eyliyan/ (adj) galty, kooyty (lang dhul kely ing dhalithi).

alight/alaayt/ (adj) oogohaayi, nuurohaayi amy gubuthohaayi. *Is the charcoal alight yet?*

alike/alaayk/ (adj) inis nag. *Emed & Eething look alike.*

alive/alaayiv/ (adj) nolol leh, nool, naf ky jerty. *His father is still alive.*

all/ool/ (adj) (adv) (pron) yoo dhong (kullysho). *We ate all the food.*

Allah/Allah/ (n) Waaq, Eebby, Ilaahey, Obbo-Ally.

allege/alleej/ (v) eetheeyow oo daliil ing lahaayny.

allegation/allegeyshan/ (n) eed.

allergy/allerji/ (n) hajhiing (wal qofky dhibaw amy jiriisiyaw). *He has an allergy to dust.*

allergic/allerjik/ (adj) allerjiyi.

alley/aali/ (n) luuq (jiiry)

alliance/allaayans/ (n) isbiirsyshy, hilfy (hellis qabiilly amy dowlythy ku dhaheeyi).

alligator/aalygaatar/ (n) yahaas luku helaw Ameeriky i Shiiny.

allocate/aalokeyt/ (v) qiibiyow. *The seats of the Somali parliament were allocated between the clans.*

allotment/allotment/ (n) sed, qiib (ul, tuf).

allow/allaaw/ (v) oggolaathow. *He was allowed to stay up late on the weekends.*

allowance/allaawans/ (n) misheer, gunny.

alloy/allooy/ (n) biry amy ma'thany lisky dhilaaliyi.

all right/ool raayt/ (adj) haatoy, feylety (okeey).

allude/aluudh/ (v) serbeebow amy hathyl qariyow. *The newsman alluded the news.*

allusion/allushan/ (n) ing kormarow.

ally/allaay/ (n) ly jery (qof oo qof kely kaalmeyaw).

almighty/oolmaayti/ (adj) tabar i taag, amy awood wiing leh, (maajey weel). *The almighty God.*

almond/oolmand/ (n) noo' loos eh.

almost/oolmoost/ (adv) bathynaang, ing dhowaang, ky sighithy. *I am almost finished with my work.*

alone/aloon/ (adj) (adv) shely, feddis. *She went home alone.*

along/aloong/ (prep) 1. baal dareery. *Along the highway.* (adv) 2. weheliyaw. *I walked to home along with my wife.* 3. hor. *After we got through the rush hour, we were able to drive along quickly.*

aloud/alaawdh/ (adv) qayly dheer. *Students will read their reports aloud to the class.*

alphabet/aalfabet/ (n) alifbeety sithy *Elif-Maay.* 2. far (far Arabi, far gury).

alphabetical/alfabetikal/ (adj) abjadi eh, lisky hijiyi yeetho ly etheegsythaw huruufty abjadky. *a,b,c,d,e*, iwm.

alpine/aalpayn/ (adj) wal buuro Aalpaynky Yurub ky yaaky ly hariiry.

already/oolredhy/ (adv) yowby. *I ran to the bus stop, but the bus had already gone.*

alright/oolrayt/ (adv) *all right* oo ly abtughy.

also/oolso/ (adv) wiliby, hitaa. *She is also the president of the company.*

alter/ooltar/ (v) dooriyow, beddelow.

alternate/ooltarneyt/ (adj) 1. tooky-tooky. (v) 2. isbeddelaw.

alternative/oolternativ/ (n) (adj) (adv) beddel kely.

although/oolthoo/ (conj) inkasty. *Although I ate a big lunch, I was hungry again in two hours.*

altitude/aaltityuud/(n) dhiirirky kor maddi maagnathy luku bilaawy.

altogether/ooltugethar/ (adv) yoo dhong, kullisho.

aluminum/alyuuminuyam/ (n) ma'than bir eh (alumiiniyam).

always/oolweys/ (adv) mar kasty, mar welby. *He is always late.*

A.M. (abbr) *Ante meridiem* oo laha gaabiyi. waqtighy ing dhaheeyi hamiing leelky ilaa duhurky 12:00 saa'.

amalgamate/amaalgameyt/ (v) isky darow, isky nuthow.

amass/amaas/ (v) kuusymow.

amateur/aamajar/ (n) 1. qof barbar-tooy eh. 2. qof dheel (*sports*) amy wal kely baashaal ley ing qobithaw oo hoollis ing haayny.

amaze/ameys/ (v) ly yaabow. *I am amazed about the news.*

amazing/ameysin/ (adj) wal lyly yaaby. *He told us an amazing story.*

ambassador/ambaasadar/ (n) safiir, wakiil (ambaashatoor).

amber/aambar/ (n) 1. anbar. 2. muthubky jaallyghy (huruud).

ambidextrous/ambidekstroos/ (adj) qof lammaathy galang sy isky hal eh wal ingky qobsithy kory.

ambiguous/aambigyuwas/ (adj) wal ma'ny bathang lahaathikory, wal mogdy ky jery, wal ing eddaayny. *That is an ambiguous story.*

ambition/ambishan/ (n) hemmy, howy, dhamy. *My brother's ambition is to become the president of Somalia.*

ambitious/ambishas/ (adj) dhamy bathang.

ambivalent/ambivalent/ (adj) diid-dyng, haku horjeedy.

amble/aambal/ (v) gagaaddiyow (tarti-ibsythow maddi ly dereeraw, lyng kuurrimaany). *We ambled through the town looking for a place to eat.*

ambulence/aambalans/ (n) ambalan-sy, otto-otty.

ambush/aambush/ (v) (n) geethow, kethis.

amen/aymen/ (interj) aamiing.

amend/amendh/ (v) beddelow, toosiyow amy sahow. *It is hard to amend the Constitution of the United States of America.*

amenity/amenati/ (n) meel amy wal lyky haasawaw amy lyky baashaalaw sithy sheneemothy iwm.

amid/eeymid/ (prep) dhaty, dhattis. *The house stood amid the big trees.*

ammonia/amooniya/ (n) sheey biyi haang eh oo wal liky nathiifiyaw oo waany hannuung ur bathang (amooniya).

ammunition/aamiyunishan/ (n) rasaas, hub.

amnesia/amniisha/(n) wal towow laang.

amnesty/amnasty/ (n) efis dowly.

among/amaang/ (prep) ku mid eh, dhaty, dhattis. *A house among the trees.*

amount/amawnt/ (n) 1. tiry, hisaab. (v) 2. inisjeeyow, isky darow. *This month, my bill amounted to $500.*

amphibian/aamfibiyan/ (v) haywaang oo bang-biyood eh sithy rakaaghy, jeerty iwm.

ample/aampal/ (adj) bathyng, dheeraad eh, dad ky filing. *We took ample food for our trip.*

amplifier/aamplyfaayar/ (n) aalid elektoroonik eh oo edky kor lingky qaathaw amy liky dheereyaw.

amplify/aamplyfaay/ (v) edky kor ing qaathow amy ing dheerayow. *He amplified the volume.*

amputate/ampiyuteyt/ (v) hubung gooyow sithy galanty, farty, luty, tafty iwm. *The doctor amputated the patient's injured hand.*

amuse/amyuus/ (v) koothiyow, baashaaliyow, dhedheeliyow. *The old man amused the children.*

amusement/amyuusment/ (n) baashaal, haasaw, dadaayow. *Playing soccer is my favorite outdoor amusement.*

analyze/analaayz/ (v) tahliil (wal si feyly ling deresi amy ling baary). *The police analyzed the crime scene.*

analyst/analist/ (n) lanky wala dersaw (langky wala tahliiliyaw).

anarchy/anarki/ (n) buuq i qayly (meel heer, naamus, i shal domboy ing jerny).

anarchic/anarkik/ (adj) heer laang, fowdy.

anatomy/anaatami/ (n) barashoothy dhismythy korky amy beddingky.

ancestor/aansestar/ (n) isir, ab.

anchor/aankor/ (n) 1. bir ulus oo qoroofyng oo silsily dheer ky hiring oo markabky amy doonty liky reebaw si ingky dhaghaagny. (v) 2. meel ky hirow.

anchovy/aanjoovi/ (n) mallaay yer oo hannuung dhinaaw.

ancient/enynshant/ (adj) 1. wal hory amy qadiim eh. 2. demeng hory.

anemia/aniimiya/ (n) dhiig yeraang.

anesthetic/anesthetik/ (n) daawathy qofky lyky suuhiyaw madii ly daaweyaw.

angel/eynjal/ (n) malaa'ik.

angelic/enjeelik/ (adj) naaris bathyny.

anger/aangar/ (n) dhirif.

angry/angri/ (adj) dhirfyng.

angle/aangal/ (n) hagal, gees. (geesky lamy jiiting ku kulumaayang).

angler/aanglar/ (n) langky mallaay baashaal haang ing geethaw oo hoollis ing haayny.

angling/aanglin/ (n) mallaay geethow goony haang madii ly dadaayaw.

anguish/aangwish/ (n) murug, mathy wereer. *The family was in anguish over the loss of their home.*

animal/aanimal/ (n) hooly, haywaang, duugny.

animation/animeeshan/ (n) 1. filing jinyjiny eh (kaartuung). 2. nynool (firfir'oong).

animosity/aanimaasiti/ (n) kahad, neebbynaang. *The animosity between them led to war.*

ankle/aankal/ (n) qoob.

annex/anneks/ (n) dhismy oo dhismy kely lyky nuthy.

annihilate/annayaleyt/ (v) leeyow, tirtirow. *The earthquake annihilated the village.*

anniversary/aannaversaari/ (n) hus (wal sinidkiiby maddo ly qobothaaw amy ly husaw).

announce/annaawns/ (v) dighow, wargiliyow, sheeghow amy naathiyow.

announcement/annawnsment/ (n) dobool ku qaathow, wargilis (ogeysiis).

annoy/annooy/ (v) dhiryfiyow, dhibow. *The loud sound of his radio annoys me.*

annual/ann-yuwal/ (adj) sinidly (sinidkiiby madoo).

anonymous/anaanymas/(adj) maghy laang eh (maghaaghy qarsyng), lyng gorythaany, lyng kassaany. *An anonymous phone call.*

anorexia/anoreksia/ (n) jirry oo hung'gury diidmy eh oo qofky hungfaary ky weelasy.

another/anathar/ (adj), (pron) ko kely.

answer/ansar/ (v) 1. jawaabow. (n) 2. jawaab.

ant/aant/ (n) wariiriyi, dhuury.

antagonize/antaaganays/ (v) dhiryfiyow, daandaansythow. *The shopkeeper's rude manner antagonized many customers.*

antagonism/antagonism/ (n) ol eh.

antagonistic/antaagonistk/ (adj) qof ky neeb.

antelope/aanteloop/ (n) eely, (deery).

antenna/antenna/ (n) 1. anteeny sithy tang raathighy amy telefishangky. 2. geeso qashing Allaaghy bershey oo wal ky dereemayaang.

anthem/aanthem/ (n) heesty arlaathy. *The national anthem.*

anthology/aanthaalajy/ (n) qoraal amy gobi oo shal geddiisyng oo hal buug linisky sheeny.

anthropology/aanthropaalajy/ (n) barashoothy ibny eedingky i dhaghangshey.

anti (pref) haku horjeedy.

antibiotic/antibayaatik/ (n) daawy irbid, kaniiny amy shorooby eh sithy benshiliinithy oo bushighy bakteeriyithy leh liky daaweyaw.

anticipate/antisipayt/ (v) jibsythow (wal dhiyi doony ly sughy).

anticlimax/aantayklaymaks,' (n) niyi-jhab, qalby jhab. *It was an anticlimax to hear the news.*

antics/antikis/ (n) (pl) wal lyky koothy oo yaab leh.

antidote/antidowt/ (n) daawethy sungky (misaal haang qof sumoowy amy sung dhamy walaaghy ly siyi fathy). *The doctor prescribed an antidote for the kid who swallowed the poison.*

antiperspirant/antiparisparant/ (n) wal korky liky rughaw oo dhithidky reebaw.

antique/antiik/ (n) shey qaddiing eh oo waany qaal eh.

antiseptic/antiseptik/ (n) daawy jeermisky reebasy amy dilaasy sithy saabuungky, aalkolithy, iwm.

antler/antlar/ (n) gaasy isky kor bahaayang sithy haang eelothy (deerothy).

anxiety/angsaayati/ (n) welwel. *We were filled with anxiety about the heavy rain.*

anxious/angshas/ (adj) ku welwelsyng.

anybody/enibadhi/ (pron) qof welby, qof kasty amy qof ly araghooby.

anyhow/enihaaw/ (adv) sy kasty, sy welby.

anyone/eniwan/ (pron) qof kasty.

anything/enithing/ (pron) wal kasty, wal welby.

anyway/eniwey/ (adv) sy kasty, sii naghytooby.

anywhere/eniweer/ (adv) meel welby.

apart/apaart/ (adv) shalgoony, shaldheer. *The buses left two hours apart.*

apartment/apartment/ (n) qol amy qolol ly ijaaraw.

apathy/apathy/ (n) wal dhamy lungku lahaayny amy lyng shal jeelayny.

ape/eeyp/ (n) daanjher dub ing lahaayny sithy goriillighy.

apex/eypiks/ (n) kugdy, luufty (sheyghy meelly ingky koreeyty)

aphid/efad/ (n) qashin-Ally, qashing nonool oo geetho kynool.

apologize/apolajays/ (v) raaly giliyow. *He apologized to his parents for being late.*

apostle/apostal/ (n) rasuul.

apostrophe/apaastrafi/ (n) summud amy hamsy ('). *Omar's book.*

appal/appool/ (v) welwelow, murughow, ku humaathow. *We were appalled by the news of the car accident.*

apparatus/aaparaatas/ (n) aaly hool goony eh lyky qobythaw.

apparent/appaarant/ (adj) 1. eed ing ed (bayaang eh). *It is apparent that he did the crime.* 2. wal rung ing dhow amy ing nag.

apparition/appaarishan/ (n) wal ing jerny oo hillimy haang lyng araghaw (reer aakyraad).

appeal/appiil/ (v) 1. dedeg wal ing warsythow. 2. wal haky jiithithaw. *This idea appeals to me.* (n) 3. raf'aang, warsishy da'wy reed ling qaathy.

appear/appiyar/ (v) 1. maathow, habahow. *He suddenly appeared from behind the house.* 2. ing nakaathow. 3. binaang bahow.

appearance/appiirans/ (n) aragty, qaabky (ing nakkaang). *Her appearance.*

appease/appiis/ (v) qoboojiyow, dijiyow sithy qof dhirfyng. *The striking workers were appeased by a raise of their wages.*

appendix/appendiks/ (n) uthurmindheer.

appetite/appatayt/ (n) hung-gury jeelang amy ing furunaang. *When he was sick he had no appetite.*

applaud/apploodh/ (v) habshyngdhowow, sa'biyow.

apple/aapal/ (n) tuffaah.

appliance/applaayans/ (n) aalaat oo sy goony eh wal ing qobythaasy, sithy vakyuumky (haaghykoronty), frinjiteerky (qoboojiyi), woosharky (kar-dhighy), burjikithy iwm.

applicant/aplikant/ (n) wal weydiyi amy arjy abtughythy.

apply/applaay/ (v) 1. wal warsythow, arjy dhikythow. *Apply for a job.* 2. wal shar'ighy lyly rahaw, lyky dabaqaw amy ling etheegsythaw. *School rules apply to everyone in the school.* 3. mariyow, dheehow. *Apply the glue to the surface.*

application/applikeyshan/ (n) arjy.

appoint/appooynt/ (v) hool amy hil ing dhiibow.

appointment/appointment/ (n) mathal, ballang.

appreciate/appreshiyeyt/ (v) qedderiyow, ing mahadnaghow. *I appreciate all your help.*

apprehensive/apprehensiv/ (adj) welwelsyng, nattyng (qof ku obsythaw wal dhiyi doony).

apprentice/apprentis/ (n) qof barbarad eh amy qof ing shaqeeyaw inii hool amy hirfi barythy.

approach/approwj/ (v) 1. ha dhowaathow. *The train is approaching.* 2. ing jeethiyow. *He approached his employer about an increase in salary.*

appropriate/approopiriyeyt/(adj) ky feyly, ky toosyng.

approve/appruuv/ (v) oggolaathow. *My dad did not approve my haircut.*

approximate/approksameyt/ (adj) ing dhowaashy.

April/eypril/ (n) Abril (billy affaraad oo sinnidky miilaadigy).

apron/aypran/ (n) mary yer oo maddi wal ly kariyaw ly gundythaw.

apt/aapt/ (adj) ky toosyng, ky feyly. *My friend gave me an apt information about the test.*

aptitude/aptityuudh/ (n) hiby. *He has an aptitude for memorizing.*

aquarium/akwaariyam/ (n) weel amy dhismy dhaly eh oo malalaayky amy wali biyi ky nool eh lyky hanaanoyaw amy lyky haayaw.

aquatic/akwaatik/ (adj) wal biyi ly hariiry. *Aquatic plants are plants that live in water.*

arable/aarabal/ (adj) athably eh amy abuur ky feyly.

arc/aark/ (n) wal qaansy haang eh. *The rainbow formed an arc in the sky.*

arcade/arkeydh/ (n) 1. dhismy amy meel dobooling oo dukaamy leh. 2. goob baashaal amy dhedheel lingky tely galy sithy dheelly fiidiyoowky iwm.

arch/aarch/ (n) dhismy laabbyng amy gothyng qaansythy haataw eh oo jid korshey lyky dhisy.

archaeology/arkiyoolojy/ (n) baryshoothy dadki hory yeetho ly fiiriyaw walaaghi ku tabeng sithy dhismy amy alaab.

archaic/arkayik/ (adj) shey qadiim eh amy walaaghi mariithi eh. *Archaic language.*

archbishop/arjbishop/ (n) withaadky diinty krishtaanky ingky wiirg.

archery/arjery/ (n) shiishting oo qaansy i gamuung ly etheegsythaw, sithy kobtyng.

archer/arjar/ (n) hergaanty.

archipelago/arkapelago/ (n) jasiirythy bathang.

architect/arkitekt/ (n) langky qaabky amy naqshiddi itho dejhiyaw. *The architect showed them the designs of their house.*

archives/arkayvis/ (n) meelly lyky haayaw taariik ly kuusi amy ly duubi. (taariik aabygaayi).

ardent/ardent /(adj) hemmy wiing leh.

arduous/arjuwas/ (adj) dhib bathyng amy hekaar leh.

area/eeriya/ (n) 1. bylleer. *The room has an area of 1,300 square feet.* 2. meel adduunky ku mid eh sithy waddang amy beled. *My mother came from that area.*

arena/ariina/ (n) meel lyky dheelaw amy dheel lyky fiirsythaw. (isbartiiby).

argue/argyuu/ (v) murumow, doothow.

argument/argyument/ (n) murung.

argumentatative/argyumentativ/ (adj) murung bathang.

arid/arid/ (adj) dhul roob yer amy engjeghing oo geethy hannuung ingky bahaany. *An arid land.*

arise/araays/ (v) 1. surumow, kahow. 2. athuuthumow, ha bambahow.

aristocracy/aristaakrasi/ (n) dadky bulshythy ingky sharaf bathang (laangdheer eh).

aristocrat/aristakrat/ (n) lang sharaf leh amy laandheer eh.

arithmetic/arithmatik/ (n) ilmyghy wal tiriyoowky (ilmyghy hisaabty).

ark/ark/ (n) doonti naby Nuuh.

arm/arm/ (n) 1. dhudhung, galang (v) 2. hubeeyow, hub siiyow. *His country was armed by a superpower.*

armed/aarmd/ (adj) hubeeysyng. *He is an armed person.*

armchair/armjeer/ (n) korsy jiif amy korsy garby leh.

armed forces/armid foorsis/ (n) askar hubeeysyng oo waddang leyi.

armistice/armistis/ (n) hellis habbad roojis eh.

armor/aarmor/ (n) lebbes amy kar bir ku suubsyng oo askarty gaashang haang ing etheegsythaasy.

armpit/aarmpit/ (n) gollong, shaqfal.

arms/aarmis/ (n) hub.

army/aarmi/ (n) askar.

aroma/arooma/ (n) uthug, isgow.

aromatic/aromatic/ (adj) isgow bathang.

arose/arows/ (v) *arise* oo fal laha moothy eh.

around/araawndh/ (prep, adv) 1. wereegsyng 2. meel welby, dhiny welby, dhiny kasty.

arouse/araaws/ (v) 1. qalby kiyow, booriyow, dadaarow. *He aroused everybody's anger.* 2. hundurmy ku kiyow.

arousal/arowsal/ (n) 1. dereeng abuur. 2. qooty.

arrange/arreynjy/ (v) 1. totoosiyow 2. darbiyow, malliyow.

arrest/arrest/ (v) qobythow, hirow. *The police arrested the thief.*

arrive/arraayv/ (v) 1. kooyow, seethow. 2. go'aang deerow amy goosythow.

arrogant/arogant/ (adj) lang isly wiing, faang bathang amy kibir bathyng.

arrow/aarow/ (n) 1. gammuung, filleer. 2. sumud gammuung haang eh. *The road sign had an arrow to show which way vehicles should go.*

arsenel/aarsanel/ (n) meelly habbaddy amy rasaasty lyky haayaw amy lyky sanaahiyaw.

arsenic/arsanik/ (n) sung eed ing dorong.

arson/arsan/ (n) demby ly hariiry dhismy amy dhul maag lyng guby.

art/art/ (n) herer, giir.

artery/artery/ (n) hidgo dhiiggy.

arthritis/arthraytis/ (n) lafy-dhuury sithy shalbatoothy iwm.

article/artikal/ (n) 1. shey amy alaab 2. maqaal (abtug yer) 3. huruufo shaghalky *a, an,* i *the.*

articulate/artikuleyt/ (adj) lang saraay eh (hathal saraay leh). *The teacher was very articulate about the subject.*

artificial/artafishal/ (adj) wal dhab ing haayny. *The artificial trees were made of plastic.*

artillery/artilleri/ (n) madfa' (hub ulus).

artist/artist/ (n) langky wal hereraw, giiraw amy masawiraw.

ascend/asend/ (v) fuulow, korow.

ash/aash/ (n) 1. bembed. 2. geed billeering.

ashamed/asheemd/ (adj) jheeraw, shiihaw.

ashore/ashoor/ (adv) heebty (maagnathy dhinishe).

aside/asaydh/ (adv) dhiny, gees. *I turned my bike aside to let her pass.*

ask/aask/ (v) warsythow, weeydiyow amy so'aalow.

asleep/asliip/ (adj), (adv) jhiiffy, jhiifty. *Please be quiet the baby is asleep.*

aspect/aspekt/ (n) 1. hal dhiny, hal jehy amy hal meel. *The judge has to consider every aspect of the problem.* 2. eeng, qaab. *He does not like the aspect of that dress.*

aspirin/aspirin/ (n) aasbiriin (kaniinighy mathy dhuurighy).

ass/aas/ (n) demeer.

assassinate/assaasineyt/ (v) dilow (lang mathy amy muhiim eh ly dily).

assault/assoolt/ (v) duulow kethis eh. *The troops assaulted the enemy.*

assemble/assembal/ (v) 1. isky nuthow, isky hihirow. 2. kulumow. *Everyone assembled for the yearly meeting.*

assembly/assembli/ (n) kulung.

assent/assent/ (n) ly rahow, ing oggolaathow.

assert/assert/ (v) eddaayow (sy feyly wal ling eddaayi).

assess/asses/ (v) qiimeyow. *This car is assessed at $3,000.*

assign/assaayn/ (v) ing hil saarow, ing qorsheeyow amy ing qoondeeyow.

assist/assist/ (v) kaalmeyow.

assistance/assistans/ (n) kaalmy.

assistant/assistant/ (n) kaaliyi.

association/assosiyeeshan/ (n) urur dantoo isky eh.

assorted/assortedh/ (adj) wal isky hammaaryng amy shashal geddiisyng. *We have always assorted candies for the kids.*

assume/asyuum/ (v) 1. taawiyow, ing maleeyow, ing qaathythow. 2. mas'uul naghythow. *You have to assume the responsibility of taking care the kids.*

assure/ashuur/ (v) hubow/huɔow (ballang qaathow). *I assure you that he will come the meeting.*

asterisk/aasterisk/ (n) sumuddy (*) sithy hiddig hang eh.

asthma/aazma/ (n) neef (bushyneef).

astonish/astonish/ (v) yaabow.

astonishment/astonishment/ (n) yaab.

astound/astawndh/ (v) ly yaabow.

astray/astyrey/ (adv) baathy eh, dhungsyng. *My cat had gone astray.*

astrology/astyrolojy/ (n) ilmy hiddigheed (ilmighy hiddigho i sithy nololly baniaadingky ingly hariirty).

astronaut/astronot/ (n) langky howothy ky kor dareeraw.

astronomy/astronomy/ (n) barashoothy iriithy, billy i hidigho.

astute/astuut/ (adj) maghuuf, dhug leh amy hindhy furung.

asylum/asaaylam/ (n) 1. meghenggal. *Politcal asylum.* 2. isbitaalky dadky waaling (maanykoobiyi).

ate/eyt/ (v) *eat* oo fal laha moothi eh.

atheist/eethiyist/ (n) lang Ilaahev ini jery ing aamingsinaayny.

athlete/athliit/ (n) qof dheel ky feyle, sithy roorky, bootinty iwm.

athletics/athletiks/ (n) *pl* jama'a dheel.

atlas/atlas/ (n) buugy maababky.

atmosphere/atmosfeer/ (n) 1. howythy dhulky. 2. bii'y amy jawwy. *This place has a nice atmosphere.*

atom/atam/ (n) atam (sheeyky ingky yer oo maatarky ku suubsygni maany ling shashal gooyi korny).

atrocious/atrooshas/ (adj) eed ing hung (naariis ing lahaayny). *His behaviour is atrocious. Last week we had atrocious weather.*

attach/ataach/ (v) nuthow, hirow amy dhejiyow.

attack/ataak/ (v) ky duulow, weerirow, ky boothow.

attack/ataak/ (n) hujuum af ii idding isly jery eh.

attain/atteyn/ (v) deerow, helow.

attempt/attempt/ (v) sherrybow, fiiriyow.

attend/attend/ (v) 1. rooghow, 2. ku qiibgalow.

attire/attaayr/ (n) kar amy lebbes. *They were clothed in royal attire.*

attitude/attatiyuud/ (n) dhab'y.

attract/attraakt/ (v) ha jiithythow. *The beautiful area in these mountains attracts many people.*

attractive/attraktiv/ (adj) suurud leh, hindho ing roong.

auction/ookshan/ (n) 1. neethy (haraash). (v) 2. neethiyow.

audible/oodibal/ (adj) ly dheeghy kory.

audience/oodhiyans/ (n) dadky wal fiirsythaw amy wal dhughunsythaw.

auditorium/oodhatooriyam/ (n) meelly tiyaatarky ku mid eh oo dadky wal fiirsythaw fedheethayaang.

August/ooghost/ (n) Ogost (billy siyyeedaad oo sinnidky miilaadigy).

aunt/aant/ (n) inaay amy ahy-yer.

au pair/a-peer/ qof yer oo kooyty eh oo booyeesy haang reer ingky shaqeeyaw.

austere/oosteer/ (adj) 1. qof ing nuglaayny oo beeng-beeng lyngky maraany. 2. wal raahi ing lahaayny.

authentic/oothentik/ (n) wal rasmy amy assal eh oo wal ly beeng abuuri ing lahaayny. *This is not an authentic signiture.*

author/oothar/ (n) langky wal abtughaw sithy kitaab, buuk iwm.

authority/athoorati/ (n) 1. hukung amy awood. 2. qofky awooddy leh. 3. lang kabiir eh.

autobiography/aawtobayagrafi/ (n) qofky nolollis amy taariktiis wal ky abtughy.

autograph/aawtograf/ (n) sahiihy qof ma'ruuf eh.

automatic/ootomaatic/ (adj) sheleethis wal suubiyaw, kaalmy ing fathaany (otomaatiky eh).

automation/ootomeeshan/ (n) mashiing sithy dadky haang lyng etheegsythaw amy hool ing galaw.

automobile/ootomobiil/ (n) baabuur,

available/aveelabal/ (adj) ly hely kory (darbyng). *I am available today.*

avalanche/aavalaanch/ (n) baraf hoog leh oo buuro hoostiyo haky hoobythaw.

avenge/avenj/(v) aarguthuthow, aargoosythow.

avenue/aveniyuu/ (n) maraaghy (jid lamaathy dhiny geethy ku leh).

average/aavrej/ (n) 1. isky nanaghow (lambarky habahaw maddi tiry linis jeeyi. (adj) 2. aathy eh, qiyaas eh amy ing dhahooyti. *Six feet tall is an average.*

aversion/avershan (n) kahad.

aviary/ayviyeri/ (n) saabky shimbiro.

aviation/eyviyeeshan/ (n) ilmyghy baabuur-buubaghy.

avoid/avooyd/ (v) ku dhoorsythow, ku dheerathow, uskureebow (ingkirow). *I took another road to avoid the highway traffic.*

await/aweyt/ (v) ly sughaw (sughow).

awake/aweyk/ (adj) 1. jeethy. *He is awake.* (v) 2. kiyow (hundurmeethy ku kiyow).

award/awoord/ (v) 1. apaal guthow (apaal mariyow). (n)2. jaa'isy.

aware/aweer/ (adj) ogsyng.

away/away/ (adv) 1. ing jery (dhirir haang). *The village is three hours away from the town.* 2. heggy (heg sithy). *The frightened deer ran away.* 3. moqqyng. 4. dansyng. *The sound of the footsteps faded away.*

awe/oo/ (n) obsy i yaab eh.

awful/ooful/ (adj) eed ing hung. *The Sunami quake of 2004 was an awful disaster.*

awkward/ookwordh/ (adj) 1. qaab dorong, qaab hung. 2. hekaar (rafaat i dhib) leh.

awoke/awook/ (v) *awake* oo fal laha moothi eh.

awoken/awooken/ (v) fiiri *awake.*

ax, axe/aks/ (n) misaar (faas).

axis/aaksis/ (n) uthub (jiiting shey dhattis maraasy).

axle/aksal/ (n) birty dheer oo lugha baabuurky laabaasy.

B

B,b/bii/ harafky lammaad oo farty ingriinsky.

bable/baabal/ (v) daldalymow (hathal lyng kasaany).

baboon/baabuun/ (n) daanjher wiing oo foolshey eey lyky aalaw.

baby/beybi/ unug yer.

baby-sit/beybi-sit/ (v) unug haayow (owlaad fiiriyow).

bachelor/baajelar/ (n) doob (qo hor habyr ing qaathyny).

back/baak/ (n) 1. eret. (adv) 2. reed, gethaal. (v) 3. reed ing bahcw 4. galang siyow (ayyithow). *He was backed by his friends.*

back down/baak daawn/ (v) isdhiibow (ku herow).

back out/baak aawt/ (v hellis jhibiyow.

backbone/baakboon/ (n) laf-eret.

background/baakgaraawnd/ (n) assalky qofky amy sheeyky leyi. *His background is farming.*

backpack/baakpaak/ (n) tiif-eret (boorsythy eretty).

backside/baaksaayd/ (n) biriithy qofky (salky).

backstage/baakisteyj/ (n) qolky tiyaatarky oo lahasky malliyaw (darbiyaw).

baakstroke/baakistrok/ (n) rereed ing dabaalyshy, eret-eret ing dabaalyshy.

backward/baakwoordh/ (adj, adv) 1. rereed. 2. kassing yer (dombooyi).

bacon/baykan/ (n) so kerkerry oo ly osbooyi.

bacteria/bakteeriya/ (n) jeermis (bakteeriyi illy ing qobythaany).

bad/baadh/ (adj) 1. hung (ing feylahaayny). 2. eed ing hung. 3. doorsoomyng (lyng aamy korny). *The food has gone bad.*

badge/baaj/ (n) summud (musawir amy maghy iwm. leh oo lebbesky qofky lyky dhejiyaw taas oo eddaayaasi qofky hoclis).

badminton/baadhmintan/ (n) boloony-baal, (dheel teenis haang eh laakiing boloony baal leh lyky dheelaw).

baffle/bafal/ (v) wereeriyow.

bag/baag/ (n) tiif (boorsy), hashing, araar.

baggage/baageyj/ (n) aghalky jir- maaddy.

baggy/baaghy/ (adj) holof-holof eh. *I like baggy pants.*

bail/beyl/ (n) 1. beessy qof hiring lahaky furaw (amy rahang haang lyng haayaw). (v) 2. doong biyi ku dhurow (enjejiyow).

bail out/beyl aawt/ (v) 1. dayuury haku boothow, yeethoo baarkathuuty ly etheegsythaw. 2. kaalmeyow (qof dhib ku biyow).

bait/beeyt/ (n) hung-guryghy ayty (dabyng).

baker/beeykar/ (n) qofky rootighy, muufothy amy doolshythy dubaw waany gathaw.

bakery/beykari/ (n) foorny, tinaar (meely rootighy iwm. lyky dubaaw).

balance/baalans/ (v) 1. beeghow, ibbirow. (n) 2. miisaang.

bald/boold/ (adj) bitheer.

bale/beyl/ (n) wal lys sasaary amy ly kuusy. *He stored the bales of clothes in the closet.*

ball/bool/ (n) 1. boloony. 2. wal wereegsyng. 3. isfeel (dheel aang eh oo lynisky kooyi).

balloon/balluun/ (n) buufing.

ballot/baallat/ (n) edky oo sy hoos eh amy qarsyng lyng dhiibbythy.

ballpoint/boolpoynt/ (n) qalyng hangqaas enjeghyng

ban/baan/ (v) reebow, hiring (sakar hiring). *The government banned the cutting trees for charcoal.*

banana/banana/ (n) moos, gaas-eleeng.

band/baand/ (n) 1. duub, biid (shey meydhy haang eh oo wal lyky wereejiyaw). *Tennis players often wear wrist bands.* 2. duul, urur (dad wal isly suubiyaaw).

bandage/baandhej/ (n) faashid.

bandit/baandit/ (n) shufty, tuug.

bandstand/baandistand/ (n) meel fuur eh amy korreeyty oo dheel, muusiky iwm. luku fiirsythaw.

bang/baang/ (n) 1. qayly jug amy bug wiing leh. (v) 2. bugdhowow (jugdhowow).

banish/baanish/ (v) musaafuriyow, dhoofiyow (tarhiilow).

bank/baank/ (n) 1. bang-gy. 2. qer, jiing (webighy jiinshey).

bankrupt/baankrapt/ (adj) hantiir, maas biyi waayi (faghiir naghyshy). *When the company's business failed, its owners went bankrupt.*

banner/baanar/ (n) alang (bandiiry).

banquet/baankwit/ (n) amuur (sab).

baptize/baaptaayz/ (v) waglal gaaly (krishtaamiyow).

bar/baar/ (n) 1. gabal yer oo fidsyn. *A bar of soap.* 2. gabal bir dheer eh. *An iron bar.* 3. baar, biibity (muqaayi). 4. ood amy ilbeeb. (v) 5. reebow, oothow,

barbarian/barbeeriyan/ (n) reer- baadiyinimy amy jaahil.

barbaric/barbaarik/ (adj) naariis ing lahaayny.

barbecue/baarbikyuu/ (n) 1. sheey hung-gury lyky dubaw oo binaangky lynky telygaly. 2. amuur hung-guryshe bangky lyky dubythaw amy lyky kariyaw.

barber/baarbar/ (n) mathy tuury, tin tuury (baarbiyeery).

bare/beer/ (adj) 1. dharraamyng, arrathyng. *He went walking in his bare feet.* 2. eber/eper (wal ingky jerny). 3. heerhaang (walaaghy lyng baahanaayi amy muhiim eh). (v) 4. feethow (haruub ku qaathow).

barely/beerli/ (adv) heerhaanty.

bargain/baargin/ (n) 1. gorgortyng (hellis). 2. raghiis. (v) 3. helliyow goony haang maddi wal ly shal gathythaw.

barge/baarj/ (n) 1. doong salky amy fydhyghy ku billeeryng. (v) 2. berberow, derderow. *He barged into the crowd.*

bark/baark/ (n) 1. qaylythy eeyky. 2. geedky jhiliftiis (qoloftis, diirshey).

bark/bark/ (v) eey haang ing qayliyow.

barn/baarn/ (n) bakaar, goroor, moory amy meel misgeethy amy balky ly giliyaw.

barometer/baaromitar/ (n) aaly debeelly kaluulshe i qoboobshe lyky ibbiraw.

barracks/barrakis/ (n) kaambythy askarty.

barrel/baaral/ (n) 1. barmiil, fuusty. 2. dhuung (bantuuggy habbaddy meelly maraasy).

barren/baaran/ (adj) my dhally (wal ing dhalaany). *No trees could grow in a barren land.*

barricade/baarakeyd/ (n) 1. jid amy meel ly hiry. (v) 2. jid hirow.

barrier/beeriyer/ (n) derby amy dhis lyng moothy korny.

barrow/baarrow/ (n) gaary yer.

barter/barter/ (v) wal shalgedi-isythow yeetho beesy lyng etheegsythaany.

base/beeys/ (n) 1. lessy (hoos). (v) 2. assal amy sal ingky weelow. *His story is based on equality.*

baseball/beysbol/ (n) beeysbool (dheel oo ul i boloony lyky dheelaw).

basement/beysment/ (n) ming-hooseed (dhismy dhulky hoostis ky taally).

bash/baash/ (v) eed ing dhowow.

bashful/baashful/ (adj) jheer, shiih.

basic/beysik/ (adj) asaas, assal.

basin/beysin/ (n) 1. hoory (sahang). 2. musqully meelly galgna i foolky lyky dhyghythaw.

basis/beysis/ (n) asal, aas-aas amy asaas.

basket/baaskit/ dambiil.

basketball/baasketbool/ (n) baasket-bool (boloonighy dambiilly).

bass/baas/ (n) 1. qof ed yer (hebeeb ing lahaayny). 2. alaab muusiky oo ed hoos eh leh.

bat/baat/ (n) 1. kibilly. 2. ully boloonighy beeysboolky lyky dheelaaw. (v) 3. ky dhowow.

bath/baath/ (n) 1. kordhig, bil-bylishy, qobooys. 2. musqul (meel lyky kordhighythaw).

bathe/beeyth/ (v) 1. kordhighythow. 2. dabaallythow.

bathroom/baathruum/ (n) musqul oo bambah i kordhigby leh.

bathtub/baathtab/ (n) baafky musqully lyky kordhighythaw.

baton/bataan/ (n) 1. ul yer qofky muusikythy horyaalshe eh qaathythaw. 2. butky boliisky. 3. ully lys dhadhaafsythaw amy linis dhidhiibaw maddii roor lyky dhaktymaw.

battalion/bataaliyan/ (n) guuty askar eh.

batter/baatar/(v) bugdhowow, hufjhiyow. *The Tsunami waves of 2004 battered a lot of houses to pieces.* (n) 2. bur, ukung, biyi amy wang maddi lysky dhowy.

battery/baattari/ (n) 1. batariy:. 2. wal isleh oo hoollo isly qobythaw.

battle/baattal/ (n) 1. ol, dirir (harby). 2. goob-harby.

battleship/baatalship/ (n) markab-oleed.

bawl/bool/ (v) qayliyow.

bay/bey/ (n) galang (meel maagnathy haku gohyng).

bayonet/beyanit/ (n) beeynaad (toorythy bantuuggy afshey lyky hiraw).

bazaar/basaar/ (n) 1. dukaamy, suuq amy ba'aadly. 2. qaraang.

B.C./bii sii/ (abbr) harfy lahaku gaabiyi *Before Christ,* dhalyshithii naby Iisy hortis. *200 B.C. means 200 years before the birth of Jesuss.*

B.C.E./bii sii ii/ (abbr) harfy lahaku gaabiyi *Before Common Era,* waqtighy aadighe eh ku hor.

beach/biij/ (n) heeb (dhulky maagnathy dhinyshe eh).

beacon/biikan/ (n) aftiing amy oog meel minaary eh ku bahaw oo tusow amy dighow lyngky telygali.

bead/biid/ kuul, usby.

beam/biim/ (n) 1. tiir. 2. dhidhilaal (aftiing). (v) 3. eed ing koothow.

bean/biin/ (n) 1. geedky tinjhirty amy dighirty. 2. tinjhir, dighir.

full of beans/fuul of bins/ (informal) qof hoog furung (qof nool).

bear/beer/ (n) 1. dughaag wiing oo buul leh. (v) 2. gegsythow, atkaaysythow, haayow, hamilow, sabarow. *He can not bear the pain any more.* 3. wal dhalow. *The date tree bears fruit.*

beard/biird/ (n) jiring, hereed (ger).

beast/biist/ (n) dughaag.

beastly/biistli/ (adj) ahmaqnymy, bahalnymy.

beat/biit/ (v) 1. tumow, dhowow, dhowumow amy jugdhowumow. 2. rooyow.

beauty/biyuuti/ (n) suurud.

beautiful/biyuutiful/ (adj) suurud bathang.

became/bekeym/ (v) *become* oo fal laha moothi eh.

because/bikoos/ (conj) may weeley, sabab.

beckon/bekan/ (v) meerarow. *He beckoned me to come closer.*

become/bekam/ (v) naghythow (doorsoomow).

bed/bed/ (n) 1. sariir. 2. meel wal lyky abuuraw. 3. hoos (maagnathy amy webighy salsho).

bedclothes/bedkolothis/ (n) dhiinsooly (firaashky sariirty iwm).

bedding/bedhing/ (n) walaagy lyky jhiifithaw (firaashky i sariirty).

bedridden/bedridhen/ (adj) sariir fuul eh (jirry amy dognimy haayty).

bedroom/bedruum/ (adj) mingky jiifky.

bee/bii/ shynny.

beef/biif/ so lo (hilib lo). *Beef sausage.*

beehive/biihayv/ (n) doghooshung, dool.

been/biin/ (v) *be* oo fal laha moothi eh.

beer/biir/ (n) biir (kamry kafiif eh).

before/bifoor/ (prep) 1. ku hor. 2. hor. *I have seen them before.*

beg/beg/ (v) tuughow, tuughythow, tuugsythow meghyng-Allaysythow.

beggar/beghar/ (n) qofky tuugsythaw (maskiing).

begin/bigin/ (v) bilaawow.

behalf/bihaaf/ (n) dar ing roog (meselow). *The chief spoke on behalf of his tribe.*

behave/biheyv/ (v) 1. dhaghymow. 2. sy feyly lyng dhaghymy.

behavior/beheyviyar/ (n). dhaghyngky qofky.

behead/behedh/ (v) mathy amy qoor gooyow.

behind/bihayndh/ (prep) 1. reed, gethaal. 2. reed ing dhiyow (herow). *He fell behind in his work.* 3. reed kumar (kaalmy). *The whole community got behind him.*

being/biiying/ (n) walaaghiby nool amy jery. *That practice came into being years ago.*

belated/bilayted/ (adj) reed ing dhiyi (daayi amy daayty). *It is a belated letter.*

belch/belch/ (v) 1. deesythow. 2. uumow (uung amy neef kaluul ha biyow). *The chimney belched smoke.*

believe/biliiv/ (v) 1. rumaayow, aaminow. 2. taawiyow, maleeyow.

bell/bel/ (n) koor (gambaleel).

bellow/beloow/ (v) qayliyow.

bellows/belloows/ buufky dabky huriyaw.

belly/beelly/ (n) uusty (oloolythy).

belong/beloong/ (v) 1. lahaathow. 2. ku mid haathow. *If you belong to a group you are a member of it.* 3. dar lahaathow. *The book belongs in the shelf, not on the floor.*

belongings/belongingis/ (n) walaaghy qofko leyi (maal).

beloved/beloovid/ (adj) eed lyng jeelyi.

below/bilow/ (prep) lessy (hoos).

belt/belt/ (n) 1. suung. (v) 2. eed ing dhowow. 3. kabaal-kuurrumow.

bench/benj/ (n) 1. korsy dheer. 2. miis dheer oo hool lyky kor qobythy kory.

bend/bend/ (v) 1. dughow. 2. laabow, gothow.

bend/bend/ (n) wal laabbyng.

beneath/beniith/ (prep, adv) 1. lessy. 2. ming aangsymaw.

beneficial/benefishal/ (adj) waltar leh (manfa'a leh).

benefit/benefit/ (n) 1. waltar (wal kiing roong). 2. gunny (beesothy

dowlyddy siyaasy dadky ing baahyng sithy qofki jirring amy hool laang eh).

bent/bent/ (v) *bend* oo fal laha moothi eh.

bequeath/bikwith/ (v) dhahalow, dhahalsiyow.

bereaved/birriift/ (adj) luku dhymythy (ta'siyi gally).

berth/berth/ (n) 1. meelly ly jhiifythaw oo ky taally markabky, tariingky iwm. 2. meelly doonty amy markabky haky hirithaw.

beside/bisaayd/ (prep) dhiny. *Please, can you sit beside your child?*

besides/bisaaydis/ (prep) 1. maa, ku sokow. *Besides Emed, no one else is coming to the meeting.* 2. haddyny, wilibby (hattaa). *I don't like to go today, besides I have a lot of work to do.*

besiege/bisiij/ (v) sherow, sharow (meel ky wereegsythow sy dadky ky jery inis dhiibang). *The soldiers besieged the city.*

best/best/ (adj) ingky feyly.

bet/bet/ (v) sharattimow, awgool. *I bet Aliyow will win the race.*

betray/betreey/ (v) dhagharow (kiyaameyow).

betrayal/betreeyal/ (n) kiyaany.

better/bettar/ (adj) 1. ku feyly. ku roong. 2. jirroothy haku roonathy.

between/betwiin/ (prep) dhatty (dhattis).

beverage/bevarij/ (n) waraab (sharaab), wal ly waraabaw, fuugsyshy, dhamow.

beware/biweer/ (v) uskujerow, oghaathow amy dighow. *Beware of the cars when you cross the road.*

bewilder/biwilder/ (v) wereerow, ky wereerow.

beyond/biyoondh/ (prep) 1. heggy ku jerow (dhinyghy kely). 2. wal ku bathyng. *They worked beyond their limit.*

bi/baay/ (prefix) lammy amy lammaly. *Bi-level means having two levels.*

biased/bayast/ (adj) eehithow, shal jeelathow, iilythow.

bib/bib/ (n) qoor-hir (goodky yer oo unuggy qoorty lyngky hiraw maddi hung-gury ly siyaaw).

bible/baybal/ (n) kitaabky diinty kirishtaangky.

bicycle/baaysikal/ (n) bushkeleety.

bid/bid/ (v) gorgortymow.

big/big/ (adj) 1. wiing, billeeryng. 2. muhiim eh, qiimy leh.

bigot/bigat/ (n) qof usy ley isly toosyng dadky kelyby qalad ing araghaw.

bike/baayk/ (n) bushkeleety.

bikini/bikiini/ (n) kar bilaameed oo maagni-roog lyng etheegsythaw.

bilingual/baaylinguwal/ (adj) sy feyly lammy af ing ky baarrymaw waany ing abtughaw.

bill/bil/ (n) 1. haanshithy sheeghassy beesothy lokoo fathaw (biil amy risiid). *We pay electricity bill every month.* 2. beesothy haanshithy eh, sanuud ing haayny. 3. afky shimbirty. 4. shar'y amy heer dowly.

billboard/bilboordh/ (n) loog wiing oo wargilis lyngky telygali.

billiards/bilyardis/ (n) dheely bilyaardighy oo ully i shiitho boojothy lyky dheelaw.

billion/bilyan/ (n) kung milyan (1,000,000,000).

billy goat/bilygowt/ (n) eesang (erengky labky eh).

bin/bin/ (n) wal hiryng oo wal lyky shubythaw sithy teneggy, sanduuggy, baakythy iwm.

binary/baaynari/ (adj) lammaaly eh amy lammy sheey ku suubsyng.

binary system/baaynari sistem/ (n) nithaam tiry eh oo eber (0) i hal (1) ley ly etheegsythaw.

bind/baayndh/ (v) 1. dhuujhiyow, hirow. 2. duubow amy ky duubow sithy faashid iwm. *The nurse will bind your wrist.* 3. isky hirow, isky duubow amy isky dhuujhiyow. *The stapler binds these pages into a book.*

binoclulars/binaakulars/ (n) aaly lammy muraayi leh oo araggy ha dhowaayaasi.

biodegradable/baayodigraydibul/ (adj) sithis ing bololy kory amy ing leethy kory. *Food or paper is biodegradable but plastic is not.*

biography/baayografi/ (n) qof sheeky nololeedshey ly abtughy.

biology/baayolojy/ (n) barashoothy ilmyghy nafleeyty (dadky, hoolo) i geetho.

bi-plane/baaypleyn/ (n) dayuury lammy baalleey eh.

bird/biirdh/ (n) shimbir.

birth/biirth/ (n) dhalyshy.

birthday/biirthdey/ (n) geedhalyshy (yoongky ly husaw qofky dhalyshythiis).

birthmak/biirthmaark/ (n) bar (summud qofky ky dhalythy).

biscuit/biskit/ (n) rooty buskut haang eh.

bishop/bishop/ (n) withaad derji wiing ky leh diinty kirishtaangky.

bison/bayson/ (n) loo-gessy oo buul bathyng oo arly Ameerika luku helaw.

bit/bit/ (n) 1. wal gnis (eed ing yer). 2. hakamy (birty ferisky afky lyngky hiraw). 3. sheyghy ingky yer oo masqanty kompiyuutarky ky jery.

bite/baayt/ (v) ky dheghow. 2. ilky ky gooyow.

bitter/bittar/ (adj) 1. qereer (hereer, ing mayaayny). *Bitter medicine.* 2. dhirfyng (ky kahang). 3. eed ing dorong (eed ing hung). *They shivered in the bitter cold.*

bizarre/bizaar/ (adj) yaab leh, aadi ing haayny.

black/blaak/ (n) 1. mithow. (adj) 2. dadky mithow. *Blacks have dark skin*

blackboard/blaakboordh/ (n) sabbu-ury (labaagni).

blacken/blaaken/ (v) mithoowayow, mathuuliyow. *Smoke from the oven blackened the wall.*

blackmail/blaakmeyl/ (v) han-dathow wal lyky aamaw amy lyky hooghaw.

blacksmith/blaak-ismiith/ (n) tum-maal.

bladder/blaadar/ (n) qasky.

blade/bleydh/ (n) 1. afky toorrythy, sakiinty, seefty iwm. 2. eesky hanballis.

blame/bleeym/ (v) eersheeghy-thow. *He was blamed for breaking the com-puter.*

bland/blaand/ (adj) ash ing haayny. *This food tastes very bland.*

blank/blaank/ (adj) binaaw, eber eh (wal ingky abtughunaayny).

blanket/blaanket/ (n) 1. kubeerty. 2. walaaghiby sithy kubeerty haang wal ing doboolaaw. *A blanket of fog.*

blare/bleer/ (v) qayliyow hannuung dorong. *The radio blared the music.*

blaspheme/blaasfim/ (v) Ilaahey amy diinty oo wal hung luku sheeghy.

blast/blaast/ (n) hanfar (debeel hoog leh). 2. qarah. 3. buuq, qayly.

blast-off/balaast of/ (n) kor ing buubow. *Blast-off is planned for tomorrow.*

blaze/blayz/ (v) eed ing hurow, eed ing oogow. *The forest fire blazed all night.*

bleach/biliij/ (v) 1. eddaayow (dhusug-biyi). (n) 2. jig, waranki-iny.

bleak/biliik/ (adj) 1. dharraamyng, walby ing lahaayny, eber eh. *A bleak land.* 2. rajy ing lahaayny (keer hang wedny).

bleat/ biliit/ (v) ithaaley haang lyng weery.

bleed/biliidh/ (v) dhiigow.

blend/blend/ (v) isky hammaarow, isky qasow.

bless/bles/ (v) ing do'aayow (Ilaahey ing tuughow). 2. barakaayow.

blew/bilu/ (v) *blow* oo fal laha moothi eh.

blind/balayndh/ (adj) 1. hindhooly. (v) 2. hindhy-beeliyow (n) 3. qolqolky dariishythy.

blindfold/balaayndhfoold/ (n) duub (hindhy duub).

blink/bilink/ (v) goong-ridow, il-jhibiyow.

bliss/blis/ (n) farah wiing.

blister/blistar/ (n) fing (nibir biyi galeeng eh).

blizzard/bilizard/ (n) hanfar baraf hoog leh wethythy.

bloated/balootid/ (adj) fuurdhyng, bararsyng (bararyng).

block/blok/ (n) 1. dethib amy wal bulukeety haang ing billee-ryng. *A wall built with blocks of stone.* 2. dhismy afarty dhiny jid ku maraw. 3. wal jid hiraw. (v) 4. wal dethow, jid hirow. *A tall tree blocks the view from my side.*

block letters/blok lettaris/ (n) harfo elifky amy farty oo wywiing.

blond/bloond/ (adj) qofky timooshey huruud i eddaang isky jer eh.

blonde/blond/ (adj) habarty timooshe huruud i eddaang isky jer eh.

blood/blaadh/ (n) dhiig.

bloody/blaadi/ (adj) dhiig bathyng.

blood vessel/blaadh vessal/ (n) hithidky dhiigy.

bloom/bluum/ (v) 1. fiideyow (fiid habahow). 2. fiid (fiyoory).

blossom/blossam/ (n) 1. fiid. (v) 2. fiid habahow. 3. korow, hormarow amy naghythow. *He blossomed into a good artist.*

blot/blot/ (n) 1. tifig dhusug, hangqaas iwm. oo meel ky shiifty oo waany ky engjegty. (v) 2. ky tifygow. *Spilled ink blotted my paper.*

blouse/blaws/ (n) ibbeer (shaaty bilaameed).

blow/bloow/ (v) 1. afuufow. 2. diifsythow. *He blew his nose.* 3. buubiyow. *Papers were blowing around the corner.* (n) 4. dhowow amy ky dhiyow hoog leh. *A blow to the chest.* 5. nasiib hung (dhib).

blow up/bloow ap/ (v) burburiyow, qarhiyow, boghow. *The gas station blew up.*

blubber/blabar/ (v) boorow neef tuur leh.

blue/bluu/ (n) 1. buluug. (adj) 2. murugsyng. *He felt blue during his first days at the new school.*

bluff/blaf/ (v) dhedheelow (wal qofky ing haayny isky weweelow). *He was bluffing that he was a relative of the president.*

blunder/blandar/ (n) gef doghongnimy eh. *Driving a car with a very high speed in the city is a blunder.*

blunt/blant/ (adj) 1. af-beel eh amy suung ing lahaayny sithy toorthy, qalangky iwm. 2. gal laang. 3. wal usku errow (qofky walaagy masqantis ky jery usku erraw usy oo ungku fiirsyny). *That is a blunt criticism.*

blur/blor/ (v) mogdiyaayow (araggy yeraayow). *The fog blurred our view to drive.*

blush/blash/ (v) jheer hegshe foolky ly gathuuthythy.

boa constrictor/bowa konistriktar/ (n) dhejy jhibisy haang eh

boar/boor/ (n) kerkerry (doonfaar).

board/boord/ (n) 1. loog. 2. majlis, guddy (dad hoollo isly galaw). 3. jhiif i aamis. *The school I go has a room and board.* (v) 4. rahow, fuulow amy korow sithy markab, dayuury iwm. 5. meel ruungka ing haayny ky noolathow. *Last summer, I boarded with a family in Alaska.*

boarding school/boordhing iskuul/ (n) kulleejy amy iskool oo jhiif i aamisby leh.

boarder/boordar/ (n) huduud.

boast/boost/ (v) faanow.

boat/boowt/ (n) doong.

bob/bab/ (v) boboothow, mamaathow, fud yub erow. *The fish bobbed on the waves.*

body/bodhi/ (n) 1. korky qofky amy hoola. 2. qolofty baabuurky, dayuurythy iwm. 3. duul amy akiyaar hool ky moqyng amy lyng diri.

body guard/boothi gaardh/ (n) ilaaly, waardeyi.

bog/bog/ (n) 1. dhul eed fashag ing eh. (v) 2. dhiighothow, dhiighy galow, ky hirimow. *The car bogged down in the snow.*

bogus/boghas/ (adj) beeng (fasuu).

boil/booyl/ (v) 1. karkariyow, kaluu-layow (wathiitiyow). (n) 2. fing maly leh.

boiler/booylar/ (n) waasky amy booyi biyo lyky kaluuliyaw.

boiling/booyling/ (adj) eed ing kaluul.

boisterous/booysteras/ buuq, bulaang, qayly, rabshy.

bold/boold/ (adj) 1. dhiirryng (ing obsythaany). 2. far wywiing (eed lyng araghaw).

bolt/bolt/ (n) 1. qattaarky afaafky. *Can you pleae close the door and slide the bolt shut.* 2. birty boloonyghy lyky hiraw. (v) 3. boloony ky hirow. 4. roorow, boothow. *The camel was frightened by the noise and bolted across the farm.* 5. dhunjiyow (hung-guryghy oo ly dhunjiyi yeetho lyng alaaliny).

bomb/bam/ (n) bamby.

bombard/bambaard/ (v) 1. bambeeyow. 2. wal bathyng warsythow. *The candidate was bambarded with questions.*

bond/boond/ (n) 1. hariir feyly oo dad ing dhaheeyi. *A bond of friendship between them.* 2. sheey wal isky hiraw amy dhuujhiyaw sithy hathagy, silsilloothy iwm. 3. wal isky nuthung.

bondage/boondej/ (n) addoong-nymy.

bone/bown/ (n) laf.

bony/booni (adj) laf dereerty eh (hunfaary eh).

bonfire/bonfaayar/ (n) dabshid.

bonnet/bonet/ (n) koofiyi ariireed amy bilaameed oo leh hathag jirynky hoostis lyky hiraw.

bonny/booni/ (adj) suurud leh, hindho ing roong.

bonus/boonas/ (n) beessy gunny eh.

booby trap/buubi trap/ (n) ay dabyng eh oo ini dad wal lyky weely lyngky telygali.

book/buuk/ (n) 1. buug. (v) 2. malliyow, darbiyow. *We booked rooms at the hotel.*

booklet/buuklet/ (n) buug yer.

bookmaker/buukmaykar/ (n) qofky buuggy suubiyaw.

bookworm/buukwoom/ (n) qof buug akris jeel.

boom/buum/ (n) 1. ed hanuung dheer oo hoog leh. (v) 2. wal bathythi. *The number of runners in the park booms as summer comes closer.*

boost/buust/ (v) 1. kor ing qaathow. *The company boosted this year its sales.*

boot/buut/ (n) 1. koby, kopy buud eh. (v) 2. kompiyuutar daaroow amy shithow.

booty/buuti/ (n) maal booly eh (maal boob i tuughynymy lyky sheeny).

border/boordhar/ (n) soohyng (huduud).

bore/boor/ (v) 1. bujhiyow. 2. garaawow, aajisow. 3. *bear* oo fal laha moothi eh.

born/boorn/ (v) dhalythow.

borough/borow/ (n) meel amy beled maamulshe goony ing eh.

borrow/boorrow/ (v) etheeghythow. *We borrow books from the library.*

bosom/buusam/ (n) horaadky, hepedky.

boss/boos/ (n) qofky mathyghy eh.

bossy/boosi/ (adj) mathynymy jeel.

botany/botani/ (n) barashoothy geetho.

both/both/ (adj, adv, pron) lammy, lammaathy. *Both of them play soccer.*

bother/baathar/ (v) 1. dhibow, rabsheeyow, qashqashow. 2. isky dhibow. *Don't bother to do it.* (n) 3. dhib.

bottle/bottal/ (n) qaruury, dhaly.

bottom/boottam/ (n) lessy (hoos).

bought/bot/ (v) *buy* oo fal laha moothi eh.

boulder/booldhar/ (n) dhedheeb, jemel (shiid wiing).

bounce/baawns/ (v) 1. ha boothow. 2. reed hang naghadow *The ball bounced off the floor.*

bouncy/baawnsi/ (adj) boboth-aw.

bound/bawnth/ (v) 1. boothow. (adj) 2. lyng huraany, ly hupy (shaky laang). *You are bound to fail if you don't study the subject.* 3. *bound* oo fal laha moothi eh.

boundary/baawndheri/ (n) soohyng.

boutique/buutiik/ (n) firshy (dukaang yer).

bow/boow/ (n) 1. qaansy. (v) 2. dughow (rukuu'ow).

bowels/baawelis/ (n) mindheer.

bowl/baawl/ (n) 1. hoory (baaqul).

bowling/booling/ (n) dheel sithy boojy haang lyng dheelaw.

box/bokis/ (n) 1. baaky, sanduug, waliinjy. (v) 2. feerow, feertymow.

boxer/boksar/ (n) qofky feertymaw.

boy/booy/ (n) unug, kurii, ighaar.

boycott/booykat/ (v) gooyow, diithow.

bra/braa/ (n) naassy-reeb (rajabeety).

brace/bareeys/ (n) 1. biro ilko lyky reebaw sy ing jimaawang. 2. walaaghiby wal isky haayaw amy isky qobythaw. *The roof of my house needs a brace for holding it up.*

bracelet/breeyslit/ (n) jijing.

bracket/baraakit/ (n) 1. sheey wal reebaw amy tiir haang eh. 2. summud oo maddi wal ly abtughaw le etheegsythaw sithy ( ).

brag/braag/ (v) faanow (goony haang beeng lyky faany).

braid/brayd/ (n) 1. timy dabyng. 2. dung.

braille/brayl/ (n) alifbeety amy far dhibiisimy eh oo dadky hindhoolathy eh etheegsithaayang.

brain/breeyn/ masqang, maang, miir.

brainwash/breeynwoosh/ (v) duufsythow (qofky oo masqanty luku duufsythy).

brainy/breeyni/ (adj) hindhy furung, hoog furung, fehmy bathyng (hariif eh).

brake/breeyk/ (n) 1. fariiny (breeg). (v) 2. roojiyow.

bran/bran/ (n) illinty misgeethy.

branch/braanj/ (n) 1. laang. 2. ber (qiib). (v) 3. qiqiibiyow, shashalyeraayow.

brand/braand/ (n) 1. summud. (v) summutheeyow. 2. wal hung ky dhejiyow amy ky sheeghow. *He was branded as unpatriotic.*

brand-new/braand-niyuu/ (adj) jadiid eh, wal usub.

brass/braas/ (n) maar.

brave/breeyv/ (adj) dhiirring, geesy.

bravo/braavo/ hasha (sy feyle lyng suubiyi).

brawl/braawl/ (n) rabshy.

bray/breey/ (n) weerdhynty demeerky.

bread/breed/ (n) rooty, muungfy.

breadth/breedath/ (n) billeerky.

break/breyk/ (v) 1. jhibiyow, jhabow. *He has broken the door.* 2. gooyow. *He broke the promise.* (n) 3. neebsyshy (hoolly luku neebsythy). *I am having a coffee break.*

breakage/brekaj/ (n) jhibis (walaaghy ly jhibiyi).

breakfast/brekfast/ (n) afbillaaw.

breakthrough/breyk thuruu/ (n) 1. wal usub laha biyi. 2. guul. 3. libyng.

breast/brest/ (n) 1. naas (naasky bilaanty). 2. horaadky, kebberaaghy, shafky, hepidky.

breath/breth/ (n) neef (neefty).

breathe/briith/ (v) neefsythow.

breather/brether/ (n) (infl) neebsyshy yer.

breed/briidh/ (v) tarymow (hoola maddi bathythaang).

breeze/briis/ (n) debeel yer oo hannuung feyly.

breezy/briizi/ (adj) aariyi leh.

brew/bruu/ (v) 1. kamry miirow amy suubiyow. 2. shaahy amy gahwy suubiyow. 3. athuuthow.

brewery/bruweri/ (n) meelly kamryghy lyky suubiyaw.

bribe/braayb/ (n) 1. laaluush (sasabow). (v) 2. laalushow.

brick/birik/ (n) bulukeety (shiid shamiinty ku suubsyng).

bride/baraaydh/ (n) geberty oroosky eh amy maddaasley ly oroosy.

bridegroom/baraaythgruum/ (n) ighaarky oroosky eh amy maddaas wal oroosy.

bridesmaid/baraaydhismeydh/ (n) geberty oroosky eh withaaytiye.

bridge/briij/ (n) 1. buundy. 2. shukaanty markabky. (v) 3. buundy dhisow.

bridle/braaydal/ (n) hakamy.

brief/biriif/ (adj) gaabyng, koobyng amy yer. *A brief news.*

briefcase/briifkays/ (n) boorsy fidsyng amy billeeryng.

brigade/brigeeyd/ (n) guuty askar eh.

bright/braayt/ (adj) 1. nuuraw, dhilaalaw, birighaw. 2. maghuuf eh, hindhy feeding.

brighten/braayten/ (v) nuuriyow.

brim/brim/ afky bukeerighy amy sunaathy.

brine/brayn/ (n) biyi dhinaw.

bring/bring/ (v) sheenow.

bring up/bring up/ (v) koriyow, barbaariyow.

brink/brink/ (n) gowky jemelky iwm.

brisk/brisk/ (adj) 1. kabaal-kuurrung. 2. nafty ing roong (debeel feyly oo nafty ing roong).

bristle/bristal/ (n) timy teeghyng amy jhereer haang eh (meer ing haayny).

brittle/brittal/ (adj) sy futhud ky jhabaw.

broad/brood/ (adj) billeeryng.

broadcast/broodhkast/ (v) wargiliyow, warfaafiyow (ithaa'eyow).

brochure/browshuur/ (n) buug yer oo war ky yaaly.

broil/brooyl/ (v) dubow (shiilow). *The hot sun broiled us.*

broke/brook/ (v) *break* oo fal laha moothi eh.

broken/brooken/ (v) *break* oo fal laha moothi eh.

broker/brooker/ (n) dallaal, shahhaad.

bronchitis/boronkaaytis/ (n) boronkiity (hergeb humaathy).

bronze/broons/ (n) 1. maar. (adj) 2. muthubky maarty leh.

brood/bruud/ (v) 1. karak fedheethow. 2. welwelow. (n) 3. jhijhiiw.

brook/bruk/ (n) qulqul yer.

broom/bruum/ (n) haaghang.

broth/brooth/ (n) fuud (kusaar).

brother/braathar/ (n) walaal.

brought/brot/ (v) *bring* oo fal laha moothi eh.

brow/braaw/ (n) 1. hithoor. 2. foclky. 3. buurty luuftiye.

brown/braawn/ (n) maroong.

browse/braaws/ (v) usku fifiiriyow (susurumow). *She likse to browse in the malls.*

bruise/bruuz/ (n) nibyr.

brunet, brunette/burunet/ (n) langky tintiis mithowty.

brush/braash/ (n) 1. buraash. (v) buraashow, silaahow.

brutal/burutal/ (adj) naaris dorong, hessed eh. *It is brutal to hurt a kid.*

brute/bruut/ (n) 1. qof dhug ing lahaayny (hooly eh). 2. qof naari-is amy turow ing lahaayny amy wal ing turaany.

bubble/babbal/ (n) humby.

bubbly/babli/ (adj) humbooyaw.

buck/bak/ (n) 1. eesangky erenky, saghaarythy, bakaylaaghy i hoola bersho. *infl.* 2. hal doolar. (v) 3. boothow (hal mar afarty lughood lyky boothy sithy ferisky iwm.).

bucket/baket/ (n) baaldy.

buckle/bakal/ (n) 1. birty suungky. *His belt has a red buckle.* (v) 2. suung hirithow.

bud/bad/ (n) fiiddy geethy.

budge/baj/ (v) dhaghaajhiyow. *We could not budge the refrigerator.*

budget/bajet/ (n) miisaaniyi (ky dhaghymowky beesothy sithy lynky tely gali). *A budget for food next month.*

buffalo/bafalo/ (n) loo gessy.

buffer/baffer/ (n) sheey wal reebaw. *The belt helped as a buffer when he had the car accident.*

bug/bag/ (n) 1. qashyng-Ally, nonool (dhilqy). 2. fehmy doryng. 3. borograamky kompiyuutarky oo wal ku hallaawsyng. 4. sheey yer oo naastiry haang eh oo wal sir eh duubaw.

buggy/baghi/ (n) 1. gaary afar lug leh. 2. gaaryghy awlaaddy.

bugle/bagal/ (n) turumby.

build/bild/ (v) dhisow.

building/bildin/ (n) dhismy.

bulb/boolb/ (n) 1. goloobky nalky. 2. geed jiriddiis oo goloob haang eh, sithy basally iwm.

bulge/bulj/ (n) wal fuursyng amy baryrsyng.

bulge/bulj/ (v) bararow.

bulky/bulki/ (adj) eed ing wiing, sholog-sholog eh.

bull/bul/ (n) dubyghy loothy, moroothyghy i hoola bersho.

bulldog/duldog/ (n) eey hoog bathyng oo fool luku obsythaw leh.

bullet/bullet/ (n) habbad, rasaas.

bulletin/bulletin/ (n) 1. jornaal. 2. war, doo.

bullock/bulak/(n) duby dhuffaang eh.

bull's-eye/bullis aay/ (n) barty shi-ishky amy barty toogty.

bully/bulli/ (n) qof lang tabar yer ing hoog sheeghithaw.

bully/bulli/ (v) obsiyow, dhibow.

bumlebee/bambalbii/ (n) shinny wiing.

bump/bamp/ (v) 1. ky dirymow, ky dhiyow amy dagrymow. *I bumped into the glass door by accident.* 2. jug wiing (qayly hoog leh). 3. ky dhowymaw. (n) 4. barar, fuur, daghar. *I got a little bump on my head.*

bumpy/bampi/ (adj) jing ing haayny, ing toosynaayny. *A bumpy road.*

bun/ban/ (n) 1. rooty yer oo wereegsyng. 2. baraar.

bunch/banj/ (n) 1. hirmy (wal lisky gunnuthy). 2. dad isky hiring missy duulko isky eh.

bundle/bandal/ (n) hirmy, gunnud.

bungalow/baangalow/ (n) ming yer oo dabaq ing lahaayny.

bunkbeds/bankbedis/ (n) sariiry iskor fuul eh.

bunker/banker/ (n) dhufees.

burden/bardhan/ (n) 1. wal ulus. *The donkey carried a burden of sacks.* 2. wal hekaar bathyng amy dhib bathyng.

bureau/biyuuroo/ (n) hafiis amy laang dowly.

burger/bargar/ (n) rooty hilib leh (hamburgar).

burglar/bargalar/ (n) tuug.

burglary/burglari/ (n) tuugnimy.

burn/beern/ (v) gubow, gubuth-ow.

burp/berp/ (v) deesythow.

burrow/burow/ (n) 1. god, haluul. (v) 2. god qothow, haluuluthow.

burst/baarist/ (v) qarhathow.

bury/beeri/ (v) duughow, howaalow.

burial/beerial/ (n) duug.

bus/bas/ (n) bas, shitaawy, kuryeery (baabuurky gunty).

bush/bush/ (n) duur (baadiyi).

bushy/bushi/ (adj) geed bathyng.

business/bisnes/ (n) 1. geddis (bee'-mushtar, bee'eshery). 2. hool (shughul).

bust/bast/ (n) 1. horaadky hanraabty. 2. sanam ku suubsyng heped i mathy. (v) 3. jhibiyow.

bustle/basal/ (v) kabaal, kuurrymow. *They bustled around getting everything ready for the anniversay.*

busy/bisi/ (adj) 1. mashquul (hool bathyty). 2. shiimy eh.

butcher/bujar/ (n) kawaanleey.

butler/batlar/ (n) lang booy eh, etheeghy.

butt/bat/ (n) 1. daab. 2. gumudky sekereedky. 3. *infl.* biriithy amy dubky. (v) 4. mathy ky dhowow (teesteeyow).

butter/batar/ (n) burud, dhaaysy.

butterfly/batarflaay/ (n) baalleyboroor.

buttocks/bataks/ (n) biri.

button/battan/ (n) 1. galluus. 2. batoong.

buy/baay/ (v) gathow, gathythow.

buzz/baz/ (v) guungky sithy tan shinniithy iwm.

bypass/baaypas/ (n) jid koraad (jidky beledky kor ku maraw).

byte/baayt/ (n) sheey lyky ibb raw masqanty kompiyuutarky.

C

C,c/sii/ harafky seddahaad oo farty Ingriinsky.

cab/kab/ (n) 1. taksy. 2. shukaanty baabuurky.

cabbage/kaabij/ (n) hunshagaar.

cabin/kaabin/ (n) 1. shukaanty (kabiing). 2. daash.

cabinet/kabinet/ (n) 1. armaajy. 2. wasiir (dowlythy).

cable/keybal/ (n) 1. hathyg wiing (fiily). 2. hirmy koronty amy fiily eh.

cabletelevision/keybaltelevishan/ (n) barnaamijky telefishangky oo fiily lyky diry.

cacao/kakow/ (n) geed arly ka uul ky bahaw oo meraashey kocky i shukulaaty luku suubiyaw.

cackle/kaakal/ (n) 1. doorythy kiikdiye (weerdhymtiye). 2. kood dheer.

cactus/kaktas/ (n) geed tiing.

cadet/kadhet/ (n) qof askarn my amy boliisnimy lyng tabbaraw.

cadge/kaaj/ (v) warsythow, tuughow, shahaathow.

café/kafey/ (n) muqaayi yer amy baar.

cage/keyj/ (n) santuug oo shimbyro amy hoola bersho lyky hiraw.

cake/keyk/ (n) doolshy.

calamity/kalaamiti/ (n) dhibaaty, rafaat, masiiby.

calcium/kaalsiyam/ (n) kaalsiyam (ma'thang luku helaaw nuuriyithy, ilko i lafo bani'aadingky.

calculate/kalkuleyt/ (v) tiriyow (hisaabow).

calculator/kalkuleytar/ (n) aalat wal lyky tiriyaw (kalkuleeytar).

calandar/kaalandar/ (n) kalandaariyi (tirithy guky).

calf/kaaf/ (n) 1. weel loo. 2. kub.

call/kool/ (v) 1. weerow, ing weerow. 2. maghy ing biyow, 3. telefoong ing dirow amy ha giliyow.

calligraphy/kaaligraafy/ (n) far, far-gury.

callous/kaalas/ (adj) ing nahaany (naariis laawy).

calm/kaam/ (adj) 1. hasillyng, deggyng. (v) 2. hasiliyow, dijhiyow.

calorie/kaalori/ (n) ibbirky tabarty hung-gurighy luku helaw.

camcorder/kamkoordar/ (n) kaamery filing i naastyryby leh.

came/kem/ (v) 1. fiiri come. 2. come oo fal laha moothi eh.

camel/kaamel/ (n) gaal (gurby).

camera/kaamara/ (n) kaamery (aalat lysky musawiraw).

camouflage/kaamafalaash/ (v) qariyow, doboolow (isqariyow, isdoboolow). Chameleons use camouflage for protection.

camp/kaamp/ (n) kaamby (degaang askareed).

camp/kaamp/ (v) kaamby deghow.

camper/kaamper/ (n) 1. qofky kaamby deghaw. 2. ming guuraw.

campus/kampas/ (n) bedky kulleejythy amy jaama'addy ky taally.

can/kaan/ (v) 1. kary kory, yibaadow (awoothow). I can speak English. (n) 2. koobby amy koomby, (glaas), weel.

canal/kanaal/ (n) kely (biyi mareeng).

cancel/kansal/ (v) roojiyow, ku naghadow, ku bahow, titirow.

The football game was cancelled because of the snow.

cancellation/kansaleyshan/ (n) nasakow (wal hor ing jeri roojiyo, shar'y hor ing jeri buriyow).

cancer/kansar/ (n) bushy hannuung hung oo korky dhatis eed ingky fithaw (kaankiry).

candid/kandid/ (adj) runty sheeghaw, daa'ad eh, lillaahi eh.

candidate/kaandideyt/ (n) qof meghis amy mansab ing rooraw (murashah).

candle/kaandhal/ (n) shuma'.

candlestick/kaandhal-istik/ (n) meelly shuma'a ly suraw.

candy/kaadhi/ (n) naanay (nana).

cane/keen/ (n) 1. hamuung, ully qasabky. 2. ully lyky kutubaw.

canine/keynayn/ (adj) eey eh amy eey la hariiry.

cannibal/kanibal/ (n) waraaby dathoow (qofky soky dadky aamaw).

cannon/kaanan/ (n) kanoony (madfa').

canoe/kanuu/ (n) doong yer.

canteen/kantiin/ (n) 1. quly. 2. buraashy.

canvas/kanvas/ (n) derbaal.

canvass/kanvas/ (v) qalqaalsythow (dadky edsho ly qalqaalsythy).

canyon/kaanyan/ (n) waathy (tog).

cap/kaap/ (n) 1. koofiyi food dheer leh. 2. haruub, dobool.

capable/keepabal/ (adj) weely kory, tabar ing leh.

capacity/kapaasiti/ (n) 1. mug (inty meel amy sheey qaathy korty). A hall with a capacity of 15 people. 2. tabar.

cape/keyp/ (n) 1. gaas. 2. falliir dhul eh oo maagnathy galaw.

capital/kaapital/ (n) 1. aasimithy arlaathy. 2. harafky wiing ee elifky, sithy A, B, C. 3. raasumaal (maalky bilaawshey oo faa'ithy lyngky darny). 4. athuud.

capital punishment/kaapital pan-ishment/ (n) hukung dil eh.

capsize/capsayz/ (v) goddoomow sithy doong iwm. *The strong storm capsized the boat.*

capsule/kaapsal/ (n) 1. kaabsol (kaniini lammy haruub dhatiyo ky jery). 2. shukaaty bil-galameedky, bil-galgnaatky dhattiis.

captain/kaptan/ (n) 1. qofky mark-abky amy dayuurathy mathy ku eh. 2. qofky dheely mathy ku eh sithy boloonyghy luty iwm. 3. darajy askareed.

caption/kapshan/ (n) harfy amy kel-methy fassiraw musawirky.

captivate/kaptiveyt/ (v) ha jiithythow. *His tricks captivated the audience.*

captive/kaptiv/ (n) lang hoog lyky haaysythy (mahbuus).

captivity/kaptiviti/ (n) hirinaang, haaysyshy.

captor/kaptor/ (n) langky wal hiraw amy qobsythaw.

capture/kapjar/ (v) 1. hirow. 2. qobythow (hoog ky qobyth-ow).

car/kaar/ (n) 1. baabuur. 2. tariinky qiib ku mid eh oo dadky koraw.

caramel/karamel/ (n) 1. naanay. 2. miinty (sokor amy wal may oo lysky dhilaaliyi oo hung-gurighy lyky uuthujiyaw).

carat/karat/ (n) wal lyky ibbiraw dehebky, dheemanky iwm.

caravan/karavan/ (n) dad i hooly amy baaburry geeddy isly eh.

carbon/karbon/ (n) kaarboong (wal kiimiky eh oo walaaghi noolby luku helaw). *Diamonds are carbon in the form of crystals.*

carbon dioxide/karbon daayok-saayd/ (n) neef ku suubsyng ogsyjiing i karboong oo walaaghi noolby neefsythaayang.

carbon monxide/karbon mor.ok-saayd/ (n) neef sung eh oo uungky baabuurky luku helaw.

carburetor/kaarbureytar/ (n) kaar-buratoory (wala sabybaw bansi-ingky baaburky gubyshoodis isla markiina hoojiyaw baabuurky dereershey).

carcass/karkas/ (n) bakty (neef hooly oo bakty eh).

card/kaardh/ (n) 1. kaar. 2. turub. 3. kaartoliing (kaarky baqshy laang lynis diraw oo dhinigho masawir amy wal kely ku leh).

cardboad/kaadh-boordh/ (n) baaky kakyng oo baakiya, buughyte iwm. lyky suubiyaw.

cardiac/laardhiyak/ (adj) wal wen-naathy ly hariiry.

cardigan/kardhigan/ (n) funaany hoos galluus ku leh, korny ku furung.

cardinal/kardhinal/ (n) 1. baathyrighy kaniisythy katool-likithy ingky koreeyi oo poopky hoos seethaw. 2. shimbir arly Ameeriky luku helaw.

care/keer/ (v) 1. aapyweelow, qed-eriyow. 2. ilaaliyow, fiiriyow. 3. jeelathow. (n) 4. ing dighow, usku jerow. 5. welwel.

career/koriyar/ (n) 1. hool amy shughul qofky demeng dheer wethy. *My brother chose a career as a farmer.* (v) 2. kabaal-kuurrumow.

careful/keerful/ (adj) usku;er, dighaw. *Be careful when you cross the road.*

careless/keerles/ (adj) ooftis ing haayny (tahaddir laang).

caress/kares/ (v) silaahow (galang mariyow).

caretaker/keerteekar/ (n) ilaaliyi, waardiyi.

cargo/kaargo/ (n) ror (rorky baabu-urky iwm.).

caricature/kaarakjar/ (n) musawir qof oo kood koo sheenasy.

carnation/karneshan/ (n) beer fiithed.

carnival/kaarnaval/(n) feesty, iid, mahrajaang.

carnivore/kaarnivoor/ (n) hoola oo hooly kely amy dadky aamaw. *Lions and dogs are carnivors.*

carnivorous/kaarnivoroos/ (adj) dad aang, so aang, waraaby dathow.

carol/keerol/ (n) jiib diimeed.

carp/kaarp/ (n) mallaayky biyo may ky nool.

carpenter/kaarpentar/ (n) faryaa-my.

carpet/kaarpet/ (n) kaarpt amy masally.

carriage/karej/ (n) 1. gaary feris oo afar lu leh. 2. rorow amy ijaarky alaab rorowky.

carrion/kaariyan/ (n) bakty.

carrot/keerot/ (n) karooty (daby gathuud).

carry/keeri/ (v) usow, qaathow. *He carried the suitcase upstairs.*

carry on/keeri on/ (adv) wethow, sii wed, dereeri.

carry out/keeri awt/ (v) fuliyow, leeyow. *I don't have the time to carry out plan.*

cart/kaart/ (n) 1. gaary. 2. gaary demeer.

cartilage/kartilij/ (n) dhuu.

carton/kartan/ (n) kartoong (sanduuq oo baaky amy aag luky suubiyi).

cartoon/kartuun/ (n) 1. kartuung (musawir jini-jini eh). 2. sheneemy jini-jini eh.

cartoonist/kartuunist/ (n) qofky jini-jinighy musawiraw.

cartridge/kartrij/ (n) 1. qolofty habbaddy. 2. weel yer sithy kang hanqaasty teebky amy kang baniikolyghy.

carve/kaarv/ (v) 1. qorow (loog qorow). 2. so gogooyow,

cascade/kaskeydh/ (n) 1. shilaanshily (biyi hoobyd).(v) 2. biyi hoobythaw.

case/kays/ (n) 1. gal, kiish, kartoong. 2. misaal. *The accident was a case of carelessness.* 3. arryng da'wy eh oo weeydis ing baahyng. *The case is going to be investigated.*

cash/kaash/ (n) 1. beesy eddaang amy sanuud eh. (v) 2. dooriyow (sarafow). *I cashed the check.*

cashier/kaashiyer/ (n) maal-haayi (qofky beesothy haayi waany biyaw).

cashmere/kashmiir/ (n) karky buulky erengky lahaku dhowaw amy lahaku suubiyaw.

casino/kasino/ (n) goob, meel (meelly kamaarky).

cask/kaask/ (n) barmiil oo loog ku suubsyng.

casket/kaskit/ (n) 1. sanduug yer oo dehabky iwm. lyky kaayaw. 2. hondool, dhardhaar.

cassette/kaaset/ (n) ajalky naastyrythy.

cassock/kasak/ (n) qamiis (ibbeer gallythaayang withaaddethy gaalathy bersho).

cast/kaast/ (v) 1. gemow. *I cast the net into the river.* 2. attoory ky weelow. *They cast him as the bad guy in the movie.* (n) 3. dadky sheneemythy ky jere amy suubiyaw sithy attoorighy, attriishithy iwm. 4. wal ly kajhiyi

castaway/kaastaweey/ (n) qof markab ly goddoomy.

castle/kaasal/ (n) qal'y (ming othowky amy gunlaayi lukuky gebbithaw).

castrate/kaastareyt/ (v) dhuffaanow.

casual/kaashuwal/ (adj) 1. deggyng, inis dhibaany, ooftis ing haayny. *He has a casual feeling* *toward his enemy.* 2. aathi eh. *A casual dress.* 3. lyngky darbyny. *A casual visit.*

casualty/kaashwalti/ (n) dheeby nagathy, dadky dhibky deeri. *There are two casulaties in the accident.*

cat/kaat/ (n) mukulaal, gnaaw, gnaagnuury.

catalog/kaatalog/ (n) diiwaang (liis) sithy buugty maktabythy, alaabty dukaangky iwm. *Stores have catalogs that show prices of the things they sell.*

catalyst/katalist/ (n) sheey wal kiyaw, booriyaw amy kabaalkuuraw.

cataract/katarakt/ (n) 1. bushy hindho ky dhiyaw oo hindhoolynimy sheenaw. 2. biyi- hoobyd.

catastrophe/kataastarafi/ (n) masiiby (dhib wiing oo kethis ky kooyi). *The earthquake was the worst catastrophe of the year.*

catastrophic/katastoofik/ (adj) helaak, masiiby.

catch/kaj/ (v) 1. qobythow, dhabsiyow. *Can you catch the ball?* 2. deerow (ku deerow). *You need to catch the bus.* 3. heleelow (jirry ky dhiyow). *He caught a cold.* 4. araghow (illy saarow). 5. ky dhiyow, ky dhowow. 6. dheeghow. (n) 7. walaaghi ly qobythi. 8. sakatuury (quful). 9. tab.

catch on/kaj on/ (adv) kasow (fehemow).

catch up/kaj ap/ (v) deerow, ly qobsythow.

catchy/kaji/ (adj) yoow ly towaw (eed ing futhud).

categorical/katagorikal/ (adj) aslan, rung eh.

category/kaatagori/ (n) qiib amy dabaqy. *The group is divided into two catagories.*

caterpillar/kaaterpillar/ (n) hisjhy buully.

cathedral/kathiidral/ (n) kaniisy wiing.

catholic/kaatholik/ (n) katoolik (kaniisithy kirishtaangky oo popky ing mathy eh).

cattle/katal/ (n) lo, loo.

caught/koot/ (v) 1. fiiri catch. 2. *catch* oo fal laha moothi eh.

cause/koos/ (v) 1. sababow (qiil ing weelow). (n) 2. sabab, asbaab.

causeway/kooswey/ (n) korkory, jid koreeyi (buundy).

caution/kooshan/ (n) 1. uskujer, hindho fur. *Use caution when you cross the street.* (v) 2. ing dighow.

cautious/kooshas/ (adj) tahaddir eh.

cavalry/kaavalri/ (n) askarty ferso amy oorty ky ol galaasi.

cave/keyv/ (n) showly, god.

caveman/keyvman/ (n) showly ky nool (dadki hory oo god ky noolky haayeeng).

cavern/kevarn/ (n) bohol, god.

caviar/kaaviyar/ (n) ukunty mallaayky oo hung-gury haang lyng aamaw.

cavity/kaviti/ (n) meel bogsyng.

CD/sii-dii/ (n) harfy laha ku gaabiyi *compact disc* oo eh ajal mug wiing.

CD-ROM/sii-dii raam/ (n) harfy laha ku gaabiyi *compact disc readonly memory*. ajalky kompiyuutarky oo warky dhong lyky haayaw akrisleyny oggol.

cease/siis/ (v) surumiyow, roojiyow.

ceiling/siiling/ (n) safiitothy mingky.

celebrate/selebreyt/ (v) iithoysythow, dheelow.

celebrity/selabriti/ (n) qof muhiim eh amy maghy leh.

cell/sel/ (n) 1. wal nool wala ingky yer. *The human body contains millions of cells.* 2. qol habbis oo yer.

cellar/selar/ (n) qol dhulky hoostis ky yaaly oo wal lyky kaayaw.

cellular/selular/ (adj) 1. wal ly hariiry wal nool wala ingky yer. 2. bobogsyng (bogsymy bathyng).

celsius/selsiyas/ (n) way ly mid eta *"centigrade"* sentigreyd (kaluulky wal lyky beeghaw amy ibbiraw summuddisny ety 'C').

cement/siment/ (n) shamiinty.

cemetery/semateri/ (n) howaal, howaalow (qabuuro).

censor/sensar/ (v) fatashow (wal hung ku reebow).

census/sensas/ (n) tiry-koob (dadky dhong oo ly tiriyi).

cent/sent/ (n) dhuruuruk. *In USA, a dollar equals 100 cents.*

centi/senti/ (prefix) horgaly ing surung boghol (100). *Centimeter means one hundredth of a meter.*

centigrade/sentigrad/(n) sentigreyd (kaluulky wal lyky beeghaw oo sumudis ety 'C'). *43C means forty three centigrade.*

centimeter/sentametar/ (n) sentimitar, ibbirky dhiirirky. (halkii meter, 100 centimeter ye ly jing eyi).

centipede/sentaped/ (n) hangqaraariyi.

center/sentar/ (n) 1. dhatty. 2. meel dadky ky kuusumaw sithy moolky iwm.

centurion/senturiyam/ (n) askartii Romaangky hory.

century/senjari/ (n) boghol gu, boghol sinni (hal qarny).

ceramic/seraamik/ (adj) wal dhooby ly guby ku suubsyng, sithy dhery, ashuung iwm.

ceramics/seraamiks/ (n) dhery hererow amy suubiyow.

cereal/siiriyal/ (n) 1. geetho misgheethy amy mera lahaku guruthaw. 2. mishaariyi lyky afbillaawythaw.

ceremony/seramoni/ (n) amuur sithy oroosky, duugty iwm.

ceremonial/seramoonial/ (adj) rasmy eh.

certain/sertan/ (adj) 1. ly hupy, hupaal eh. 2. goony eh. *Only certain people know about the winner.*

certainly/sertanly/ (adj) rung hang, ly huby.

certificate/sertifikeyt/ (n) shahaaddy (haanshy marag eh, wal abtughung oo wal eddaayaw). *A birth certificate shows where and when someone was born.*

chaff/jaaf/ (n) boonshy, illing.

chain/jeeyn/ (n) silsily.

chair/jeer/ (n) korsy.

chalk/jook/ (n) jeesy, dhabaashiir.

challenge/jaalanj/ (n) 1. dhaktyng (dhaktyng hekaar leh). 2. tahaddi.

chamber/jeybar/ (n) qol, ming.

chameleon/kamilyan/ (n) wegeg.

champagne/shampeyn/ (n) kamry ed oo humby bathyng.

champion/jaampiyan/ (n) qofky rooyi (rooyeghy, horjereeghy). *He is a champion swimmer.* (v) 2. kaalmeyow.

championship/jaampiyanship/ (n) dhaktyng.

chance/jaans/ (n) 1. fursy. 2. rajy. 3. nasiib oo kethis eh. 4. dhib, hekaar, katar.

chancellor/jaansalar/ (n) qof mathy eh, goony hang heey'athy ilmy sithy Jaama'a.

chancy/jaansi/ (adj) katar eh, lynisky hallaayi korny.

change/jeynj/ (v) 1. dooriyow (beddelow), sarifow. 2. isdooriyow (isbedelow). 3. heraay.

channel/jaanel/ (n) 1. qulqul (kanaal), il. 2. goobty telefishingky. *Which channel of the TV are you watching?*

chant/jaant/ (n) 1. ed amy hees lyky nannaghaw. 2. dikry (nashiiddy).

chaos/keyas/ (n) heer i shar'y laang, wereer.

chaotic/keyotik/ (adj) nithaam i naamus laang.

chapel/jaapel/ (n) kaniisy yer.

chaplain/japlen/ (n) withaadky (baatheri) kaniisithy oo tely siyaw askarty, iskoolky, habbisky iwm.

chapter/jaaptar/ (n) hal esher, hal quraang (ber amy qiib buuggy ku mid eh).

char/jaar/ (v) dhuhuloowow (gubuthow).

character/kaaraktar/ (n) 1. qaabky, eengty, dhab'yghy amy sifythy qofky. 2. qofky sheekothy buugy amy sheneemothy ky dereerty. 3. haraf, nambar amy summud oo abtug lyng etheegsythaw.

characteristic/kaaraktaristik/ (n) siffy, eeng. *Kindness is one of his good charcteristics.*

characteristic/kaaraktaristik/ (adj) wal lyky gorythaw, wal summud ing eh.

charcoal/jaarkool/ (n) dhuhul.

charge/jaarj/ (v) 1. seereyow (qiimeyow). *He charged me $10 for the movie.* 2. eetheyow, da'weeyow. 3. hoog ingky dhiyow. *The elephant charged at the wall.* 4. daarow, shithow. *He charged the car's battery.* 5. kaarikeeyow.

charity/jaarati/ (n) 1. wal dhiibow (saddaqy). 2. dadky amy duulky wala dhiibaw amy kuusaw. 3. hey'y samy-faleed

charm/jaarm/ (n) 1. wal dad ha jiithythaw. *He has charm for a lot of people.* 2. wal ly aamingsygni oo sihir haang eh oo wal tar leh. *He likes to wear a red T-shirt for the game as a charm for good luck.*

charming/jarmin/ (adj) suurud leh, hindho ha jiithithaayang.

chart/jaart/ (n) 1. jadwal. 2. bayaang abtughyng.

chase/jeys/ (v) bursythow.

chasm/jaasm/(n) jheerar.

chat/jaat/ (v) sheekothow.

chatter/jaatar/ (v) 1. daldalymow. 2. ilky qerqerow, gariirow. 3. jijilymow qerqer daraadis.

chauffeur/showfar/ (n) shufeer (qofky hoollis baabuur wethow ety).

cheap/jiip/ (adj) raghiis (seer jhabyng).

cheat/jiit/ (v) 1. dhagharow, laqdabeeyow. (n) 2. dhagharlow, kaa'ing.

check/jek/ (v) 1. hubsythow, fiiriyow (fatashow). *Check your spellings.* 2. reebow, roojiyow, surumiyow. (n) 3. jeeggy beesothy.

checkers/jekeris/ (n) jery.

check in/jek in/ (v) is sheenow, is diiwaan giliyow. *We checked in at a motel in the city.*

checkout/jek awt/ (n) ku bahow, ku tabow, miisky beesothy lyky biyaw.

check out/jek awt/ (v) beesy biyow waany ku tabow hotelky iwm. *I checked out today from the motel.*

checkup/jekap/ (n) qofky oo sy feyly lyng fiiriyi goony haang aafimaadshey.

cheek/jiik/ (n) 1. dhabangky (qaangky). 2. dhab'y hung (wal sharaf ing lahaayny).

cheeky/jiiki/ (adj) etheb doryng.

cheer/jiir/ (v) 1. qayliyow oo ammaang i booris leh. 2. farhiyow, koothiyow. *His jokes cheered me up.*

cheerful/jiirful/ (adj) farahsyng, fehmy leh.

cheese/jiis/ (n) farmaajy (burudky wangty).

cheetah/jiita/ (n) mog-shibeel.

chef/shef/ (n) qofky hanuung wal karis gorothy (kooky).

chemical/kemikal/ (n) 1. kiimiky. (adj) 2. wal kiimiky la hariiry.

chemist/kemist/ (n) qofky kiimikythy kasaw oo waany ky shagheeyaw.

chemistry/kemisteri/ (n) 1. kimistari (ilmyghy kiimikithy). 2. jeel (isjiithyshy oo lamy qofood ku dhahooyti). *There is no chemistry between them,*

cherish/jerish/ (v) jeelathow turow bathyng leh. *My boys cherish their new baby girl.*

cherry/jerri/ (n) 1. hupur. 2. humur.

chess/jes/ (n) jery oo qofkiiby 16 sheey amy hubnood ky dheelaw.

chest/jest/ (n) 1. horaadky, hepedky, shafky, kebberaaghy. 2. sanduuk.

chew/juu/ (v) alaaliyow, alaangj-hiyow.

chewing gum/juwing gam/ (n) shiil (maastiky).

chick/jik/ (n) 1. jhijhiiw amy shimbir yer.

chicken/jiken/ (n) 1. doory. 2. soky doorythy. 3. fuly (biig).

chicken pox/jiken pokis/ (n) busbus.

chief/jiif/ (n) 1. Malak, Aaw (nabaddoong). 2. kaaby qabiil. 3. amiir. (adj) 4. muhiim eh.

child/jaayld/ (n) unug, ilmy, ariir (dhal).

childhood/jaaylhuud/ (n) ariirnymy, yeraang.

childish/jaayldish/ (adj) ariirhaang, ariirnymy. *Refusing to eat is childish.*

chill/jil/ (v) 1. habriiriyow, qoboojiyow. (n) 2. qoboob, dhahang. 3. qerqer. *When he heard the lost of his team, he felt a chill through him.*

chilly/jili/ (adj) dhahang bathyng.

chime/jayim/ (v) koor amy gambeleel haang ing weerow.

chimney/jimni/ (n) mingky korshey meely uungky ku foofaw.

chimpanzee/jimpansii/ (n) daanjher Afriky luku helaw.

chin/jin/ (n) jiryng, ger.

chink/jink/ (n) meel bogsyng amy tarriighyng. *The rain is coming through chinks of the rain.*

chip/jip/ (n) 1. falliir, gohong. 2. bataaty dubung. (v) 3. fongqorow, fafalliirow.

chipmunk/jipmank/ (n) tukully yer.

chirp/jirp/ (n) edky qashyng no-noolky amy shimbiro.

chisel/jisel/ (n) 1. qurmy. 2. qormy.(v) 3. qorow.

chlorine/kaloorin/ (n) neef hanuung ha nuuhasy oo jeermisky dilaasy.

chlorophyll/kolorofil/ (n) shey aghaar eh oo geetho ing futhuthaayaw ini iriithy ha jiithythang.

chocalate/jokalat/ (n) shukulaaty.

choice/joys/ (n) 1. mereshy, kulubahow, doorryshy. 2. walaaghy lahally baha amy ly merethy. *That is a good choice.* 3. wal shashalgeddiisyng amy isky hammaaryng. *The college offers a large choice of classes.*

choir/kwaayar/ (n) duul isly heesaw amy qasiidy isly jiibiyaw.

choke/jowk/ (v) 1. mergythow. 2. merjiyow.

choose/juus/ (v) 1. merythow, doorrythow. 2. goossythow (meel ky toosow).

chop/jop/ (v) 1. gugurow, goggooyow, gaggalabow. (n) 2. gamuur (gamuur-gamuur ky dhikow).

chopsticks/jopistiks/ (n) lamy tuf oo hung-gury lyky aamaw oo Shiiny i Japaan lyky etheegsythaw.

choral/koral/ (adj) lysly heesaw, isly qaathow, jiib.

chord/kord/ (n) 1. muusiky lysky dadari sy wal toosyng hang biyang. 2. jiittyng toosyng oo lamy dhibiisyng meel gothyng ky yaalang isky hirasy.

chore/jor/ (n) hool gosow amy aajis leh. *A long paper was one of my chores on the college.*

chorus/koras/ (n) 1. hees lisly jiibiyaw. 2. duul hees isly qaathaw. 3. muusikithy lisly weerriyaw.

christen/kiristen/ (v) unug kirishtaameyow.

christian/kris-shan/ (n) 1. gaal (qof kirishtaang eh). (adj) 2. gaal amy krishtaang eh.

christianity/kiristiyaniti (n) diinty kirishtaangky.

christmas/kirismas/ (n) iidy kirishtaangky oo billy Disembar 25ti dhiyaasy. (iiddy dhalashythi nabi Iisy).

chrome/koroom/

chromium/koroomiyam/ (n) qalang kakyng.

chronic/kronik/ (adj) 1. wal afsho ber lyng biyi waayi amy daby dheeraathy sithy bushy iwm. *Asthma is chronic illness.* 2. wal hung.

chubby/jaabi/ (adj) kulus.

chuck/jak/ (v) usku gemow.

chuckle/jakal/ (v) hoos ing koot-how.

chunk/jank/ (n) wal kukuusyng.

church/jeerj/ (n) kaniisy

churchyard/jeerj-yaard/ (n) dhul-ky kaniisithy ky wereegsyng oo bathynaa qabriyaal eh.

churn/jeern/ (n) haanty amy goloonty wanty lyky ruhaw si dhaaysy lungku dheliyi.

chutney/jatni/ (n) besbaas (shidny).

cider/saaydhar/ (n) sharaab tufaah ku suubsung.

cigar/sighaar/ (n) tubaaky ly dhuughaw.

cigarette/sighareyt/ (n) sekereet, sighaar.

cinder/sindar/ (n) sheey amy tuf dhuhul haang eh.

cinema/sinama/ (n) sheneemy.

cinnamon/sinamon/ (n) qarfy.

cipher/saafar/ (n) abtug sir eh, far sir eh.

circle/sirkal/ (n) wereeg (moory).

circle/sirkal/ (v) wereejiyow, mooreyow.

circuit/serkit/ (n) 1. wereeg ha nanaghythaw. 2. tupaally dabky korontythy rahaasy amy ky qulqulaasy.

circular/sirkular/ (adj) 1. wereegsyng. 2. isku meel ku billaawythaw waany ky dhammaathaw. *A circular walk.*

circulate/sirkulayt/ (v) ky wereeghyd. *Air circulates around the room.*

circulation/sirkuleeshan/ (n) wereeggy dhiiggy korky amy beddengky.

circumcision/serkamsishan/ (n) birooymy (guthow).

circumference/serkamferans/ (n) dhiirirky meelli wereegsyng.

circumstance/serkamistans/ (n) arryng, haaly. *The rain is a circumstance beyond everybody's control.*

cistern/sistern/ (n) booyi-biyeed.

citadel/sitadhal/ (n) bood beled ky wereegsyng oo gaashang haang lyng etheegsythaw.

citizen/sitisan/ (n) 1. dhalad. 2. qofky reer arlaathy eh.

citrus/sitras/ (n) wal dhinaaw sithy liimothy iwm.

city/siti/ (n) beled.

civil/sivil/ (adj) 1. etheb (doo usky dheeghow). 2. reer belednymy.

civillian/siviiliyan/ (n) burgeesy, madani (dadky askarty ing haayny).

civilian/siviilyan/ (adj) burgeesy amy madani eh.

civilization/siviliseyshan/ (n) hormar (hathaary). *We are studying the civilization of ancient people.*

civilized/sivilaaized/ (adj) hormarsyng (hannuung heer bathyng ly rahaw leh). *Civilized people.*

civil servant/sivil servant/ (n) shaqaaly dowly (qof dowlyddy shughul ing haayi).

civil war/sivil woor/ (n) ol ollogheed, ol eheleed.

claim/keleym/ (v) sheeghythow, ha sheeghythow. *Did anybody claim the book you found?*

clamber/klambar/ (v) korow amy fuulow oo galgna i lugha ley ly etheegsythaw.

clammy/klaami/ (adj) fajhaghyng oo waany dhedheg leh.

clamp/klamp/ (n) aaly bir eh oo wal isky dhuujhiyaasi amy isky qobythaasy.

clan/klaan/ (n) reer, laf, jilib (qabiil).

clap/klap/ (v) 1. habshyndhowow. (n) 2. habshyng. 3. qayly dheer.

clarify/kalaarifaay/ (v) eddaayow.

clarinet/kalarinet/ (n) aaly muusiky oo tubby haang eh, oo maddi ly weerriyaw ly afuufaw.

clarity/kalaariti/ (n) eed amy sy feyly lyng araghaw (mogdy ing lahaayny).

clash/kalaash/ (v) 1. dirirow, isgalow (isky dhowymow). 2. qayly dheer sithy maddi lamy bir isky dhiyang.

clasp/klaasp/ (v) 1. ky dheghow, isky dhejiyow, qobsythow. (n) 2. aaly wal isky dhejiyaasy.

class/klaas/ (n) 1. fasal (kalaas). 2. esher (dersy). 3. dad amy duul isle amy isku heer eh.

classic/klaasik/ (adj) heer kor eh (eed ing feyly).

clatter/klaatar/ (v) qayliyow jug-jug, bug-bug amy qololow leh.

clause/kloos/ (n) jumly yer (nahwy hang) oo fal wethyty. *I watched a movie oo kely.*

claustrophobia/klastrofobiya/ (n) obsy meel haruubyng amy iig eh ky jerow ly hariirty.

clay/kley/ (n) dhiighy.

clean/kliin/ (adj) 1. nathiif eh. (v) 2. dhusugbiyow, nathiifiyow.

clear/kliyar/ (adj) 1. ed, binaaw (mogdy-mogdy ingky jerny, wal reebaw ing lahaayny). *Clear water, clear road.* (v) 2. binaayow, oot qaathow.

clearing/kliyarin/ (n) deleel (dhul binaaw amy oot ing lahaayny).

clergy/klerjy/ (n) horseedky kaniisithy kirishtaangky.

clerk/klerk/ (n) 1. karaany (qofky tirythy amy hisaabty haayi). 2. kaaliyi dukaang.

clever/klevar/ (adj) maghuuf eh (masqang bathyng, hindhy furung).

client/klaayant/ (n) rukung.

cliff/klif/ (n) jemelky amy buurty gowshe.

climate/klaaymat/ (n) howythy (debeelly qoboobshe, kaluulshe, roobshe iwm.).

climax/klaymaks/ (n) sheyghy meely ingky muhiimsyng.

climb/klaymb/ (v) korow, fuulow.

cling/kling/ (v) ky dheghow.

clinic/klinik/ (n) isbitaal yer.

clip/klip/ (n) biingky haanshiya liskyly qobythaw. 2. broosamiinty (filing wal yer lusku tusaw). (v) 3. wal ky qobythow.

clipboard/klipboord/ (n) loog biing kor ku leh oo haanshiya lyky qobythaw.

clipper/klipar/ (n) markab hanuung rooraw.

cloak/klowk/ (n) jaaky holof-holof eh oo galang laang eh.

cloakroom/klowkruum/ (n) meelly jaakiya lyky dhaafaw.

clock/klok/ (n) sa'ad wiing.

clockwise/klokwaays/ (adj, adv) dhinighy sa'ady lyng dereery amy lyng bahy. *Move the screw clokwise to open it.*

clod/klod/ (n) arry amy bus yer.

clog/klog/ (v) hirimow. *The road is clogged by too many cars.* (n) 2. koby-geed (koby ulus oo geed ku suubsung).

close/klows/ (adj) 1. ing dhow (ing dheerayny). (v) 2. hirow, haruubow, doboolow.

cloth/kloth/ (n) kar, or, dhar, mary.

clothes/klothis/ (n) *pl* kar amy walaaghyby kar la hariiry.

cloud/klaawth/ (n) hoghol, daruur.

cloudy/klaawdi/ (adj) 1. hoghol leh. 2. gebly eh.

clout/klowt/ (v) dharbaagneyow, eed ing dhowow.

clove/klowv/ (n) qalanfur.

clown/klaawn/ (n) qof tab gorothy oo waany dadky koothiyaw.

club/klab/ (n) 1. bud (ul). 2. ully goolfyghy lyky dheelaw. 3. duul (dad dantoo isky eh). 4. karwal amy kraawal (summud turubky ku mid eh).

cluck/klak/ (v) kruk-kruk erow (sithy doorythy lyng weery).

clue/kluu/ (n) tilmaang wal futhuthaayasy. *He can't answer the question without a clue.*

clump/klamp/ (n) ees amy geethy isky dhiny baheng. *A clump of bushes.*

clumsy/klamsy/ (adj) nunughul.

clung/klang/ (v) *cling* oo fal laha moothi eh.

cluster/klastar/ (n) 1. wal isky shamuugsyng. (v) 2. shamuugsynaang. *We all clustered in the tiny room.*

clutch/klaj/ (v) 1. qobythow, dhabsiiyow. 2. faransiyoonky amy kalaajky baabuurky.

coach/kowj/ (n) 1. gaary afar lug leh oo feris jiithaw. 2. tab-bary (heelbary). (v) 3. tabbarow, heel barow.

coal/kowl/ (n) dhuhul.

coalition/kowalishan/ (n) duul iskaallythi.

coarse/kowrs/ (adj) 1. tartar leh (silaa ing haayny). 2. etheb ing haayny (iyaal suuqnymy eh).

coast/kowst/ (n) heeb (dhulky maagnathy dhinishe eh).

coast guard/kowst gaardh/ (n) askarty maagnathy dhoorasy amy ilaaliyasy.

coat/kowt/ (n) 1. jaaky. 2. dobocl. 3. dufty hoola. (v) 4. ky hobooghow. *Coat the floor with the wax.*

coax/kowks/ (v) ky qalqaaliyow, ky boorriyow. *I coaxed my parents into letting me go to the movies.*

cobblestones/kaabal-istoons/ (n) *pl.* jaay.

cobra/kobra/ (n) dhejy mathy wiing oo sung leh.

cobweb/kobweb/ (n) ming aary-aary.

cocaine/kowkeyn/ (n) dorooghy hanuung dad qobythaasy.

cock/kok/ (n) 1. diik. 2. shimbir lab eh.

cockerel/kokeral/ (n) diik yer.

cockpit/kokpit/ (n) shukaanty dayuurathy.

cockroach/kokrowj/ (n) baranbary.

cocoa/kowkow/ (n) buthuthy shukulaatythy luku suubiyaw.

coconut/kokanat/ (n) qumby.

cod/kod/ (n) mallaay wiing oo biyi habriirky ky nool.

code/koowdh/ (n) 1. hab sir eh. 2. heer ly rahaw. *There is a dress code for our school.*

coeducation/kow-ejukeeshan/ (n) wal barythowky gebro i kuriity isky jerang.

coffee/koofi/ (n) 1. gahwy. 2. bungky buthuthy eh.

coffin/koofin/ (n) dhardhaar, hondool.

cog/kog/ (n) ilko luty baabuurky amy bushkeleetithy leh oo lyng etheegsythaw inii sheey kely wereejiyaang.

cogwheel/kogwiil/ (n) luty ilko leh.

coil/koyl/ (v) 1. ky duupymow, ky wereegsymaw. *The snake coiled around the tree.* (n) 2. wal duduubung amy wywereegsyng.

coin/kooyn/ (n) sanuud.

coincide/kowinsaydh/ (v) hal mar isly dhiyow. *My art clas coincides with my appointment with the doctor.*

cold/koold/ (adj) 1. habriir, qoboob. 2. ing feylahaayny.

coldness/kooldnes/ (n) hergeb.

cold-blooded/koold-bladed/ (adj) 1. naaris amy dereeng laawy (ing nahaany). 2. dhiig habriiryng sithy haywaanky bersho oo ku mid eh, mallaayky, dhejighy, dhadhamysythy iwm.

collaborate/kollaboreyt/ (v) iskaallythow.

collapse/colaaps/ (v) 1. dumow, dhiyow amy isky laabymow. 2. burburow, leethow.

collapsible/kolaapsibal/ (adj) laabymaw.

collar/kollar/ (n) 1. kulleety. 2. hathyggy hoola lughuntiyo lyky hiraw.

collect/kolekt/ (v) kuusow, haapi-yow.

college/kolej/ (n) koleejy, jaama'a (meel iskoolky kor ku reed wal lyky barythaw).

collide/kolaydh/ (v) isky dhiyow. *Two cars collided.*

colon/kolon/ (n) lammy dhibiisyng oo is kor saaryng (:) oo shaghal haang lyng etheegsythaw.

colony/kolani/ (n) 1. isti'maar (dhul kely haaysythow). 2. hooly amy geethy isleh oo duul haang inisly nool. *Bees live in colonies.*

colonial/kolanial/ (adj) ist'maari (isti'maar wal lu ky leh),

colonize/kolanaaz/ (v) ist'-maarsythow.

colossal/kalosal/ (adj) meel feddy dhong, eed ing wiing.

color/kalar/ (n) 1. muthub. (v) 2. muthubeeyow.

colt/kowlt/ (n) feris yer oo lab eh.

column/kolam/ (n) 1. tiir. 2. wal tiir haang lyng abtughy.

coma/koma/ (n) suuhow, miir beelow, sakaraat.

comb/kom/ (n) 1. shirif, shanly. (v) 2. shirifow, shanleeyow, tuurow. 3. weeydiyow, fatashow, feleghow.

combat/kombaat/ (n) dirir, isgal (ol, harby).

combine/kombaayn/ (v) isky darow, inis sheenow.

combination/kombaneyshan/ (n) wal bathyng isly suubiyow sithy makiiny beereed oo misgeethy gooyaasy waani shukulaasy.

combustion/kombas-shan/ (n) gubushy.

come/kam/ (v) kooyow.

comedian/komiidiyan/ (n) qofky dadky koothiyaw.

comedy/koomidhi/ (n) wal lyky koothaw.

comet/komit/ (n) hiddig dub dheer oo iriithy ky wereeghythaw.

comfort/kamfort/ (v) 1. baashalow, raaheysythow. (n) 2. meel degyng amy qalbyghy ing roong. 3. qofky amy sheyghy wal dejiyaw amy dad ing raahoyaw.

comfortablekamfortabal/ (adj) raahy leh.

comic/komik/ (adj) kood leh.

comma/kaama/ (n) sumuddy neggaathowky (,) oo maddii wal ly abtughaaw ly etheegsythaaw.

command/komand/ (v) 1. amar siiyow. *He commanded his soldiers to march.*

commence/komens/ (v) billaawow.

comment/koment/ (n) 1. doo luku sheeghy (faally). (v) 2. faallothow, ku faallothow.

commentary/komentari/ (n) faally.

commentator/kommenteytar/ (n) qofky faallythy abtughaw amy sheeghaw.

commerce/komers/ (n) be'eshery, seer (wal shal gathythow).

commercial/komershal/ (adj) 1. wal ganaa ly hariiry. 2. naathy (ogeeysiis).

commit/komit/ (v) demby amy gef galow. *He committed two mistakes.*

committee/komitii/ (n) guddy (akkiyaar).

common/koman/ (adj) 1. aathy eh, ly ogyi amy jerang.

common sense/koman sens/ (n) fikir lysly ogyi amy aathy eh. *It is common sense.*

commotion/komooshan/ (n) buuq, rabshy iwm.

communicate/komyunikeyt/ (v) hariiriyow. *I communicate with my friends through e-mail.*

communication/komyunikeyshan/ (n) hariir.

communism/komyunism/ (n) shuu-u'innimy (hab oo walaaghy maal eh dhong lysly leyi).

communist/komyunist/ (n) shuu i eh.

community/komyuniti/ (n) bulshy (dad meel iskyly nool).

commuter/comyutar/ (n) qofky yoong kasty shughul ing jirmaathaw.

compact/kompakt/ (adj) isky ithyng (yer amy meel wiing ing qaathythaany).

compact disk/kompakt disk, (n) ajalky sahangky eh oo warky iwm. lyky duubaw amy lyky haayaw.

companion/kompaaniyan/ (n) wehel, withaay.

company/kompani/ (n) 1. shirky. 2. wehel.

compare/kompeer/ (v) isbaal dhikow sy linisky fiiriyi (inis qiyaasow).

compartment/kompartment/ (n) wal amy meel gohong oo goony eh. *My computer desk has compartment for pens, paper clips etc.*

compass/kampas/ (n) aaly jehethy sheeghasy (jeheeyi).

compassion/kompaashan/ (n) turow (naaris).

compassionate/kompashaneyt/ (adj) naaris bathyng.

compel/kompel/ (v) qasab (hoog ing sheeghythow). *He was compelled to tell the truth.*

compensate/kompenseyt/ (v) magdhowow.

compensation/kompenseyshan, (n) mag, hag.

compete/kompiit/ (v) doorowdoorow, dhaktymow.

competent/kompatant/ (adj) tabar ing leh.

complain/kompaleyn/ (v) owaat-how (da'woothow). *She complained to police about her neighbor.*

complaint/kompleynt/ (n) owaad, da'wy.

complete/kompiliit/ (adj) 1. juusty eh, leeysing, buuhy. (v) 2. juusteeyow, leeyow, buuyow.

complex/komplekis/ (adj) rafaat amy hekaar bathyng.

complexity/kompleksiti/ (n) isky dadabyng, isky hihiring.

complexion/komplakshan/ (n) muthubky qofky amy qofky si ing nagyi goony haang foolky.

complicate/komplikeyt/ (v) kakiyow (dhib i rafaat ky weelow).

complicated/komplikeyted/ (adj) dhib bathyng.

component/komponant/ (n) qiib, wal ku mid eh.

compose/kompoows/ (v) 1. ku koobyng. *The juice is composed of water and grape.* 2. wal allifow amy tiriyow sithy gobi, hees iwm.

compound/kompaundh/ (n) sheey wal bathyng ku suubsyng.

comprehend/comprehend/ (v) kasow, gorythow.

comprehensible/komprehensibal/ (adj) ly kasy kory.

comprehension/komprehenshan/ (n) kas, gorod.

comprehensive/komprehensiv/ (adj) dhong (juusty eh).

compress/kompres/ (v) majhiirow (yeraayow).

compromise/kompromaays/ (n) 1. hal (hellis). (v) 2. hal ing helow (helliyow, wal isky rahow).

compulsive/kompalsiv/ (adj) lyng reeby korny (sandully eh).

compulsory/kompolsari/ (adj) waajib (wal inii ly weely amy ly suu-biyi eh). *Economic courses are compulsory in the school.*

computer/kompiyuutar/ (n) kompiyuutar.

computing/kompiyuutin/ (n) wal tiriyow.

concave/konkeyv/ (adj) sheebyng (gothyng).

conceal/konsiil/ (v) kaayow, qariyow, dhuumiyow.

conceited/konsiitid/ (adj) isly wiing (kibirsyng). *He is conceited if he thinks that he is better than anybody else.*

conceive/konsiiv/ (v) 1. uurowow (uur qaathow). 2. qiyaasow, ku fikirow.

concentrate/konsentreyt/ (v) 1. meel ky toosow. *Concentrate on your work.* 2. kajhiyow. 3. meel inisky sheenow, inisky kooyow.

concentration/konsentreyshan/ (n) hooggy meel saarow.

concept/koncept/ (n) fikir.

conception/konsepshan/ (n) 1. uur qaathow. 2. fikir.

concern/konsern/ (n) 1. welwel. 2. kuseeyow (wal ky kuseeyaw). (v) 3. kuseeyow.

concerning/konserning/ (prep) ky saabsyng.

concert/konsert/ (n) kunsheerty, riwaayi.

concise/konsaays/ (adj) koobyng (doo gaabyng).

conclude/konkluudh/ (v) hooriyow (leeyow). *He concluded the story.*

conclusion/konkluushan (n) kattyng, hooris.

concrete/konkiriit/ (n) shubky shamiintothy.

condemn/kondem/ (v) 1. kahathow, la'ny saarow. 2. heer saarow (iqaabow).

condense/kondens/ (v) 1. gaabiyow, yeraayow. 2. uung biyooyow (uungky oo biyi inis dooriyi).

condition/kondishan/ (n) 1. haalyd. *The car is in good condition.* 2. shardy eh, lyng baahagni. *Being a good writer is one of the conditions for getting the job.*

condom/kondhom/ (n) ambiiry amy bambiiry langky etheeg-sythaw madii habar ing seeth-aw si uur amy bushy lyng ba-ajhiyi.

conduct/kondhakt/ (v) 1. fuliyow (arryng fuliyow amy wethow). 2. falow, weelow.

conductor/kondhaktor/ (n) 1. qofky muusikithy amy dadky heesaw shal horaw. 2. qofky beesothy amy tikidky dadky ku kuusaw sithy baaburre, tariinky iwm. 3. wal korontythy dabshe gud-biyaw.

cone/koon/ (n) sheey toobung haang eh oo afky ing dhuubung salkyny ing billeeryng.

confectionery/konfekshineri/ (n) hung-gury may.

confess/konfes/ (v) qirow, qirythow.

confession/konfeshan/ (n) qirys-hy, i'tiraaf.

confide/konfaaydh/ (v) ly tellythow, sir ing sheeghythow.

confidence/konfithens/ (n) kalsoon-aang.

confidential/konfithenshal/ (adj) sir eh.

confine/konfaayn/ (v) 1. koobow. 2. hirow, habbisow.

confirm/konferm/ (v) hubsythow (haqiijiyow).

confiscate/konfiskeyt/ (v) ly wereeghow. *The government con-fiscated all of his property.*

conflict/konflikt/ (n) 1. ol, dirir, 2. usku hor kooy (shal geddysy-naang, kilaaf).

conform/konform/ (v) 1. rahow (heer imw. ly rahy).

confront/konfront/ (v) fool ku fool inisky hor kooyow.

confrontation/konfronteyshan,' (n) is kilaaf, usku horkooy.

confuse/konfiyuus/ (v) ky weree-row.

confusion/konfiyuushan/ (n) wereer.

congested/konjested/ (adj) 1. hiring. 2. shiimy eh.

congratulate/kongarajuleyt/ (v) tahniy-eeyow (qofky ly ery nasiib feyly).

congratulation/kongratuleyshan,' (n) mabruuk, auguuriyi.

congregate/kongarigeyt/ (v) kuu-sumow, kulumow.

Congress/kongaris/ (n) kulungky baarlamaanky Ameerikaanky.

conical/konikal/ (adj) toobyng haang eh.

conjunction/konjakshan/ (n) ha-rafky jumlythy isky hiraw. *And & because are conjunctions.*

conjure/konjar/ (v) hindhy saa-bow (tab suubiyow).

connect/kenekt/ (n) ky nuthow. ky hirow. *The kids are connecting the toys.*

connection/kenekshan/ (n) ay gory-thaasy, wal isky hiring.

conquer/konkar/ (v) qobsythow, ku rooyow.

conscience/konshuns/ (n) goros-hythy walaagi hung i walaagi sang.

conscientious/konshieynshas/ (adj) damiir leh.

conscious/konshas/ (adj) miir leh, wal og.

consecutive/konsekativ/ (adj) is highy. *1,2,& 3 are consecutive numbers.*

consent/konsent/ (v) ethemow (oggolaathow).

consequence/konsikwans/ (n) na-iijy (haku dhalyty).

conservation/konserveeshan/ (n) dhooris, ilaalis (darweel).

conservative/konservetiv/ (adj) dhoorsyng, isbeddel ing jee-laayny.

conserve/konserv/ (v) dhoorow, ilaaliyow.

consider/konsidar/ (v) ku fikirow (tely ky darow).

considerable/konsidherabal/ (adj) wal bathyng eh (hool yer ing haayny). *We have a considerable driving to do.*

considerate/konsidereyt/ (adj) qedderis leh.

consideration/konsidereyshan/ (n) qedderis.

consist/konsist/ (v) ku koopynaathow, ku suubsynaathow. *This wall consists of bricks.*

consistent/konsistant/ (adj) saasley eh, inis bedelaany. *He is consistent with the rules.*

console/konsol/ (v) ta'siyooyow (sasabow, sabar giliyow). *We tried to console him after he lost the game.*

consonant/konsonant/ (n) shibbyny (harfo elifky oo shaghal: *a, e, i, o, u,* ingky jerny).

conspicuous/konispikyus/ (adj) eed hang maathy, eed lyng araghaw.

conspire/konspaayar/ (v) wal meleeghow.

conspiracy/konspaayrasi/ (n) mu'aamary.

constant/konistant/ (adj) mar kasty, ing roogsythaany, inis beddelaany. *His constant talking annoys everybody.*

constellation/konstalleshan/ (n) hiddighe meel ky kuusung sithy Liha amy Tothypky.

constipated/konstipeyted/ (adj) olooly enjeg (oloolethy maddi fidhiithy).

constituency/konstijuwansi/ (n) deegaangky i dadky ha doorythow dibutaatiyaal.

constitution/konsistityushan/ (n) 1. heer, dastuur. 2. uumisty i fiyaawanty guud oo qofky. *A healthy kid has a strong constitution.*

construct/konistrakt/ (v) dhisow, isky hihirow.

constructive/konistraktiv/ (adj) wal tar leh, fikrit amy ra'yi feyly.

consult/konsalt/ (v) ly tellythow.

consultant/konsaltant/ (n) ly teliyi.

consultation/konsalteyshan/ (n) ly tellyshy.

consume/konsyuum/ (v) 1. aamow i dhamow. 2. leeyow, dhammaayow.

contact/kontakt/ (v) 1. taabbythow. 2. ly hariirow. (n) 3. hariir.

contagious/konteejas/ (adj) lysky daarythy kory. *Cold is contagious.*

contain/konteyn/ (v) 1. ky jerow. 2. ku koobynaathow.

container/konteyner/ (n) weel (weel wal lyky ridithaw).

contaminate/kontaamineyt/ (v) dhusugheeyow (hallaayow), fesaadiyow, nijaaseyow. *The weather is contaminated.*

contemplate/kontempleyt/ (v) eed ungku fikirow.

contemporary/kontemporeri/ (adj) hatty eh, dowky eh (asri eh).

contempt/kontempt/ (n) yes (lyng jeelaayny).

content/kontent/ (adj) maqsuud eh.

contents/kontentis/ *pl.* wala guthy ky jery.

contest/kontest/ (n) dhaktyng (tartyng).

continent/kontinant/ (n) qaarad. *Africa is a continent.*

continual/kontiinwal/ (adj) ha nanaghythaw, hariir eh, isdaby dereery. *Continual visits to the doctor.*

continue/kontiniyu/ (v) wethow, dereerow. *The snow continued for two days.*

continuous/kontinyuwas/ (adj) dereerty

contour/kontuur/ (n) kugdy (guudky kor).

contraception/kontrasepshin/ (n) wal uur qaathowky baajhiyaw amy reebaw.

contraceptive/kontraseptiv/ (n) daawothy uurky reebaasy.

contract/kontrakt/ (v) 1. yeraathow, shuughow. (n) 2. taab, kontraat (hellis abtughung).

contradict/kontradikt/ (v) is buriyow (hasky horjeethow).

contradiction/kontradikshan/ (n) usku horkooyow.

contrary/kontrari/ (adj) haky horjeethy.

contrast/kontrast/ (v) isky fiiriyow, is baal dhikow.

contribute/kontrabiyut/ (v) kaalmy biyow, wal ky darow.

control/kontrol/ (v) reebow (hukumow).

controversial/kontaravershal/ (adj) rabshy amy murung leh.

controversy/kontaraversi/ (n) rabshy, murung.

convalescence/konvalesens/ (n) waqtyghy qofky faaysythaw.

convenient/konviiniyant/ (adj) sehel eh (sehel lyng deery kory amy lyng etheegsythy kory). *The shop center is very convenient because it is just one mile away from where we live.* 2. ky feyly, ky roong.

conventional/konvenshinal/ (adj) dhaghyng eh, aathy eh.

converge/konverj/ (v) kuusumow, kulumow.

conversation/konverseyshan/ (n) hathal, sheeky.

converse/convers/ (v) hathalow, dowahow, sheekoyow.

convert/konvert/ (v) dooriyow, beddelow.

conversion/konvershan/ (n) qof ly beddeli, qof diintis amy iimanshey ly dooriyi.

convex/konveks/ (adj) fuursyng, bararsyng amy tuur leh.

convey/konvey/ (v) 1. jeeyow. *These pipes convey water from the river to the city.* 2. deersiyow. *Can you please convey my greetings to your parents?*

convict/konvikt/ (v) 1. demby ky helow amy hukumow. (r.) 2. dembiily.

convince/konvins/ (v) qan'iyow, kasiyow, barow, fehemsiyow

convoy/konvooy/ (n) 1. safar wethythy bedbaadi (safar ly jerty askar difa'asy). 2. akkiyaar.

cook/kuuk/ (v) 1. kariyow.

cooking/kuukin/ (n) qofky wala kariyaw (kooky).

cookbook/kuukbuuk/ (n) buuggy wal karisky.

cookery/kuukari/ (n) ilmyghy hunggury karisky.

cookie/kuuki/ (n) buskut.

cool/kuul/ (adj) 1. habriir yer. 2. deggyng (ing kahanaayny). 3. feyly. (v) 4. habriiriyow, qoboojiyow.

cooperate/kowapereyt/ (v) iskaallythow.

cope/koop/ (v) ly hekaarow.

copper/kopar/ (n) maar.

copy/koopi/ (v) guuriyow.

cord/kordh/ (n) musaay, hathyg.

core/koor/ (n) dhatty (sheeyky dhattis, walaaghi ingky muhiimsyng).

cork/koork/ (n) up, fur, (haruubdhaly oo geed ku suubsyng).

corkscrew/koork-iskuruu/ (n) aaly oo haruubky qaruuriya lyky furaw.

corn/korn/ (n) galley.

corner/kornar/ (n) gees, dhiny.

cornet/kornet/ (n) aaly turumby haang eh.

coronation/koroneyshan/ (n) boghorky amy boghoryddy maddi ly hambal saaraw.

corporal punishment/korporal punishment/ (n) jethy eh tumow i karbaash.

corps/koor/ (n) laang amy ber askarty ku mid eh.

corpse/koorps/ (n) mijid (mijidky qofky).

correct/korrekt/ (adj) 1. toosyng (sah eh). (v) 2. toosiyow (sahow).

correspond/korrespond/ (v) 1. ing nakaathow, is waafaqow. *This signiture does not correspond with yours.* 2. is hariiriyow (haanshy, iimeel iwm. inis dirow). *I correspond with my parents.*

correspondence/korrespondens/ (n) haanshiya amy wala lynis diraw.

corridor/korador/ (n) jid mary oo qololky ing dhaheeyi sithy hoteelky, isbitaalky iwm.

corrode/korrood/ (v) leethow oo mirir iwm. sheenaw.

corrupt/korrapt/ (adj) 1. musuq-maasuq, laaluush. (v) 2. laalush qaathythow, aamow. *He can not be corrupted.*

corruption/korrapshan/ (n) musuq-maasaq.

cosmetics/kosmetiks/ (n) alaabty lysky suuruthooyaw.

cosmos/kosmos/ (n) ifky amy addu-ungky.

cost/koost/ (v) 1. seereyow, qiimeyow. *This car costs too much.*(n) 2. seer.

costume/kostiyuum/ (n) lebbes wal kele kiing nakaaysiyaw.

cot/kot/ (n) sariir yer.

cottage/kottij/ (n) ming yer (mindilly, hoorry).

cotton/koton/ (n) suuf.

couch/kaawj/ (n) korsy dheerky fydhyghy.

cough/kaaf/ (v) 1. quffahow. (n) 2. quffy.

could/kud/ (v) *can* oo fal laha moothi eh

council/kownsal/ (n) majlis, guddy.

councilor/kawnsalar/ (n) qofky guddighy ku mid eh.

count/kaawnt/ (v) 1. tiriyow (hisaabow). (n) 2. lang reer Yurub oo nasab eh.

counter/kawntar/ (n) 1. miis wiing sithy kang dukaame. (prefix) 2. haky horjeethy (lid ky eh). *His idea is counter to mine.*

counterclockwise/kawntar-klok-waays/ (adj, adv) dhinighy sa'addy ing dereerty ing haayny. *In order to open the bolt, you need to turn it counterclockwise.*

counterfeit/kawntarfiit/ (adj) beeng abuur eh (rung ing haayny).

counterfeit/kawntarfeit/ (v) beeng abuurow.

countess/kawntes/ (n) naag reer Yurub oo nasab eh.

countless/kawntles/ (adj) tiry mood eh (tiry ku bathythy).

country/kantari/ (n) 1. dhul, waddang, arly. 2. baadiyi.

countryside/kantarisaaydh/ (n) baadiyi.

county/kawnti/ (n) deeghaang amy beel oo maamulshe hoos gooni ing eh.

couple/kapal/ (n) 1. lammaaly (lamy). 2. lamy isqabty.

coupon/kuupon/ (n) kuuboong (haanshy yer amy tikid seerky kiing yeraayaw).

courage/korij/ (n) dhiirrynaang, geessynymy.

courier/kuuriyar/ (n) 1. qof farmiing wethy.

course/koors/ (n) 1. esher (dersy). 2. qiib hung-gury oo lyng hethaw si is dabadereer eh. *The last course of our meal is tea.* 3. dhul lyky dhaktymaw. 4. tub ly rahaw. *The course of the plane.*

court/koort/ (n) 1. mahkamy. 2. goob dhyssyng oo lyky dhee-law. *Basketball court.* 3. meelly boghyrky amy boghoriddy lyky qaabilaw.

courtyard/koortyaardh/ (n) maalyt, bed (dhul oothyng).

courteous/kortiyas / (adj) etheb (etheb leh).

cousin/kasin/ (n) ilmy etheer, ilmy inaay, ilmy abty amy ilmy ahyer.

cover/kovar/ (v) 1. haruubow, doboolow, hobooghow. (n) 2. haruub, dobool.

cow/kaaw/ (n) sa, loo.

coward/kawardh/ (n) fuly.

cowboy/kaawbooy/

cowgirl/kaawgerl/ (n) loo-jer.

cowslip/kaawislip/ (n)fiid (fiyoory) jaally eh.

coy/koy/ (adj) is jheeriyaw (qof jheeraw).

cozy/kowsi/ (adj) dughaal.

crab/krab/ (n) suul-gooy (nafleey biyo ky nool oo eleel kakyng korky ku leh).

crack/kraak/ (v) 1. jhiryng (jhiry-mow), dhambalymow. (n) 2. qayly.

cracker/krakar/ (n) buskut ing mayaayny.

cradle/kradal/ (n) 1. dhereb (sariirty unuggy amy unugty). (v) 2. onog garbo ky haayow. *She cradled her baby in her arms.*

craft/kraft/ (n) 1. sanaa (farsamy). *Pottery is a work of craft.* 2. doong misy baaburbuuby.

craftsman, craftswoman /krafts-man/krafswuman (n) sannaaly (sanna goryd).

crafty/krafti/ (adj) tab bathyng.

cram/kram/ (v) ubow/upow, ky haabiyow, ky buuyow.

cramp/kraamp/ (n) murug-dhuury.

cramped/krampdh/ (adj) iig eh.

crane/kreeyn/ (n) 1. wiish. 2. shim-bir-biyood oo lughung i lughy dhedheer leh.

crash/krash/ (v) 1. berberow (ky dhiyow). (n) 2. berber, de:der (shil). 3. qayly dheer.

crate/kreyt/ (n) sahaary, sanduuq.

crater/kreytar/ (n) bohol, god.

crave/kreyv/ (v) fathow, haaymy-thow.

crawl/kroowl/ (v) 1. garguurithow. (n) 2. dabaal oo galgna i lugha ly etheegsythaw, foolkyny hoos lyng raariyaw.

crayon/kreyon/ (n) laabis amy qalang muthub leh.

crazy/kreysi/ (adj) waalyng, dhug ing lahaayny amy dabbaal eh.

creak/krek/ (v) jhiiq-jhiiqow. *These shoes creak when I walk with them.*

cream/kriim/ (n) 1. burud (labeeng). 2. kreemy korky ly marsythaw. *A hand cream.*

crease/kriis/ (n) kathuuthyng, lal-laabyng amy bubuusyng. *A crease in your shirt.*

crease/kriis/ (v). kathuuthymow.

create/kiriyeet/ (v) uumow, abuurow.

creation/kriyeyshan/ (n) uung.

creative/kiriyeetive/ (adj) wal abu-ury kory (wal usub sheeny kory).

creator/kiriyeytar/ (n) abuury, uumy (Ilaahey).

creature/kriijar/ (n) nafleey (walaaghy nool oo geetho ingky jerny).

credit/kredhit/ (n) 1. qedderis, ammaang amy sharaf. *He deserves credit for the good work.* 2. qofky amy sheeyghy sharafty ly kooyaw. 3. amaa. *I have a ten dollar credit at the shop.*

credit card/kredhit kardh/ (n) kaar-amaa.

creek/kriik/ (n) qulqul (weby yer).

creep/kriip/ (v) garguurythow.

cremate/kremeyt/ (v) mijid gubow.

crematorium/krematoriyam/ (n) meely mijidky lyky gubaw.

crept/krept/ (v) *creep* oo fal laha mocthi eh.

crescent/kresent/ (n) bil usub, bil owvyl eh (hilaal).

crest/krest/ (n) 1. guudky shimbirty. 2. fiiddy, luufty. 3. summud.

crew/kru/ (n) duul hool isly galaw sithy haang markabky, baabur-buubeghy iwm.

crib/krib/ (n) dhereb (sariirty unug-gy amy unugty).

cricket/krikit/ (n) 1. kathalaang. 2. dheel krikit ly eraw oo boloony i ul lyky dheelaw.

crime/kraaym/ (n) demby.

criminal/kriminal/ (n) dembiily (qofky dembighy gali).

crimson/krimsan/ (adj) hanuung gathuud eh.

cringe/krinj/ (v) waabsymow, obsythow.

cripple/kripal/ (n) boos, jiis (naafy).

crippled/kripaled/ (adj) naafy eh.

crisis/kraysis/ (n) 1. waqtyghy ingky hung. 2. rafaat, dhib amy shiddy.

crisp/krisp/ (adj) enjeghyng waany kakkyng laaking yoow jha-jhabaasy sithy bubukoothy iwm.

critical/kritikal/ (adj) eed ing hung.

criticize/kritisaays/ (v) dhaliilow, eedeyow.

croak/krowk/ (v) rakky haang lyng weery.

croak/krowk/ (n) ed rakky.

crochet/krawshet/ (n) 1. daaba' tolow. (v) 2. daaba'ow.

crockery/krokeri/ (n) maa'uung (alaabty hung-gury lyky aamaw).

crocodile/krokodil/ (n) yahaas.

crook/kruuk/ (n) 1. dhagharlow, tuug, haasid. 2. ul bokoory haang eh.

crooked/kruukidh/ (adj) 1. laabbyng, gothyng (ing toosynaayny). 2. tuug eh.

crop/krop/ (n) 1. bal (geetho misgheethy). 2. haliinty misgeethy, galleyty, tinjhir-ty iwm. (v) 3. gooyow, goosythow (beerty madi ly gooyaaw).

cross/kros/ (n) 1. summud istillaab sithy (x) amy (+). 2. sumudy sali-ibky oo kirishtaanky etheegsythaw. 3. lamy sheey isky daryng. *A mule is a cross between a donkey and a horse.* (adj) 4. dhirfyng. (v) 5. gooyow (tillaab-sythow). 6. isdhaafiyow, ismootiy-ow. *I crossed my legs.* 7. ismoothow. *We crossed each other in the highway.*

cross out/kros awt/ (v) jiityng mariy-ow (titirow amy tirtirow).

crossbow/krosbow/ (n) qaansy oo goby wethity.

crossing/krosing/ (n) meel ly gooy-aw. *A street crossing.*

crossroads/krosrowdis/ (n) isgooy.

cross section/kros-sekshan/ (n) berko. *Cross section of an orange.*

crossword/kroswordh/ (n) harfy hir-maagny eh oo sanduug jery haang eh lyky buuyaw.

crouch/krowj/ (v) jilby jhabsythow.

crow/krow/ (n) 1. kaaghow. (v) 2. diik haang ing weerow.

crowd/kraawdh/ (n) 1. shiimy. (v) 2. buuyow.

crowded/kraawded/ (adj) shiimy eh.

crown/krawn/ (n) taaj.

crucial/krushal/ (adj) eed muhiim ing eh.

crucifix/krusifiks/ (n) sumuddy amy istillabky kirishtaanky.

crucify/krusifaay/ (v) dilow, yeetho qofky lugha i galgna saliib loog eh lukuky musmaaraw.

crude/kruud/ (adj) eerang eh, sithiitis eh. *Crude oil.* 2. etheb doryng, iyaal suuq eh.

cruel/krumal/ (adj) naariis dorong (dhib sheenaw).

cruise/kruuz/ (n) 1. markab raahy lyngky bahaw. (v) 2. markab ky bahow. 3. qumaaty ing dereerow.

crumb/kramb/ (n) jhab rooty, doolshy amy buskut eh.

crumble/krambal/ (v) jhajhabow, burburow. *The building is crumbling.*

crumple/crampal/ (v) kakathuuthow, bubuusow.

crunch/kranj/ (v) alaaliyow ly dheeghaw (burburiyow qayly leh). *He crunched the popcorn.*

crusade/kruseeyd/ (n) harby diimed gaar hang dinty krishtaanky.

crush/krash/ (v) 1. burburiyow (majhiirow). (n) 2. jeel ing dheeraayny (gaabyng).

crust/krast/ (n) 1. gugubky amy qolofty rootyghy. 2. walaaghi doboolsho amy qoloftiyo kakyng.

crustacean/krasteyshan/ (n) nafleey qolof kakyng oo biyi ky nool eh sithy suulgooyky, quboothy iwm.

crutch/kraj/ (n) ully gollongky ly giliyaw oo qofky boosty eh amy dhutiyaw etheegsythaw.

cry/kraay/ (v) 1. boorow, ooyow. 2. qayliyow.

crypt/kript/ (n) qol kaniisythy hoostiye ky dhysyng.

crystal/kristal/ (n) 1. shiid muraayi amy dhali haang eh oo kakyng. 2. dhaly muthub laang eh.

cub/kab/ (n) dhally (owlaaddy) libeeky, doweethy, shibeelky iwm.

cube/kuyuub/ (n) sanduug li dhiny jing eh leh.

cubicle/kuyuubikal/ (n) qol yer.

cuckoo/kuku/ (n) hud-hud (ukur.tiye buulky shimbiro kely ha dhikaasy).

cucumber/kukambar/ (n) qajaar.

cuddle/kadhal/ (v) hab-siyow. *Cuddling a baby.*

cue/kyuu/ (n) 1. tilmaang. 2. uly bilyaardighy.

cuff/kaf/ (n) shaatyghy galantis dheer meely ky leethasy.

culprit/kulprit/ (n) dembiily (qofky wala hallaayi amy dembyzhy gali).

cultivate/kaltiveyt/ (v) beer falow, arry gediyow iwm.

culture/kaljar/ (n) 1. dhaghyng. 2. abuurowky jeermighy. 3. koriyow.

cultured/kajared/ (adj) wal goryd, wal kassaw (ta'liing leh).

cunning/kaning/ (adj) tab bathang, maghuuf eh.

cup/kap/ (n) manuuny (koob, fiij-hang).

cupboard/kapbordh/ (n) armaajy

curb/kerb/ (v) 1. reebow. *You need to curb your kiks.* 2. meelly ing chaheeyty jidky ii marshybiyeedighy. 3. hakamy.

cure/kiyuur/ (v) 1. daaweyow. (n) 2. daawy.

curious/kiyuuriyas/ (adj) 1. wal kasty oghaathy fathaw. 2. hemmy bathang. 3. yaab.

curl/kurl/ (n) wal lallaabyng. *Curl hair.*

curly/kurli/ (adj) ting lallaabyng.

currency/karansi/ (n) beessy.

current/kaarant/ (adj) 1. hatty eh. *This is my current address.* (n) 2. wal qulqulaw amy dareeraw (hir). *Today the river has a strong current.* 3. qulqulky korontythy (dabky).

curriculm/kurikulam/ (n) marhaj (barnaamijky wal barashoo-thy).

curry/kuri/ (n) suughy, maraq, fuud.

curse/kers/ (n) 1. habaar, angkaar. (v) 2. habaarow, angkaarow.

cursor/kersar/ (n) sheey muraayithy kompiyuutarky ky yaaly oo tilmaamaw meelly ly rooghy.

curtain/kurtin/ (n) qolqol.

curtsy/kertasi/ (n) is gaabiyow (dughow bilaanty weelaasy maddi qof wiing ly kulumaasy amy kalaankalaasy).

curve/kerv/ (v) 1. laabbyng, gothyng. *The road curves after five miles.* (n) 2. jiitting wereegsyng.

cushion/kushan/ (n) barshyng (barshy).

custody/kastadhi/ (n) 1. unug koris. 2. habbis (galang ky jery). *He is in custody.*

custom/kastam/ (n) dhaghyng, aathy.

customer/kastamar/ (n) rukung.

customs/kastams/ (n) meelly dayuury degheengky amy furdythy oo lysky fatashaw.

cut/kat/ (v) 1. gooyow, sarow. 2. yeraayow, gaabiyow. *You need to cut your paper, because it is too long.*

cute/kiyuut/ (adj) suurud leh, shashah eh.

cutlery/katlari/ (n) galaanjhy i hangqarf (toorry, farkeeti, qaatiya iwm.).

cycle/saykal/ (n) 1. bushkeleety. 2. wereeghyshy oo mar welby. 3. dhiyaw. *The cycle of the day and night.*

cyclone/sayklon/ (n) duufaang (debeel hoog leh).

cygnet/signet/ (n) booly-booly yer.

cymbal/simbal/ (n) shabal.

cynic/sinik/ (n) qofky aaminsyng iny qof welby wal hungley ing araghaw.

D

D,d/dii/ harafky affaraad oo farty Ingriinsky.

dab/dab/ (v) silaahow (taabbythow futhud).

dabble/daabal/ (v) 1. biyi fafarjhiyow amy ky dhedheelow. 2. baashalow. *Dabble at playing soccer.*

dad, daddy/daad, daadi/ (n) aaw, aawow.

daft/daaft/ (adj) doghong, dabbaal.

daggar/daagar/ (n) billaawy, toorry, abley.

dahlia/dalya/ (n) beer fiithed (beer fiyoory).

daily/deyli/ (adj) gee kasty, yoong welby. *That bus runs daily.*

dainty/deynti/ (adj) yer waany suurud leh. *He has a dainty face.*

dairy/dayri/ (n) meelly wanty i dhaaysyghy lyky suubiyaw.

dale/deyl/ (n) bohol, qulqul (waathy).

dam/daam/ (n) biyi-hir, biyi-reeb.

damage/daamij/ (v) waldeersiyow, waldeerow.

damn/daam/ (interj) habaar, na'ly, angkaar.

damp/damp/ (adj) fajhag eh, quuying.

dance/daans/ (v) 1. dheelow. (n) 2. dheel, goobty dheely.

dandruff/dandraf/ (n) oghool.

danger/deynjar/ (n) 1. kattar, dhib. 2. meel nebed ing haayny.

dangerous/deynjaroos/ (adj) kattar eh.

dangle/dangal/ (v) raarahow, lalmythow. *A old rope dangled from the roof.*

dank/dank/ (adj) qoboob ing feylyhaayny.

dappled/dapled/ (adj) bar-bar leh.

dare/deer/ (v) 1. dhiirrythow. 2. dhaktymow.

daring/deerin/ (adj) dhiirrinaang.

dark/daark/ (adj) 1. mogdy. 2. mithoow.

darken/daarken/ (v) mogdiyeeyow, mithoowayow.

darn/daarn/ (v) karamow, totolow. *You need to darn the cut in your pants.*

dart/daart/ (n) 1. filleer, gammuung. 2. filleertyng, gammuungtyng. (v) 3. kuurrumow. *She darted into the shop.*

dash/daash/ (v) 1. kabaal-kuurru-mow. *She dashed acrss the road.* (n) 2. jiityng yer (-) oo abtugy lyng etheegsythaaw. 3. kabaay (wal yer). *A dash of salt.*

data/data, deyta/ (n) war, doo amy abtug ly kuusy.

database/databeys, deytabeys/ (n) war, doo amy abtug bathyng oo kompiyuutarky lyky kuusy.

date/deyt/ (n) 1. jeer (taariik). 2. mathal, muddyng. 3. timir.

daunt/dont/ (v) obsiyow (obsy giliyow).

dawdle/dodal/ (v) dadaayow (waqty dhumiyow). *Don't dawdle over your work.*

dawn/don/ (n) 1. waabary (iry guung). (v) 2. waabariyow, waabariisythow. *The day dawned.*

day/dhey/ (n) gee, yoong, maalyng.

daydream/deydiriim/ (n) fikir hillimy haang eh oo qofky geesamaang ky fikiraw usy oo ha jeedy..

daytime/deytaym/ (n) gee, ammyng gee eh.

daze/deyz/ (v) wereeriyow, wereerow (isky dadarymow).

dazzle/dazal/ (v) 1. hindhy fukaay-ow (nuurky maddi hindho qaathy). *The light of the morning sun dazzled my eyes.* 2. ku helow, ly dhiyow.

de/di/ (prefix) haraf horgaly eh oo haraf kely beddelaw.

dead/ded/ (adj) amuushy, dhimishy (ing noolaayny).

dead end/ded end/ (n) jid ing fulaany amy hal dhiny ky dham-maadaw.

deadline/dedlaayn/ (n) 1. mudcung ly ballymi. 2. waqtyghy ingky dambooyi. *Yourdeadline for the paper is 25th.*

deadly/dedly/ (adj) helaak eh.

deaf/def/ (adj) dheghaaly.

deafen/defon/ (v) dheghytirow, dheghybeelow. *The noise of the music deafened me for a while.*

deal/diil/ (n) 1. hellis, gorgortyng. (v) 2. ly helliyow, ly dhaghythow, gor-gortymow. 3. turub biyow amy qiibiyow.

dear/diyar/ (adj) 1. qaal eh. 2. eed lyng jeelyi. *Dear brother.*

death/deth/ (n) amuushy, dhimyshy, geery.

deathly/dethli/ (adj) wal amuuthy haang eh.

debate/dibeyt/ (v) 1. doothow. (n) 2. doo, munaaqashy, murung.

debris/debrii/ (n) burburky walaaghy ku hery (falliir).

debt/det/ (n) maas, deeng.

decade/dekeyth/ (n) tummung gu (tummung siny).

decapitate/dikapiteyt/ (v) qoor gooyow (mathy gooyow).

decathlon/dikathlon/ (n) dhaktyng oo tummung dheel ku koobyng.

decay/dekey/ (v) 1. bololow. (n) 2. bolol.

deceased/disiist/ (adj) amuuthy, dhymmythy. **the deceased** qofky dhimmithy.

deceive/disiiv/ (v) dhagharow.

deceitful/disiitful/ (adj) kiyaany bathyng.

December/disembar/ (n) Disembar (billy tummung i lammaad oo sinnidky miilaadigy).

decent/diisant/ (adj) 1. wal feyly, wal

toosyng. *It is not decent to be loud in the bus.* 2. usku feylety (my hung). *He is getting decent grades.*

deception/disepshan/ (n) laqdaby, dhaghar.

deceptive/diseptiv/ (adj) dhagharlow.

decide/desayd/ (v) goosythow, go'aansythow.

deciduous/desijas/ (adj) hambally hootythaasy. *They are deciduous trees.*

decimal/desimol/ (n) jhajhab oo tiry haang lyng abtughaw. *3.5 is a decimal and it is same as 31/2.*

decimal point/desimol poynt/ (n) dhibiisynty jhajhabky laha ku marisiyaw.

decipher/disayfar/ (v) kiyow (akriyow). *I can not decipher his writing.*

decisive/disaysiv/ (adj) 1. goosyshy ingty dombooyty. 2. goosyshy amy go'aan leh.

deck/dek/ (n) dhullaawty markabky amy doonty.

declare/dekleer/(v) 1. wargiliyow, sheeghow. *They declared war.* 2. ecdaayow.

decline/deklaayn/ (v) 1. hoos ing dhiyow (yeraathow). *The water is decing.* 2. ku gaabsythow (diitnow).

decompose/dikompoz/ (v) ursythow, bolclow.

decorate/dikoreyt/ (v) bilow (suuruthooyow). 2. rinjiyeeyow.

decrease/dikriis/ (v) dhimow, yeraathow (hoos ing dhiyow).

decree/dikrii/ (n) ammar, shar'y.

dedicate/dekideyt/ (v) ing hurow.

deduce/dedyuus/ (v) wal haku biyow. *From the facts given, I deduced that he is not telling the truth.*

deduct/didakt/ (n) ku gooyow, ku reetow.

deed/diid/ (n) fal (fi'il). *It is a good deed to help the handicap.*

deep/diip/ (adj) 1. mool, fiing. 2. dheer.

deepen/diipen/ (v) mooleyow (dheereyow).

deer/diir/ (n) eely.

deface/diifeys/ (v) dooriyow (hallaayow).

defeat/difiit/ (v) ku rooyow. *The visiting team was defeated.*

defect/difekt/ (n) 1. sheey wal deersyng, ing feylahaayny (illid leh). (v) 2. fokythow, dhuumythow.

defective/difektiv/ (adj) wal deersyng.

defend/difendh/ (v) 1. dhoorow (difaa'ow). 2. ly jerow (ayyithow).

defendant/difendant/ (n) qofky dembyghy lahaky sheeghi amy lahaky ooghi.

defer/differ/ (v) reed ing dhikow. *The judge had to defer the case.*

defiant/difaayant/ (adj) mathy kakyng (doo ing dheeghany).

deficiency/difishansi/ (n) ky yeraang. *Vitamin deficiency.*

deficient/difishent/ (adj) ky yer.

deficit/difisit/ (n) is-dhing (kassary).

define/difaayn/ (v) eddaayow.

definite/defenit/ (adj) ed (ly huby, shaky ing lahaayny).

deform/difom/ (v) dooriyow, doorsoomow, beddelymow.

defrost/difrost/ (v) baraf ku dhilaaliyow, kaluulayow.

defuse/difyuus/ (v) 1. miiny furow (miinythy oo qaraha luku biyi). 2. arryng dejiyow, qoboojiyow.

defy/difay/ (v) ammar diithow.

degree/digrii/ (n) 1. qaab wal lyng beeghaw amy lyng ibbiraw sithy kaluulky iwm. 2. shahaaddy, derjy dugsy, ijaasy iskool iwm. *University degree.*

dehydrate/dihaaydreyt/ (v) enjeghow (qofky amy sheeygy maddi biyo ku leethang).

deity/diyeti/ (n) wal ly aabuthaw (Ilaahey).

dejected/dijekted/ (adj) murug-syng.

delay/diley/ (v) 1. reed ing dhiyow. 2. reed ing dhikow.

delete/diliit/ (v) titirow amy tirtirow.

deliberate/dilibreyt/ (adj) kas, maag (kas i maag).

delicacy/delikasi/ (n) wal hannuung may.

delicate/dilikayt/ (adj) 1. yoow jhabaw. 2. nunughul. 3. dereeng leh.

delicatessen/delikatesan/ (n) dukaan hung-gury mallyng lyky gathaw.

delicious/dilishas/ (adj) hannuung may waany uthughaw.

delight/dilayt/ (n) 1. fehemmy, farah. (v) 2. farah giliyow.

delighted/dilayted/ (adj) farah leh.

delightful/dilaytful/ (adj) 1. farah i kood leh. *I had a delightful time at the party.*

delinquent/dilinkwent/ (adj) qofky heerky amy shar'yghy jhibiyaw.

deliver/diliver/ (v) 1. jeeyow, sheenow. 2. dheliyow (qofky dhalmythy lyky kaalmeyi).

delta/delta/ (n) 1. webighy meelly afshey eh oo arraathy amy dhiighothy ky tuurrymaasy oo seddy geesly haang eh. 2. harafky affaraad oo farty Giriiggy.

deluge/deluj/ (n) seel, mir (roob bathyng).

demand/dimaand/ (v) warsythow (wal eed lyng fathaw ly warsythy).

democracy/dimokrasi/ (n) 1. dimuqraadi. 2. dowly dimuqraadi eh.

democratic/dimokratik/ (adj) dimuqraadi eh.

Democratic Party/demokratik parti/ (n) 1. Hisbighy Dimuqraadighy oo Ameerika. 2. hisby dimuqradi eh.

demolish/dimolish/ (v) dumiyow, burburiyow (dhulky ky darow).

demolition/dimolishan/ (n) dumis.

demonstrate/demonstreyt/ (v) 1. tusow (sy feyly ing eddaayow). 2. banbahow (mudaaharaathow).

den/den/ (n) 1. moorythy amy godky dughaagdy. 2. meel goony eh amy sir eh.

denial/denayal/ (n) diidmy.

denim/denim/ (n) karky kakyng oo jiinisky lyky suubiyaw.

denounce/dinaawns/ (v) inkirow, dhaliilow, eetheyow.

dense/dens/ (adj) 1. jhiq eh, iig eh. *Dense woods.* 2. doghong, dhadhaang, dabbaal.

dent/dent/ (v) buusumow.

dental/dental/ (adj) ilky ly hariiry.

dentist/dentist/ (n) taktarky ilko.

dentures/denjares/ (n) pl. ilky beeng eh (faalsy eh).

deny/dinaay/ (v) beeneyow (inkirow). *He denied stealing.*

deodorant/di-odorant/ (n) shiir-beelis (sheey nuuky beeliyaw).

depart/depart/ (v) jirmaathow, bahow.

department/dipartment/ (n) qiib, laang. *The Business department at the university.*

depend/dipendh/ (v) 1. ky tiirsynaathow, ky tiirynaathow. 2. ky hirynaathow. *It depends on the weather.*

depict/dipikt/ (v) wal eddaayow amy sheeghow yeetho ly etheegsytha-aw musawir iwm. *He depicted the life of Somali nomadic.*

deport/diport/ (v) musaafuriyow (dirow, tarhiilow).

deposit/diposit/ (v) 1. meel dhikow. 2. beessy bang-gy dhikow.

depot/depoo/ (n) 1. bakaar (maqaasyng wiing). 2. boosteejy (meely baabure, tariinky iwm luku rahaw).

depress/dipres/ (v) murughow.

depressed/diprest/ (adj) murugsyng.

depression/dipreshan/ (n) 1. niyi-jhab, murug. 2. sheeb, meel god eh. *Depression in the road.* 3. fasal hung (waqtyghy shughul laang i dhaghaaly hungby jerang).

deprive/diprayv/ (v) ku qaathow (ing diithow). *The king deprived his people the freedom of travel.*

depth/depth/ (n) mool (dhiirirky hoos). *The depth of the lake is 10 feet.*

descend/disend/ (v) ha deghow, hoos ing deghow (deghaang-deghow).

descendant/disendant/ (n) fir, fa'.

describe/diskarayb/ (v) tilmaa-mow, eddaayow, sheeghow.

desert/dezert/ (n) 1. sahary, sahraa (dhul geed ingky bahaany amy lyng degy korny), meel mal degaang eh. (v) 2. ku tabow, ing gooyow (daya'ow).

deserter/disertar/ (n) fokod, dhu-umal goony hang qof askar haku dhuumythy.

deserve/diserv/ (v) kasbythow, haq ing lahaathow. *She deserved the prize.*

desiccate/desikeyt/ (v) enjejjis.

design/dizayn/ (v) 1. qorsheeyow. (n) 2. naqshy

desire/dizayar/ (v) 1. ing baahathow, eed ing fathow. (n) 2. howy.

desk/desk/ (n) miisky wal-abtuggy.

despair/dispeer/ (v) quursythow.

desperate/desparit/ (adj). 1. qaaty surung, rajy laang. 2. laantiye ling lahaayny.

despicable/despikabal/ (adj) keer ing lahaayny.

despise/dispaays/ (v) yesow (kahathow).

despite/dispayt/ (prep) ingkasty.

dessert/dissert/ (n) mamayaaghy hung-gurghy reedshey ly aamaw sithy doolshy, halwy iwm.

destination/destineyshan/ (n) meelly lyng jeethy (meelly afky fuuly).

destiny/destani/ (n) qedder, nasiib.

destitute/deestituut/ (adj) faghiir eh, walby ing lahaayni, epyr eh (epyrshey eh).

destroy/distrooy/ (v) burburiyow, leeyow.

detach/ditaaj/ (v) ku fujhiyow (ku gooyow).

detached/ditajed/ (adj) ku goos-syng, ing ky dhegginaayny.

detail/diteyl/ (v) shashalbiyow. *The announcer detailed the news.*

detain/diteyn/ (v) reebow, hirow.

detain/diteyn/ (n) muddung meel ky haayow.

detect/ditekt/ (v) weydiyow, oghaathow, araghow.

detective/ditektiv/ (n) qofky dem-byghy ly gali weydiyaaw.

deter/diter/ (v) ku reebow, obsy giliy-ow.

deterrent/diterrant/ (n) wal oo wal baajhiyaw.

detergent/diterjent/ (n) wal oo wal lyky nadiifiyaw sithy oomy amy saabung.

deteriorate/ditiiriyoreyt/ (v) ku dorow, hummaathow, hallaa-wow.

determine/ditermin/ (v) goosythow (go'aansythow).

detest/ditest/ (v) kahathow.

detonate/detneyt/ (v) qarhathow (bujhiyow).

detonator

detonator/detnetor/ (n) aaly wal qarhiyaasy.

detour/diituur/ (n) jid wereeg eh oo toos ing haayny.

devastate/deevasteyt/ (v) burburiyow, leeyow (epyer ky weelow). *The hurricane devastated the city.*

develop/divellop/ (v) 1. korow, hormarow. 2. filing dhighow, musawir eddaayow. 3. haleelow, ky dhiyow sithy bushy iwm. *He is developing a cold.*

device/divays/ (n) aaly (sheey hool goony eh qobythaw).

devil/devel/ (n) 1. sheydhaang. 2. walby hung.

devious/diiviyas/ (adj) dhagharlow eh, laqdaby bathang, ing toosynaayny.

devise/divayz/ (v) hindisow, meleeghow, wal dejiyow. *We devised a tough plan.*

devote/divoot/ (v) ing gohow, waqtyghy dhong siiyow. *I devoted all my time to writing the dictionary.*

devour/divaawr/ (v) boobow, lammy galgnayow (yow aamow, aamisty ly kuury).

devout/divaawt/ (adj) ehellu diing eh (akyaar eh).

dew/duu/ (n) gergery.

diabetes/daayabiitis/ (n) kaathy-sokorow.

diagnose/daayognos/ (v) jirry oghaathow (bushughy afshey ber lyng biyi).

diagnosis/daayognosis/ (n) oghaathowky bushyghy.

diagonal/daayaganal/ (n) toobiyi.

diagram/dayagram/ (n) musawir wal eddaayaw.

dial/daayal/ (n) 1. foolky sa'addy. (v) 2. weerow (nambar telefoong giliyow).

dialect/daayalekt/ (n) af goony eh (lahjat).

dialogue/daayalog/ (n) hathal, dood, murung.

difficult

diameter/daayameter/ (n) jiiᶻing wereeg dhaty ku maraasy.

diamond/daayamand/ (n) 1. ᶻuul (ma'thanty ingky kakyng). 2. sheey affar gaasly eh oo gees toosyng ing lahaayny. 3. dheemyng (baal ku mid eh affarty qiibot oo turubky).

diarrhea/daayariya/ (n) shyᵗing (haar siyaady eh).

diary/dayarii/ (n) towiyi, buᴉgy towisky (buugy sheekothy).

dictate/dikteyt/ (v) ing meeriyow, ing heng'gaathiyow. *The teacher dictated the paragraph to the class.*

dictator/dikteytar/ (n) sheleethis teliyi (amarshey jery).

dictionary/dikshineri/ (n) qaamuus.

did/did/ (v) *do* oo fal laha moothi eh.

die/daay/ (v) 1. amuuthow, dhimythow. 2. tabarbeelow. *The hurricane died.*

die down/daay daawn/ (v) tabarbeelow.

die out/daay aawt/ (v) dhammaathow (leethow). *The light has died out.*

diesel engine/diisal injin/ (n) motoor nafty.

diet/daayet/ (n) 1. hung-gury (byi i baad). *His diet is mostly fruits.* 2. hung-gury aamis ly nithaamiyi.

differ/differ/ (v) shalgeddiisynaathow. 2. fikirky lyky shalgeddiisynaathy. *I and my friend differ about which movie to choose.*

difference/differens/ (n) 1. shalgeddiisynaang. 2. heraay (farqy). *The difference between 20 and 18 is 2.* 3. dirir (kilaaf).

different/different/ (adj) shalgeddiisyng.

difficult/diffikalt/ (adj) kakyng (dhib bathyng, rafaat bathyng).

difficulty/diffikalti/ (n) dhib.

dig/diig/ (v) 1. qothow. 2. durow, surow.

digest/daayjest/ (v) dheef-shiithow.

digit/dijit/ (n) 1. tirythy eber ilaa saghaal (0-9). *The numbar 325 has 3 digits.* 2. far amy suul. *A person has five digits on each hand.*

digital/dijital/ (adj) nambar leh (tusow waqtighy–meegha saa'- amy sur'ithy sheeyky yeetho ly etheegsythaw nambar). *Our digital clock shows both time and date.*

dignity/dignitii/ (n) sharaf.

dike/daayk/ (n) bood amy derby biyi reeb eh.

dilapidate/dillapideyt/ (v) shal deethahow, burburow (bololow).

dilapidated/dillapideyted/ (adj) shal deedsyng, burbursyng.

dilemma/dilema/ (n) lammy qalbiily (meel lynky toosaw ing lahaayny).

dilute/dayluut/ (v) berahow (biyi ky darow, lammy saa'il isky darow sithy biyi ii wang). *I always dilute my coffee by adding hot water.*

dim/dim/ (adj) aftiing yer, mogdy eh amy hannuung lyng araghaany.

dimension/dimenshan/ (n) ibbir-ky dhiny welby. *The dimensions of my new home are...*

diminish/diminish/ (v) yeraathow, dhimymow (nuqsaamow).

din/din/ (n) qayly dheer.

dine/daayn/ (v) hung-gury aamow (asheeyow).

dinghy/dingii/ (n) doong yer oo feethyng.

dingy/dinjii/ (adj) dhusug leh (arag hung). *These dingy clothes need to be washed.*

dinner/diner/ (n) hung-gury kang ingky wiing (ashy amy qathy).

dinosaur/daaynasoor/ (n) haywaang eed ing wiing oo mar hory noolathy jery.

dip/dip/ (v) 1. tiimbiyow, kuthow. 2. tiimbythow (hoos ing galow). (n) 3. sheeb (god). 4. dabaal/dapaal gaabyng amy yer. 5. kusaar, fuud.

diplomacy/diploomasii/ (n) 1. siyaasy. 2. tab.

diplomat/diplamaat/ (n) qofky siyaasyghy eh.

diplomatic/diplamaatik/ (adj) 1. siyaasy eh. 2. tab leh.

dire/daayr/ (adj) eed ing dorong amy ing hung. *A dire need for basic needs.*

direct/direckt/ (v) 1. ky toosiyow, ing tilmaamow. 2. ing sheeghow. *He directs the team what to do.* (adj) 3. toosyng, toos eh (lalaab ing lahaayny). *Saying yes or no is a direct answer.*

direction/direkshan/ (n) 1. heg (heg sithy, heggaas, dhiny, jid iwm.). *We drove to the direction of the highway.* 2. tilmaang.

director/direktar/ (n) 1. maamuly. 2. qofky filingky suubiyaw, dheelly maamulaw iwm.

directory/direktarii/ (n) liis sithy kang tusaw maghaaghy, nambarky telefoonky iwm.

dirt/dert/ (n) dhusug, bus (walaaghyby nathiif ing haayny).

dirty/derti/ (adj) dhusug bathang.

dis/dis/ (prefix) horgaly tilmaamaw diidmy amy haky horjeed. *Disappear means not to appear.*

disable/diseybal/ (v) tabarbeeliyow, naafeyow, boosoyow.

disabled/diseybaled/ (adj) naafy eh, boos naghyshy.

disadvantage/dis-advaanteej/ (n) faa'iithy dorry (wal tar i kaalmy-

by ing lahaayny). *The only disad-
vantage of driving is the gas price.*

disagree/dis-agrii/ (v) 1. shal-geddi-
isynaathow. 2. dhibaw (ing roon-
aayny, ing feylahaayny). *Tuna
fish disagrees with me.*

disagreement/dis-agriiment/ (n)
kilaaf.

disagreeable/dis-agrii-abal/ (adj) 1.
lyng weely korny. 2. ing roon-
aayny, ing feylahaayny.

disappear/dis-apier/ (v) waayow,
dhub erow.

disappoint/dis-aponyt/ (v) dhirfiy-
ow, niyi jhibiyow amy ku
humaathow.

disapprove/dis-apruuv/ (v) diithow
(haku horjeesythow).

disaster/disastar/ (n) dhib, raffaad,
musiiby. *The hurricane was a disaster.*

disband (v) shal jhabow, shal gohow.

disbelief/disbiliif/ (n) lyng aaminy
korny, lyng rumaayi korny.

disc/disk/ (n) ajalky kompiyuutarky.

discard/diskaardh/ (v) gemow, farjhiyow.

discharge/disjarj/ (v) ku biyow, dhiyow.

disciple/disaapal/ (n) hir (qof oo
qof kely rahaw).

discipline/dissiplin/ (v) edbiyow,
etheb ing weelow.

discipline/dissiplin/ (n) etheb,
nithaam.

disc jockey/disk jaaki/ (n) qofky
ajalo amy heeso ha saaraw.

disco/diskow/ (n) goobty dheelly.

discomfort/diskamfort/ (n) raahy
laang. *The hot weather caused us
some discomfort.*

discount/diskaawnt/ (n) seerky ly dhimy.

discourage/diskoorej/ (v) niyi jhab.

discover/diskavar/ (v) wal usub
helow, oghaathow amy ha
biyow. *They discovered a new ele-
ment.*

discriminate/diskirimineeyt/ (v) shal-
biyow, shal-merow amy
shal-kasow. *Can he discriminate
between blue and green.* 2. iilythow
(shal-jeelathow amy shal-doorry-
thow).

discus/diskas/(n) sahang ulus oo
gemowshey lyky dhaktymav.

discuss/diskaas/ (v) ku dowahov, ku
hathalow. *I like to discuss it with you.*

discussion/diskashan/ (n) doo,
munaaqashy.

disdain/disdeyn/ (n) haqiris, ku
faanow.

disease/diziiz/ (n) bushy, jirry, uthur.

disgrace/disgreys/ (n) 1. fool humy
(eeb). 2. jheer.

disguise/disgaays/ (v) is dooriyow
(is qariyow).

disguise/disgaays/ (n) maaskary
(meghyl kar bilaamed gunditry sy
inis qariyi).

disgust/disgaast/ (n) 1. kahad (v)
2. kahathow.

disgusting/disgastin/ (adj) kiraahiyi
eh, wal eed ing hung.

dish/dish/ (n) 1. hoory (sahang) amy
dhery. 2. hung-gury i kusaarsney.

dishonest/dis-aanest/ (adj) dhagharow.

dishonesty/dis-aanesti/ (n) kaz'in-
nimy.

disinfect/dis-infekt/ (v) nathiifiyow,
jeermis ku dilow. *Disinfect the
tools before using them.*

disinfectant/disinfectant/ (n) jeermis-
dily.

disintegrate/dis-intigreyt/ (v) bur-
burow, shal-deethahow amy
shal-hoobythow.

disintegration/dis-intigreyshan/ (n)
shal-gogohow.

disk/disk/ (n) ajalky kompiyuutarky.

dislike/dislaayk/ (v) darraawow,
neebathow.

dismal/diismol/ (adj) murugsyng.

dismantle/dismantal/ (v) shalfurow (shashalfurow), jhijhibiyow.

dismay/dismeey/ (n) murug.

dismiss/dismis/ (v) 1. deyow (aftahow). 2. dughuthow (hool amy shughul qofky luku buriyi, shaqy luku biyi). 3. uskully herow, usku dhaafow. *I dismissed his idea.*

disobey/dis-obeey/ (v) amar diithow.

disorder/disorder/ (n) rabshy, buuq (amar lyng shalqaathythaany). 2. bambahow rabshy leh (dad kahang). 3. bushy.

display/displey/ (v) 1. bandhikow. (n) 2. bandhik.

disposable/dispoosibol/ (adj) ly gemaaw (qashyng).

dispose/dispoos/ (v) gemow, farjhiyow, qubow.

dispute/dispiyuut/ (v) 1. murumow. (n) 2. murung.

disregard/disrigaardh/ (v) ku shery bahow, ingkyrow (lyng deyny, lyng fiiriny).

disrespect/disrispekt/ (n) sariig laang (sharaf laang).

disrupt/disrapt/ (v) qashqashow.

disruptive/disraptiv/ (adj) dudumiyaw.

dissect/dissekt/ (v) hupiyow amy fiiriyow goony haang maddi hoola amy geetho ly goggooyi.

dissolve/dissoolv/ (v) labow, qasow (lulughow). *Dissolve the sugar in the milk.*

distance/distans/ (n) dhiirir (lammy meel inty inis jeraang).

distant/distant/ (adj) dheer, goob leh.

distill/distil/ (v) biyi safeeyow amy nathiifiyow yeetho ly karkariyaw.

distinct/distingkt/ (adj) 1. eed ing maathy, eed lyng araghaw. 2. eed ing geddiisyng, farqy leh.

distinction/distingkshin/ (n) 1. shalgeddiisynaang (farqy). 2. sharaf i qiimy. *He is a person of distinction.*

distinguish/distingwish/ (v) 1. shalbiyow, shalkasow. 2. kasow, eddaayow.

distinguished/distingwishdh/ (adj) 1. feylahaang lyky gorythy. *He is a distinguished teacher.* 2. aang eh.

distract/distrakt/ (v) jeethiyow (qashqashow). *The loud music distracted me from what I was doing.*

distress/distres/ (n) 1. raffaat (dhib eed ing wiing). (v) 2. raffaathow.

distribute/distribiyuut/ (n) hethow.

district/distrikt/ (n) degmy, haafad.

disturb/disteerb/ (v) 1. dhibow, qashqasho, rabsheeyow. *Don't disturb.* 2. qasow. *The kids disturbed their bedroom.*

ditch/dij/ (n) kely (biyi mareeng ly suubiyi).

dive/daayv/ (v) 1. saaldeyow. 2. boothow, isgemow, isrithow.

diver/daayver/ (n) muuthy (qofky biyo hoostiyo hool ky galaw).

diverse/diverse/ (adj) shalgeddiisyng (isky hammaaryng).

diversion/diveershan/ (n) 1. haasaw, baashal. 2. dadaahis (qofky masqantis meel kely lyng wereejiyi). *Make a diversion for the kids while I am fixing their presents.*

divert/divert/ (v) 1. wereejiyow, jehy ku beddelow. *The cars were diverted from the main street.* 2. jehy goddoomiyow (qofky masqantis meel kely lyng wereejiyi).

divide/divaayd/ (v) 1. shal-gooyow, shal-biyow. 2. hethythow.

divisible/divisibal/ (adj) ly qiibiyi kory, ly shal-gooyi kory.

division/divishan/ (n) qiib, shalqiibsynaang.

divine/divaayn/ (adj) waaqnymy (rabbaani eh, Ilaahnymy eh).

divorce/divoors/ (v) 1. is furow (habar i harty is furang). (n) 2. furmy.

dizzy/dizzi/ (adj) wereersyng.

do/duu/ (v) 1. weelow, suubiyow. 2. dhammaayow, leeyow. *I have already done it.* 3. ky feylahaathow, ky roonathow, ky toosynaathow. 4. fal oo so'aal i doo diidmy eh lyng etheegsy-thaaw.

docile/daasal/ (adj) deggyng, baarry eh, doo dheeg eh amy rabshy yer. *It is a docile horse.*

dock/daak/ (n) 1. dekeddy (goobty markabky amy doonty haky hirithaayang). 2. goobty qofky kootky (mahkamithy) ly saaraw surumaw.

doctor/daaktar/ (n) taktar (qofky dad daaweyaaw).

document/daakument/ (n) dukuminty (haanshy war run eh amy asal eh ky abtughung). *A document about wild animals.*

dodge/daaj/ (v) gebbythow (ku fokythow, ing gooyow).

doe/do/ (n) saghaary amy bakeyly dhedy eh.

dog/doog/ (n) eey.

dole/doowl/ (n) (infl) sekky (beesothy ly siyaw dadky hool laanty eh).

doll/daal/ (n) boomboly.

dollar/daalar/ (n) doollar.

dome/doom/ (n) qubby sithy kan masaajitho iwm.

domestic/domestik/ (adj) 1. reerky eh, iddy eh amy guthy eh. *It is a domestic issue.* 2. idroog, ruung-roog. *Cows are domestic animals.*

dominate/daamineyt/ (v) 1. haaysythow, hukumow. 2. ha maathow (lyng arag og). *The towers dominated the town.*

dominoes/daaminows/ (n) pl. dumny.

donate/dooneyt/ (v) wal biyow (sad-daqeeyow).

done/dan/ *do* oo fal laha moothi eh. *Past participle of do.* Fal dhow oo laha moothi.

donkey/doonkii/ (n) demeer.

doodle/duudal/ (v) qaraf-qaraf siyow, goony hang abtuk iwm. *She always doodles when she is on the phone.*

doom/duum/ (n) qedder hung (dhib lyng reeby korny).

door/door/ (n) irryd, ilbeeb, afaaf.

dormant/doormant/ (adj) ing kahanaayny, deggyng, hunduraasy. *A dormant volcano.*

dormitory/doormitari/ (n) dhismy qolol bathyng oo jhiif lyngky telygali (kuleejy). *College dormitory is where students live.*

dose/dows/ (n) qiyaasty daawothy lyng qaathythaw.

dot/dot/ (n) dhibiisyng, bar.

dotted/dotted/ (adj) dhibiisysyng, dhibiisyng leh, dhidhibiisyng.

double/dabal/ (adj) 1. lammy laab. 2. lammy-lammy. (n) 3. qof oo qof kely eed ingky nak amy mintaang haang. *He is your double.*

double-cross/dabal-kroos/ (v) dhagharow (ballyng ku ba-how).

doubt/daawt/ (v) 1. damaghow, tuhumow. (n) 2. shakky,

doubtful/daawtful/ (adj) shakky bathyng.

dough/dow/ (n) ajiing.

doughnut/downat/(n) bursaliid sokoreysyng.

dour/duur/ (adj) kakyng (qabiid eh).

dove/dov/ (n) qolley.

down/daawn/ (prep, adv) 1. lessy (hoos). (n) 2. baal eed ing nughul sithy kang shimbirow. (adj) 3. murugsyng.

downward, downwards/daawn-wordh/ (adv) hoos heje, hoos ing jeethy.

doze/doows/ (v) doomow.

dozen/dhasen/ (n) dersyng (tummung i lammy).

Dr. (n) 1. *doctor* oo laha gaabiyi. 2. taktar.

drab/drab/ (adj) gelyng eh (qaab hung).

draft/daraf/ (n) debeel yer oo meel bogsyng haku galaasy.

drafty/drafti/ (adj) dhahang eh.

drag/drag/ (v) 1. jiithow. 2. ha jiitymow (qummaaty ing dereerow).

dragon/dragon/ (n) bahal hung oo afky dab ku biyaw oo sheeky ariired eh.

drain/dreyn/ (v) 1. qulqulow. 2. miirow. *Can you drain the pasta.* (n) 3. dhuunty biyo dhussuggy iwm. maraw.

drained/dreyndh/ (adj) nooggyng, dhammaaysyng (tabar laang eh).

drake/dreyk/ (n) booly-booly lab eh.

drama/draama/ (n) 1. riwaayi. 2. wal haky jiithythaw.

dramatic/dramaatik/ (adj) wal hiisy leh.

drank/drank/ (v) *drink* oo fal laha moothi eh

drastic/drastik/ (adj) eed ing dorong. *A drastic way to deal with the problem.*

draw/dro/ (v) 1. musawirow. 2. jiithow. 3. ha jiithythow. *They always draw a large audience.* (n) 4. jing-jing. 5. qory-gentyng (baktynasiib).

drawback/drobaak/ (n) faa'iithy dorry, faa'iithy laang, waltar laang.

drawbridge/dro-brij/ (n) buundy dhaghaaghaasy oo marny ly hiry kory, marny ly fury kory.

drawer/drower/ (n) jijiid (maqal).

drawing/drowing/ (n) musawir.

drawn/drown/ (v) *draw* oo fal laha moothi eh.

dread/dred/ (v) ku obsythow. *I dread climbing mountains.*

dreadlocks/dredloks/ (n) timy dabyng.

dream/diriim/ (n) 1. hillimy. (v) 2. hillimoothow.

dreary/diririi/ (adj) il dorong.

dredge/drej/ (v) qothow.

drench/drenj/ (v) fajhaghow, quuyow (rathow).

dress/dres/ (n) 1. ibbeer (kar bilaamed). 2. kar, lebbes. (v) gungtuthow, kar hirithow.

dresser/dreser/ (n) armaajy muraayi i jijiidby leh.

dressing/dresing/ (n) 1. faashid. 2. kusaar (dhidhinaawky saladky –quthaarty- lyky daraw).

drew/dru/ (v) *draw* oo fal laha moothi eh.

dribble/dribol (v) 1. dhereerow. 2. tifighow. 3. balleejeyow. *Dribbling the basketball.* 4. hariifow. *Dribbling the soccer ball.*

dried/drayd/ (v) *dry* oo fal laha moothi eh.

drift/drift/ (v) usku wethymaw goony haang maddi biyo amy debeelly wal wethang. *We let the boat drift itself.*

drill/dril/ (n) 1. aaly af dhuubung oo god qothow lyng etheegsythaw. 2. tab-bar askareed. (v) 3.. tab-barow. 4. god qothow.

drink/drink/ (v) 1. waraabow, dhamow, fuugsythow. (n) 2. sharaab. 3. kamry.

drip/drip/ (v) tifighow.

drive/drayv/ (v) 1. wethow, dereeriyow sithy baabuur iwm. 2. jid amy tubaal goony eh oo ming haku bahaasy.

driver/drayvar/ (n) shuffeer.

drizzle/drisal/ (n) haghaayi yer.

dromedary/dromedarii/ (n) gaal hal tuur leh.

drone/drown/ (n) shinny lab eh amy dhuury hool ing galaany.

drool/druul/ (v) 1. dhereerow. 2. wal fathow.

droop/druup/ (v) kaflalow, eng-jeghow. *The flower drooped.*

drop/drop/ (n) 1. tifig. (v) 2. rithow, tifighow. 3. ku reebow. He has been dropped from the list. 4. salaang kethis eh.

drop in/drop in/ (v) ha marow, ha siyaarythow.

drop off/drop of/ (v) dijhis (baabuur ku dejhiyow).

drop out/drop awt/ (v) iskool ky dhiyow (qof iskool dham-maayuwaayi)

drought/draawt/ (n) abaar.

drove/droov/ (v) *drive* oo fal laha moothi eh.

drown/drawn/ (v) qarqid (biyi ky dhimythow).

drowsy/drawsi/ (adj) doong.

drug/drag/ (n) 1. daawy. 2. dorooghy.

drug/drag/ (v) dorooghy isti'maalow.

drum/dram/ (n) 1. gurbaang. (v) 2. gurbaang dhowow.

drummer/dramar/ (n) gurbaang-dhow.

drunk/drank/ (adj) 1. dhangsyng, sakraangsyng. (v) 2. *drink* oo fal laha moothi eh.

dry/dray/ (adj) 1. enjeghyng. (v) 2. enjejiyow, enjeghow.

dryness/draynes/ (n) enjeg.

dry-clean/dray-kiliin/ (v) karky biyi laang nathiifiyow.

DTP, *desktop publishing* oo laha gaabiyi.

dual/duwal/ (adj) lammy eh.

dubious/duyubiyas/ (adj) dam-agsyng, tuhungsyng (shakysyng).

duck/dak/ (n) 1. booly-booly. (v) 2. tubbythow.

duckling/dakling/ (n) jhijhiiwky booly-boolathy.

due/duu/ (adj) 1. ly jibsythy, ly sughy (ly rajeeyi). He is due to come at 8:00 pm. 2. luku fatnaw amy lyky leyi. 3. ky feyle, ky toosyng. **due to**, sabab ing eh.

duel/duwel/ (n) dirir.

due process/duu proses/ (n) nithaamky huquuq dhoorky.

dug/dag/ (v) *dig* oo fal laha moothi eh.

duke/duuk/ (n) lang laang dheer eh (lang dadky dhatis sharaf ky eh).

dull/dul/ (adj) 1. mogdy eh. 2. ash ing haayny, garaawsyng, gosyng. 3. damiing eh.

dumb/dam/ (adj) 1. dooghy ku hir-ing (ing dowahy korny). 2. doghong, dabbaal.

dummy/dami/ (n) sanam karky lyky bandhikaw.

dump/damp/ (n) 1. qashing qub. (v) 2. qashyng qubow amy deetniy-ow. 3. usku gemow. *He always dumps his clothes on the bed.*

dune/duun/ (n) ba'aad, arry-tuur.

dung/dang/ (n) tus (haarky hoola wywiing).

dungarees/dangariis/ (n) sirwaal oo dung kakyng ku suubsyng sthy tan derbaalky amy jiinisky.

dungeon/danjan/ (n) habbis dhulky hoostis ky dhisyng.

duplicate/duplikeyt/ (v) 1. guuriy-ow (isku mid ky weelow). *I duplicated the paper.* (n) 2. kooby.

durable/duyuurabal/ (adj) daayaw, waaraw.

duration/dureyshan/ (n) demeng, waqty.

during/during/ (prep) 1.waqtyghy, demengky. 2. dhatiye, dhatis. *During the meeting.*

dusk/dask/ (n) 1. waqtyghy mogdyghy ha galaw (magrabky). 2. irydhiimy.

dust/dast/ (n) 1. bus. (v) 2. bus tirow (nathiifiyow). 3. ku buubiyow (ku bubuubiyow).

dusty/dasti/ (adj) bus leh.

duty/dutii/ (n) 1. hool lokoo fathaw (waajib). 2. anshuurty alaabty. **on duty** ~ shaqeeyaw (hool ky jerow). **off duty** ~ ing shaqeeyany (hool ingky jerny).

duty-free/dyuti-frii/ (adj) suuq anshuur laang eh.

dwarf/dwoorf/ (n) qof bar yer (dadky amy hoola bar yer amy gagaabyng).

dwell/duweel/ (v) degginaathow, ky noolathow. *I dwell in Denver.*

dwelling/duweling/ (n) ruungky amy meely qofky ky nooly.

dwindle/dwindal/ (v) dhimow, yeraathow (gurow).

dye/daay/ (n) 1. assal amy sheey muthubky dooriyaw. (v) 2. assalow (muthub dooriyow).

dynamic/daaynamik/ (adj) hoog furung, furfurung. *He is a dynamic young boy.*

dynamite/daaynamaayt/ (n) miiny.

dynamo/daaynamo/ (n) diinimy.

dynasty/daaynasti/ (n) reerky gereedky amy boghyorky.

dysentery/disinteeri/ (n) hundhurdhuury (olooly-dhuury).

dyslexia/disleksiya/ (n) qofky wal akrisky dhibaw.

dyslexic/disleksik/ (adj) abryngly.

E

E,e/ii/ harafky shannaad oo farty Ingriinsky.

each/iij/ (adj, pron) ky kasty, qof amy wal welby.

eager/iighar/ (adj) hannuung dhamy wiing amy fathaw. *I am eager to help.*

eagerness/iigarnas/ (n) dhamy.

eagle/iighal/ (n) shimbir gariir.

ear/iiyar/ (n) dheg.

earache/iiyareek/ (n) dheg-dhuury, dheghy-dhuury.

early/eerlii/ (adj, adv) ammyng (mar) hory.

earn/eern/ (v) 1. hoogsythow. 2. kasbythow, ly kooyow.

earnest/eernest/ (adj) dhab eh, rung eh (dhedheel ing haayny). *He is in earnest need.*

earnings/eernings/ (n) misheer (beesothy ly hoogsythy amy ly kasbythy).

earring/iiring/ (n) dheghydheghy.

earth/eerth/ (n) 1. dhul. 2. arry, washaag. 3. godky doweethy.

earthquake/eerthkuweek/ (n) dhulgariir, dhul-jiljilyng.

earthwork/eerthwerk/ (n) arry-tuur oo gaashaang haang lyngky telygaly.

ease/iis/ (n) 1. futhud (dhib laang). (v) 2. futhuthaayow, futhuthaathow. *The medicine eased my headache.* 3. tartiibiow.

easel/iisal/ (n) sheey mihmil dheer haatow eh oo musawiro, sabuuriya iwm. lyky suraw amy lyky reebaw.

east/iist/ (n) 1. bary, iry guung heje. (adj, adv) 2. bary hejje.

Easter/iister/ (n) iid kirishtaang oo naby Iisy ha naghyshoothis lyky husaw.

easy/iisi/ (adj) 1. futhud. 2. dhib yer.

easy going/iisi-goying/ (adj) deggyng (yow ing dhirifaany amy ing kahaany).

eat/iit/ (v) 1. aamow. 2. leeyow, dhammaayow, burburiyow.

ebb/eeb/ (v) 1. aari (marki hirky biyow maagnathy hoos ing dhiyi amy yeraathy). 2. aariyow, dhimymaw, yeraathaw.

ebony/ebanii/ (n) loog mithow oo kakyng.

eccentric/iksentrik/ (adj) yaab eh.

echo/ekow/ (n) edky hananaghy-thaw maddii meel buur amy dhismy wiing eh lyky qayliyi amy lyky weery.

eclipse/iklips/ (n) iry amy bil mithoowaad (iriithy amy billy maddi ly qobythy).

ecology/ikaalaji/ (n) ilmyghy ky saabsyng baryshythy walby nool, si ing noolying i meelly ky noolying.

economical/ikonoomikal/ (adj) ly dhaghaaleyi (lyngky fataalny).

economics/ikanoomiks/ (n) ilmighy dhaghaalyghy.

economize/ikanomaays/ (v) dhaghaaleyow.

economy/ikaanami/ (n) 1. waddan dhaghaalishey. 2. dhaghaaly.

eczema/eksema/ (n) ambaar.

edge/eej/ (n) gow, gees, dhiny. **on edge**, welwel (ing deggynaayny, kahang).

edible/edibal/ (adj) ly aamy kory. *Not all kinds of fruits are edible.*

edifice/edifis/ (n) dhismy hannuung wiing.

edit/edit/ (v) 1. sahow (walaaghi hung ku fiiriyow). 2. buug, joor-naal iwm. darbiyow sy lahang daaba'a.

edition/edishin/ (n) hal daaba' oo is wethyty.

editor/editar/ (n) qofky buug amy joornaal sahaw intii lahang biiny.

educate/ejikeyt/ (v) walbarow, bary-thow.

education/ejikeyshan/ (n) ta'liing.

educational/ejikeyshanal/ (adj) wal ta'liing ly hariiry.

eel/iil/ (n) mallaay dhuubung oo dhejy haang eh oo maagni amy webi ky nool.

effect/iffekt/ (n) 1. natiijy 2. saang meel lyky reeby. *Spanking has no effect on a child.*

effective/iffektiiv/ (adj) wal tar leh. *An effective medicine.*

efficient/iffeshent/ (adj) si feyly wal ing qobythaw yeetho walby lyng dhumiyaany.

efficiency/iffishensi/ (n) wal qobyd feyly leh.

effort/effort/ (n) dethaal (isdhib). *Working on a dictionary takes a lot of effort.*

e.g. (latin) *exempli gratia. For example* oo laha gaabiyi.

egg/eeg/ (n) ukung.

either/iithar/ (conj, pron, adj) 1. koosho. *I would like to have either of them.* 2. ky kasty, ky welby. (adv) 3. saas oo kely (wiliby).

eject/ijekt/ (v) ha gemow.

elaborate/elaaboreyt/ (v) shashal-dhikow (fassirow).

elastic/ilaastik/ (n) bambiiry, ambiiry.

elated/ileyted/ (adj) eed ing farahsyng.

elbow/elbow/ (n) 1. hunsul, husul. (v) 2. riyow.

elder/elder/ (n) waayel, gu wiing, sinny wiing, dog, ku wiing.

elderly (adj) waayel eh.

eldest/eldest/ (adj) ingky wiing, alyng-wiing.

elect/ilekt/ (v) doorrythow (ed dhiib-bythow). *He was elected by the people.*

election/elekshan/ (n) waqtyghy edky ly dhiibbythaw amy wal ly doorrythaw.

elector/ilektor/ (n) qofky wal door-rythy kory.

electric/ilektrik/ (adj) 1. wal koronty ky dereery (koronty laang ing shaqeeyany). 2. koronty eh.

electrical/ilektrikal/ (adj) 1. koronty eh amy koronty la hariirty. 2. koronty ky dereerty.

electrician/ilektrishan/ (n) koronty goryd (leterjiisty).

electricity/ilektrisiti/ (n) koronty, dabky korontythy.

electrocute/iliktrokiyuut/ (v) koron-ty ky dilow.

electron/ilektron/ (n) elektroon (sed-diithy sheey oo atamky kang koronty diidky eh amy leh sumudy ku-gooy (-).

electronic/ilektronik/ (adj) koronty eh amy koronty ky hool galaw (elektronik eh).

electronics/ilektroniks/ (n) ilmyghy korontythy amy elektroonikisky.

elegant/eligant/ (adj) suurud leh, ajaa'ib leh. *The store has an elegant clothes.*

elegance/eligans/ (n) shoob, heenad, harraghy.

element/element/ (n) 1. shey ing sii qiibsymmaany 2. hal sheey ku mid eh. 3. jawwyghy. 4. kaluul dheliyi.

elementary/elementari/ (adj) billaaw eh.

elephant/elefant/ (n) moroothy.

elevate/eleveyt/ (v) kor ing qaathow, kor saarow.

elevator/eleveytor/ (n) wiish (wal kor wal ing-qaathaw).

eligible/elijabal/ (adj) haq ing leh.

eligibility/elijabiliti/ (n) haq ing lahaashy.

eliminate/ilimeneyt/ (v) tirtirow, leeyow, dhamaayow.

elm/elm/ (n) geed dheer oo hambal bileeryng leh.

elope/ilowp/ (v) roormy (habar amy harty ly roorow).

eloquent/elekwant/ (adj) afyaal eh, doo saraay leh. *The chief tribe made an eloquent speech.*

else/els/ (adv) kely. *Something else, someone else.*

e-mail/iimeyl/ (n) *electronic mail* oo laha gaabiyi. farmiinty kompiyu-utarky linis diraw.

embankment/embangkment/ (n) biyi-reeb (meel maagny fuul eh).

embark/embark/ (v) markab ky bahow, markab korow.

embarrass/embaras/ (v) jheeriyow.

embassy/embasi/ (n) saffaaryd.

emblem/emblam/ (n) summud.

embrace/embreys/ (v) 1. habsiiyow 2. rumaayow (diin kely ky dary-mow amy rumaayow). *He embraced Islam.*

embrace/embreys/ (n) kalaangkal, habsiyow.

embroider/embroydar/ (v) daa-ba'ow (daaba' tolow).

emerald/emerald/ (n) shiidky kuully iwm. lyky suubiyaw.

emerge/imerj/ (v) ha bahow, ha ban-bahow. *The moon emerged.*

emergency/imerjensi/ (n) arryng dedeg eh.

emergency room/imerjensi ruum/ (n) qol-dedeg sithy kang isbitaalky.

emigrate/emigreyt/ (v) kiinang (dhul dathow ing guurow amy ing jirmaathow.

emigrant/emigrant/ (n) kiinanty, muhaajir.

emigration/imigreyshan/ (n) kiinang, bogtaal, hijry.

eminent/emenant/ (adj) maghy dheer, aang eh.

emit/imit/ (n) ha bahow, ha biyow. *The chimney emits smoke.*

emotion/imoshan/ (n) dereeng (aatify).

emotional/imooshanal/ (adj) dereeng doryng.

emperor/emperor/ (n) boghor oo dhul bathyng ing taliyaw.

emphasis/emfasis/ (n) hoojis (wally hoojiyi).

emphasize/emfasayz/ (v) hoojiyow (abryngky ky hoojiyow).

empire/empayr/ (n) mamlaky, boghortooyi (dhul shal eh, eed ing dad bathang oo hal tely (maamul) hoos kooyaw). *The Ottoman empire.*

employ/employ/ (v) 1. hool giliyow, shaqaaleyow. 2. etheegsy-thow.

employment/employment/ (n) shaqy.

employee/emplooyii/ (n) qofky hoogsythaw (shaqaaly), hoojey-maal.

employer/employar/ (n) qofky amy shirkyddy lyng shaqeey-aw.

empress/empris/ (n) 1. boghoriddy oo dhul bathyng ing teliyaasy. 2. habarty boqorky oo dhul bathyng ing taliyaw.

empty/empti/ (adj) 1. eper eh, wal ingky jerny. (v) 2. leeyow.

emu/emu/ (n) shimbir goriyi haang eh oo Austreeliya luku helaw.

enable/ineybal/ (v) suurty geliyow.

enamel/inamel/ (n) 1. wala ed oo ilko korsho eh.

enchant/enjaant/ (v) 1. farah giliyow. 2. sihirow.

enclose/enkloz/ (v) 1. oothow, ha mooreyow. 2. giliyow, ky rithow. *I enclosed the pictures with the package.*

encounter/enkawnter/ (v) 1. ly kulu-mow. 2. usku horkooyow, dirirow, dhaktymow.

encounter/enkawntar/ (n) 1. kulung. 2. dirir. 3. dhaktyng.

encourage/enkurij/ (v) dhiirry giliyow, boorriyow.

encyclopedia/ensayklopiidiya/ (n) buug esherry bathyng ky dhykyng oo *A* ilaa *Z* linis hijiyi.

end/end/ (n) dhammaad, leet. (v) 2. dhammaayow, leeyow.

endanger/endanjar/ (v) dhib giliyow (katar giliyow).

endangered species/endanjared ispiisiis/ (n) dughaagty amy geetho irib tirimaw.

endear/indiyar/ (v) wiinayow, qiimey-ow

endeavor/endivor/ (v) dethaalow, isky deyow, isky fiiriyow, sherri-bow

endemic/endemic/ (n) bushy meel amy duulko ky bathang. *HIV is endemic among the colored people.*

endorse/indoors/ (v) 1. jeeg gethaal ku sahiihow sy bankighy ky rumaayi. 2. ayyithow

endow/indaw/ (v) ing hibeeyow. 2. ky saddaqaayow.

endowment/ indawmant/ (n) 1. saddaqy. 2. waqfy.

endless/endles/ (adj) ing leethaany (salsho lyng deerany), ing dhammaathany.

endure/enduur/ (v) 1. gegsythow, haayow. 2. waarow, jerow. *His name will endure forever.*

endurance/indiyuurans/ (n) adkaaysyshy, sabyr bathang.

enemy/enemi/ (n) othow, gunlaayi.

energetic/enerjetik/ (adj) tabar bathyng (qof nool eh).

energy/enerji/ (n) tabar wal lyky qobythaw amy lyky suubiyaw.

engage/engeyj/ (v) 1. hool giliyow (shughul siyow). 2. arryng ky jerow, guthy galow amy ku qiib qaathythow.

engaged/engeyjd/ (adj) 1. hool haayi (mashquul eh). 2. alkumung. *They have been engaged for two year.*

engine/enjin/ (n) motoor.

engineer/enjineer/ (n) 1. injineer (qofky wal dhisowky dijhiy-aw). 2. qofky mashiinky walaaghi ku hallaawi suubiyaw.

engineering/enjineerin/ (n) ilmighy injineernimythy.

engrave/engreyv/ (v) hererow, giirow, qorow.

enigma/inigma/ (n) hujjy (wal lyng kasaany amy lyky wereeraw).

enjoy/enjooy/ (v) baashalow, haasawow, raahoysythow.

enjoyable/enjooyabal/ (adj) raaha leh.

enlarge/enlaarj/(v) wiinayow, fithiyow.

enormous/inormas/ (adj) hannuung wiing.

enough/inaf/ (adj, n, adv) ky fylyng, bes eh (kifaayi eh).

enroll/enrool/ (v) is abtughow, isky darow, qorow. *I enrolled two more classes.*

ensure/enshur/ (v) hubsythow.

enter/entar/ (v) 1. giliyow. 2. galow. 3. kompiyuutar amy buug wal k y abtughow. 4. ku qiib galow. *My kids entered the spelling contest.*

enterprise/enterparayz/ (n) 1. wal usub oo qofky isky dhiiriyaw. 2. dhiirynaang.

entertain/enterteyn/ (v) 1. baashaliyow. 2. looghow.

entertainment/enterteynment/ (n) baashal.

enthusiasm/enthuziyasam/ (n) hemmy, howy.

enthusiastic/enthuziyastik/ (adj) hammaasy leh.

entire/entaayar/ (adj) yoo dhong, wal dhong. *Did you finish the entire homework?*

entrance/intrans/ (n) 1. afaaf, irrid. (v) 2. jeelathow, ku helow.

entry/entari/ (n) 1. afaaf. 2. qofky amy sheeyghy dhaktyngky galaw. 3. abtug giliyow (liisteyow wali ly abtughy lahaayi).

envolope/envalop/ (n) baqshy (buusty).

environment/envayronment/ (n) 1. deeghaang. 2. aduunyi oo sithiye eh, dabii'i eh.

envy/envi/ (v) mejerrythow.

envious/envias/ (adj) wal mejerrythaw.

epic/epik/ (n) sheeky dheer oo taariik eh.

epidemic/epidemik/ (n) bushy yoow faafaw.

epilepsy/epalepsi/ (n) qallal.

epileptic/epalaotik/ (adj) qof qallal qaby.

episode/epasod/ (n) hal sheeky amy barnaamij ku mid eh sheeky dheer oo dhiithy.

epitaph/epitaaf/ (n) harfo howaally lyky abtughaw.

equal/ikwal/ (adj) 1. jing eh. (v) 2. jimaawow. *One plus one equals two.*

equation/ikweyshan/ (n) tiry amy hisaab eddaayasy ini lammy sheey jing eying.

equator/ikweytor/ (n) dhul-jimaayi (jiitinty qiyaasty eh oo dhulky Waaqow i Koofur ing shal dhikaasy).

equinox/ikwanoks/ (n) yoonko gukky i deerty ku mid eh oo gee i hamiing jing eying.

equip/ikwip/ (v) wal dhong siyow (alaabeyow).

equivalent/ikwivalent/ (adj) ing dhikkimy, isjing eh. *A dollar bill is equivalent to four quarters.*

era/ira, era/ (n) dow (dowkyley doworaat erna), demmeng. *The civil war era in Somalia.*

eradicate/iradikat/ (v) irib-tirow, leeyow. *Eradicate a disease.*

eradication/iradikeyshan/ (n) irib-tir.

erase/ireys/ (v) tirtirow.

eraser/ireysar/ (n) goomy (wal oo wal lyky tirtiraw).

erect/irekt/ (v) 1. teeghow, surumiyow, kahow. (adj) 2. teeghyng, surung, kahang.

erode/irood/ (v) qummaaty ing leethow (gelemoowow).

erosion/irooshan/ (n) nabaad-guur, nool-guur.

erotic/irotik/ (adj) qooty leh.

err/er/ (v) gefow.

errand/erand/ (n) etheeg. *I want to do some errands this Saturday.*

erratic/iraatik/ (adj) ing hasilinaayny, isbebeddelaw.

error/eror/ (n) gef.

erupt/irapt/ (v) 1. qarhathow. 2. wal si kuurung eh ing billaawythaw.

escalator/eskaleytar/ (n) jerenjery dereerasy.

escape/eskeyp/ (v) fokythow. *He escaped from the jail.*

escort/eskort/ (v) 1. wethow, rahow, weheliyow, ly jerow. *He was escorted to the guest room.* (n) 2. wehel (qofky dadky wethaw).

especially/ispeshali/ (adj) goony hang, gothob haang.

espionage/espiyonaash/ (n) tiftifnymy, jaajuusnymy.

essay/esey/ (n) abtug yer oo wal goony eh ku hathalaw.

essence/esens/ (n) 1. gunty, salky. *The essence of the discussion.* 2. geed dhiinshey oo hung-gury lyky uthujiyaw.

essential/esenshal/ (adj) 1. muhim eh (lungku maarrymaany amy lungku haathy korny). (n) 2. wal lungku haathy korny.

estabslish/establish/ (v) 1. asaasow, billaawow (abuurow). 2. sughow (eddaayow).

establishment/establishment/ (n) 1. urur geddiisley. 2. asaas.

estate/esteyt/ (n) 1. maalyt (dhul wiing). 2. dhahalky dhong. *They left their estate to their children.*

estimate/estimet/ (v) 1. qiyaasow. (n) 2. qiyaas.

estuary/esjuwary/ (n) webighy i maagnathy meelly uskuky darymaayang.

et cetera/et setera/ (adv) kelmyt Latin eh oo lahaku gaabiyi *etc.* ma'naashe eyi, i walaaghy ly mid eh. *I bought bread, meat, butter etc.*

eternal/iternal/ (adj) waaraw (ing leethaany, ing dhamaathany).

eternity/iterneti/ (n) ebed, daa'ing, ing leethaany.

ethnic/ethnik/ (adj) dad isle, isku jinsy eh.

EU (n) *European Union* oo laha gaabiyi. duul wadamythy reer Yurub eh.

euthanasia/yuuthaneysha/ (n) qof bushy luku nooghy haayi ly dily.

evacuate/ivakuweyt/ (v) foofow, foofiyow, binaayow. *People were evacuated from the burning building.*

evade/eveyd/ (v) ing gooyow, ku dhuumythow.

evaporate/ivaporeyt/ (v) uung bahow (biyo oo uung inis beddelang yeetho kaluul ly etheegsythaw).

eve/iiv/ (n) hamiingky amy maalinty iidy (feestothy) ha galaasy.

even/iivan/ (adj) 1. tartar laaang eh. 2. tiry dhab eh (jing eh) sithy *2, 4, 6,8 are even numbers.*

evening/ivinin/ (n) maghrab (irydhiimy wali ku dombooyi).

event/event/ (n) wal dhiyaw. *Eid day is a big event.*

eventually/ivenjuwali/ (adv) ingky dombooyki.

ever/evar/ (adv) ebed (wiligha). *Have you ever been overseas?*

evergreen/evargiriin/ (n) geed hamballis ing hoobythaany amy mar welby aghaarley haathaw sithy garasky iwm.

every/evri/ (adj) welby (walby), kasty.

everybody, everyone/evri bodi, evri wan/ (pron) qof welby, qof kasty.

everything/evri thing/ (pron) wal welby, wal kasty.

everywhere/evri weer/ (adv) meel welby, meel kasty.

evict/ivikt/ (v) ming ku biyow.

evidence/evidens/ (n) marag, daliil (sheey wal eddaayaw).

evident/evident/ (adj) ed, yoow ly kasaw.

evil/ival/ (adj) eed ing hung (sher eh).

evolution/evolushan/ (n) isbeddelow tartiib tartiib eh.

evolve/ivolv/ (v) isbeddelow amy korow qummaaty eh.

ewe/yuw/ (n) ithaaley dheddy eh.

ex/ekis/ (prefix) hory, geekki mariithy. *Ex-president means formar president.*

exact/egzakt/ (adj) sah eh, toos-yng.

exactly/egzaktli/ (adj) sah eh.

exaggerate/egzajereyt/ (v) ku babathiyow, wywiinayow. *He exaggerated what he saw.*

examination, exam/egzamineshan/ (n) 1. imtihaang (tijaaby wal gorodky qofky lyky fiiriyaw). 2. hubsyshy, fiiris.

examine/egzamin/ (v) eed ing hubsythow.

example/egzampal/ (n) 1. misaal, tusaaly. 2. deyishy, deymy. *Taking*

good care of your kids is an example for the younger generation.

exasperate/egzaspereyt/ (v) dhirfiyow, dhibow.

excavate/ekskaveyt/ (v) qothow, feleghow.

exceed/eksiid/ (v) moothow (ky bathythow, ku bathiyow). *The collected money exceeded $100,000.*

excel/eksel/ (v) ky feylahaathow.

excellent/ekselent/ (adj) hannuung feyly.

except/eksept/ (prep) ingky haayny. *I work everyday except Friday.*

exceptioneksepshan/ (n) luku reeby.

exceptional/eksepshinal/ (adj) aathi ing haayny. (wal hor ly araghy ing haayny). *He is an exceptional soccer player.*

excerpt/ekserpt/ (n) gohong amy misaal lahaku qaathy buug, doo, shaneemy iwm.

excess/ekses/ (n) ku bathyng, dheeraad eh, siyaady eh.

excessive/eksessiv/ (adj) had dhaaf eh.

exchange/eksjenj/ (v) dooriyow, shal beddelow.

excite/eksayt/ (v) kiyow, booriyow, farah giliyow.

excitement/eksaytment/ (n) farah.

exclaim/ekskleym/ (v) yaab lyly qayliyi. *What a mess he exclaimed.*

exclamation mark/ekskameshan maark/ (n) summuddy yaabky (!).

exclude/ekskluud/ (v) ku reebow, ku roojiyow, ku biyow.

excruciating/ekiskrushiyeytin/ (adj) dhuury amy dhib dorong eh.

excursion/ekskurshan/ (n) dereer gaabyng. *Yesterday we took an excursion to the mall.*

excuse/ekiskiyuus/ (n) 1. efeef, marmarsiyi (qiil). (v) 2. ing dhaafow (efiyow). 3. uthur daarow. *He was excused from playing because he hurt his ankle.*

execute/eksikuyuut/ (v) dilow (hukung qofky lyky dily).

execution/eksakiyushan/ (n) dil (habbad lyky dily).

executive/egzek-yativ/ (n) gob (dadky hoolly kor haayang).

exercise/eksarsayz/ (v) 1. dhidhiin-sythow, kor dhisow (alalam-iinteyow). *I exercise three day a week.* 2. etheeghythow. *You need to exercise your rights.* (n) 3. dhid-hiinsyshy, kordhis (alalamiinty). 4. farbar (wal ly bar-ythaw oo lyky nanaghythaw).

exhale/eks-heyl/ (v) neefsythow, neef habiyow.

exhaust/igzost/ (v) 1. noojiyow, nooghow. 2. leeyow, dhammaay-ow. *They exhausted all of their supplies.*

exhaustion/igzos-shan/ (n) iskaabymiinty (baaburky meelly ku neefsythaw).

exhibit/egzibit/ (v) 1. bandhikow (tusow). (n) 2. walaaghy ly band-hiky.

exhibition/egzibishan/ (n) bandhik.

exhilarate/egzilareyt/ (v) ky farahow.

exhilarating/egzilareytin/ (adj) farah giliyaw.

exile/egzayl/ (v) 1. musaafuriyow (qofky dhulshey luky musaafuriyi siyaasy dartiye). (n) 2. kiinang siyaasy.

exist/egzist/ (v) jerow, noolow. *Some people believe that ghosts exist.*

existence/egzistans/ (n) wal jeraang.

exit/egzit/ (n) 1. afaaf, irrid. (v) 2. ku bahow, ku moodow.

exotic/egzotik/ (adj) aadi ing haayni. *Exotic food.*

expand/ekspand/ (v) billeerythow (wiinathow).

expanse/ekspans/ (n) meel amy dhul billeeryng (meel wiing).

expect/ekspekt/ (v) 1. jibsythow (rajeeyow). 2. ku fathow.

expedition/ekspidishan/ (n) 1. saang (qof amy duul war ku sheenaw meelly lyng guuraw). 2. safar dheer wal lahaky oghaadaw.

expel/ekspel/ (v) buriyow. *He was expelled from the school.*

expensive/ekspensiv/ (adj) qaal eh (beessy bathyng rooghy), lyng gooyi korny.

experience/ekspiriyans/ (n) 1. wal haky mary amy kii dhiyi. *That experience is something I will never forget.* 2. wal haky mary amy kii dhiyi walaaghy haku bahy (nati-ijjy). (v) 3. haky marow. *I did not experience any problems when I was in college.*

experiment/eksperament/ (n) 1. sherrib, tijaaby, fiiris. (v) 2. sher-ribow, tijaabiyow, fiiriyow.

expert/ekspert/ (n) qofky hannuung gorythy wal goony eh (kabiir).

expire/expayer/ (v) 1. dhiyaw (sheey waqtishey dhammaathaw). 2. amuuthaw.

explain/ekspleyn/ (v) fasirow, eddaayow, shal dhikow.

explode/eksplood/ (v) qarhathow.

explosion/eksplooshan/ (n) qarah.

exploit/eksployt/ (v) 1. dhiigmiiry-thow (haq dory wal ing qaathythow). 2. si feyly lyngku dheefsythy (eed lyng etheegsythy). (n) 3. dhiirynaang.

explore/eksploor/ (v) saaniyow.

exploration/eksploreyshan/ (n) saang.

explorer/eksplorar/ (n) saaniyi.

explosive/eksploosiv/ (n) wal qarahaw.

export/eksport/ (v) 1. dhoofiyow. *Somalia exports banana to overseas.* (n) 2. dhoofis.

expose/ekspoz/ (v) 1. baylaayow, feethow. 2. kashyfow (run ky sheeghow).

express/ekspres/ (v) 1. eddaayow, sheeghow.

expressive/ekspresiv/ (adj). kuurrung eh. *An express bus.*

expression/ekspreshan/ (n) foolky qofky wala haku maathy. *A laugh is a happy expression.* 2. sheey wal eddaayaw amy sheeghaw. *These gifts are an expression of our appreciation to you.* 3. harfy amy jumly oo fassir goony eh ing teeghyng.

extend/eksend/ (v) fithiyow.

extension/ekstenshan/ (n) fithis.

extensive/ekstensiv/ (adj) wiing, billeeryng. *Extensive damage.*

extent/ekstent/ (n) heerky sheey deersyng.

exterior/ekstiriyor/ (n) guudky amy bang-koraadky. *The exterior of the house.*

exterminate/ekstermineyt/ (v) leeyow, burburiyow, dhammaayow.

extermination/ekstermineyshan/ (n) irib-tir.

external/eksternal/ (adj) bangky, kor eh.

extinct/ekstingkt/ (adj) 1. suuli, ing jerny (bartis ly waayi), tirtirymi. 2. wal qobod ing lahaayny.

extinguish/ekstingwish/ (v) damiyow.

extra/ekistra/ (adj) suubis, siyaady, dheeraad.

extract/ekstrakt/ (v) 1. ku biyow, ku siibow. (n) 2. gabal yer oo buug, shaneemy iwm. laha ku qaathy.

extraordinary/ekstra-ordineri/ (adj) yaab leh, hor lyng aragny, aathi ing haayny.

extravagent/ekistravagant/ (adj) fat-

taal eh, beesy bathyng ky dhaghymaw.

extreme/ekstriim/ (adj) 1. dorong. *Extreme danger.* 2. ingky dheer.

extremely/ekstriimli/ (adv) hannuung, eed. *Extremely big.*

eye/aay/ (n) 1. il. 2. bogsynty irbiddy.

eyebrow/aaybrow/ (n) hithoor.

eyelash/aaylash/ (n) baalky hindho.

eyelid/aaylid/ (n) hindhy-geer (doboolky hindho).

eyesight/aay-sayt/ (n) araggy hindho. *Good eyesight.*

eyewitness/aaywitnis/ (n) goobroog, markaaty.

F

F,f/ef/ harafky lihaad oo farty Ingriinsky.

fable/feybal/ (n) sheeky-sheeky haywaanky ky saabsyng.

fabric/faabrik/ (n) kar, dhar.

fabulous/faabyulas/ (adj) 1. ajiib eh. 2. kiyaal eh (wal jery ing haayny).

face/feys/ (n) 1. fool, wijjy. 2. sheeyghy wijjishey amy hortis. *The face of the house.* (v) 3. haky jeethow, haky horjeethow. 4. wejjehow. *You need to face the problem.*

facial/feyshal/ (adj) fool eh, wijjy eh.

facility/fasility/ (n) wal hoolly amy etheeggy futhuthaayaw. *Washing machine, dishwasher and refrigerator are home facilities.*

fact/faakt/ (n) dhab, rung. **in fact** rung haang.

factor/faaktor/ (n) 1. sheeyghy wala dheliyaw amy sheenaw koosho. *Good grades are important factors in getting scholarships.* 2. nambar oo nambar kely sy dhab eh ingky qiib-simaw. *4 & 2 are factors of 8.* 3. sabab.

factory/faaktori/ (n) warshid.

factual/faakjuwal/ (adj) dhab eh, rung eh.

fade/feyth/ (v) 1. enjegow amy muthub is-beddelow. 2. kar rinjy bahi. 3. wal muthubsho suuli. *The carpet has faded.* 2. yeraathow, hoos ing dhiyow, gaabythow. *The noise has faded away.*

fahrenheit/faaranhayt/ (adj) ibbirky kaluulky (biyo 32 dereji ye ky barafoowayang, 212 derejiny ky kaluulathaayang).

fail/feyl/ (v) dhiyow (libing dorsythow).

failing/feyling/ (n) illy (wal hal-laaysyng oo illy leh), da'iifnymy. (prep) 2. wal laang.

failure/feylar/ (n) 1. guul dorry (lib-ing dorry). 2. qof amy sheey guul dorsythy. *Our plan was a failure.* 3. fashal (wal qobsymy-waayi).

faint/feynt/ (adj) 1. tabar yer. *A faint light, a faint sound.* (v) 2. suuhow.

fair/feer/ (adj) 1. haq eh, toosyng. 2. labyng, mathuul ing haayny (mithow ii eddaang ing dhahooyi), mog-shibeel. 3. usku roong, ing humaayny. *His grades are fair.* 4. feyly.

fairly/feerli/ (adv) walaagho. *Fairly large money.*

fairy/feeri/ (n) jinny (wal jinny, wal kiyaal eh ky saabsyng).

fairy tale/feeri tel/ (n) geeko-geeko, sheeky-sheeky, sheeky ariired.

faith/feyth/ (n) 1. aaminis. 2. iimaang.

faithful/feythful/ (adj) daa'ad eh, aaming eh.

fake/feyk/ (n) beeng-abuur, wal rung ing haayny (wal faalsy eh).

fake/feyk (v) beeng abuurow.

falcon/faalkon/ (n) heed (shimbir so ky nool)

fall/fool/ (v) 1. dhiyow, ha dhiyow (dhulky ky dhiyow). 2. hoos ing dhiyow, yeraathow. *The price fell.* 3. wal dhiyow sithy arryng iwm. *This year the Eid falls on a Saturday.* (n) 4. deer (wessyngky beero ha boghondhowaayang).

false/fools/ (adj) 1. beeng 2. beeng abuur eh.

falsehood/foolshuud/ (n) beeng.

falter/fooltar/ (v) dhydhiyow, shik-shighow.

fame/feym/ (n) mashuur (wal ly gorythaw).

familiar/familiyar/ (adj) ly gorythy, ly kasaw (dad kiyaaly) *His voice is familiar to me.*

family/faamili/ (n) 1. reer. 2. geethy amy hooly is-leh (duulko is-leh).

family tree/faamili tirii/ (n) tusmy ky tusaasy reerky qofby meelli haku jeethy.

famine/faamin/ (n) abaar (baahy dorong).

famous/femas/ (adj) hannuurg ly kasaw, mashuur eh, 'aang eh.

fan/faan/ (n) 1. dadky wal ayyithaw. 2. babis, marwahy (mashiing babis eh). (v) 3. babiyow.

fanatic/fenatik/ (n) qof hannuung hemmy wiing (hammaasy leh).

fancy/faansi/ (adj) 1. hannuung bilyng, ly suuruthooyi. *Fancy shoes.* (v) 2. fathow, jeelathow. 3. maleeyow, qiyaasow.

fancy dress/faansi dres/ (n) lebbes ly bili.

fang/fang/ (n) mii

fantastic/fantastik/ (adj) 1. eed ing feyly. 2. ly yaab leh.

fantasy/faantasi/ (n) sheey feyly laakiing hillimy haang eh.

far/faɛr/ (adv) 1. dheer, ing dhowaayny. 2. eed i eed (hannuung). *You would be far better if you talk to him.* (adj) 3. dhinighaas eh, heg sithy. *They live far south.*

fare/feer/ (n) seerky baabuurky amy dayurathy lyky rahaw.

farewell/feerwel/ (n) nebetheey, soghootis (nebetha isky ogny, ma'assalaamy).

farm/faarm/ (n) 1. beer. (v) beer-abuurow, beer maamulow, hool beereed.

fascinate/fasineyt/ (v) yaabiyow (ha jiithathow). *The kids are fascinated by the magician.*

fascination/fasineyshan/ (n) ha jiithyshy.

fashion/faashin/ (n) qaab wal lyng gundythaw amy lyng suubiyaw oo hannuung lisly gorythy.

fast/faast/ (adj) 1. kuurryng, kabaal. *A fast car.* 2. horreeyty, hor bood eh (hor jery eh). (adv) 3. yoow. 4. dhuugsyng (hiring). (v) 5. soonow. (n) 6. soong.

fasten/fasen/ (v) dhuujhiyow (hirow).

fastener/faasenar/ (n) isky hiry (wal lamy shey isky hiraw sithy suunky baaburky).

fat/faat/ (n) 1. hiir, andiing. 2. subug amy saliid. (adj) 3. kulus (buurryng). 4. mug leh (wal bathyng leh). *A fat magazine.*

fatal/feytal/ (adj) 1. katar eh (dad dilaw, dhimishy leh). 2. humaantis coronty, musiiby sheenaw (halis eh).

fate/fey-/ (n) 1. qedder (wal qofky ing dhiking amy ky dhiyaw). 2. nassiib. *It was his fate to be in the wrong group.*

father/faathar/ (n) 1. aaw. 2. koofar lynky weeraw qof baathyry eh. *Father Tittoni.*

fatherhood/father-huud/ (n) aawnymmy.

father-in-law/father-in-loo/ (n) soddy.

fathom/fathom/ (n) ibbirky moolky lyky ibbiraw oo 6 saamood ly mid eh.

fatigue/fatiig/ (n) noog, hekaar.

fault/foolt/ (n) gef.

faulty/foolti/ (adj). gef eh. (qalad eh).

fauna/foona/ (n) iddood (hooly deghaang).

favor/feyvor/ (n) 1. kaalmy (ahsang). *Can you do me a favor?* 2. oggolaang, jeel. *He won the favor of his people.* (v) 3. oggolaathow, jeelathow.

favorite/fevoreyt/ (adj) ingky jeel. *That is my favorite book.*

fawn/foon/ (n) 1. eely yer. 2. muthub jaally-maroong eh.

fax/faaks/ (n) 1. mashiingky fakisky lyky diraw. 2. walaaghy fakisky diry. (v) 3 fakis dirow.

fear/fiyar/ (n) 1. obsy. (v) 2. obsythow.

fearful/fiyarful/ (adj) 1. obsy leh. 2. eed ing hung.

fearless/fiyarles/ (adj) ing obsythaany, dhiirring.

fearsome/firarsam/ (adj) obsy leh, eed ing hung.

feast/fiist/ (n) amuur (zab).

feather/fethar/ (n) baal.

feature/fiijar/ (n) 1. hubung foolky ku mid eh. *The mouth, chin and nose are features.* 2. maqaal.

February/februweri/ (n) Febrayo (billy lammaad oo sinnidky miilaadigy).

feces/fiisiiz/ (n) uthy, haar.

fed/fed/ (v) *feed* oo fall aha moothi eh

fed up/fed ap/ (adj) qaati ku surung,

ku nooghsyng (ku dhirfyng). *We are fed up with him.*

fee/fii/ (n) beesothy etheegy lyng biyaw.

feeble/fiibal/ (adj) hunfaary, tabar dorong.

feed/fiid/ (v) 1. quuthiyow. 2. aamow. 3. ky shibow, ky haabiyow sithy mashiin, kompiyuutar iwm.

feel/fiil/ (v) 1. dereemow (kasow). 2. wal ky haayow sithy baahy, dhahang, dhirif iwm. *I feel thirsty.*

feeling/fiilin/ (n) dereeng.

feeler/fiilar/ (n) gaaso qashyngnoolky wal ky kasaayang amy ky dereemayang.

feet/fiit/ (n) lughy. *foot* oo tul eh.

fell/fel/ (v) 1. *fall* oo fal laha moothi eh. 2. gooyow amy rithow. *The car felled the tree.*

fellow/felow/ (n) 1. lang, meghel, ighaar amy kurii. (adj) 2. dadko isky eh. *My fellow group.*

felt/felt/ (v) 1. *feel* oo fal laha moothi eh.

female/fiimeyl/ (n) dheddy (lab ing haayny).

feminine/femanin/ (adj) hanraabeed, bilaameed. *Yusra is a feminine name.*

feminist/femanist/ (n) qofky hanraabty haqsho in-dowahaw amy ayyithaw.

fen/fen/ (n) dhul fajhagsyng amy dhiighy eh (dhul hooseeyi).

fence/fens/ (n) 1. boodky amy derbyghy maalytty amy moorethy. *Wired fence.* (v) 2. seef ky dirirow.

fend/fend/ (v) isdabbirow.

fend off/fend of/ (v) isdifaa'ow.

fender/fender/ (n) birty oo lutty baabuurky amy bishkeleetothy dobool ing eh.

ferment/ferment/ (v) qamiiriyow.

fern/fern/ (n) geed hamballis baal haang eh oo fiid (fiyoory) laang eh.

ferocious/feroshas/ (adj) dughaag eh, wal dilaw amy dilowshey hannuung dorogni, bahal eh. *A bear can be ferocious.*

ferocity/ferositi/ (n) wahashnymy.

ferry/feri/ (n) doong wiing oo ror i dadby meel gaabyng ing usaasy.

fertile/fertayl/ (adj) 1. wal dhaly kory amy dhaly korty. 2. osob (wal haku baha kory).

fertilize/fertalyzar/ (v) nafaqeeyow (wal dhalaw amy wal bahaw ky weelow). *The farm was fertilized with chemicals.*

fervent/fervent/ (adj) eed hemmy ing leh (ing niyi furung). *I am fervent about that subject.*

fervor/fervor/ (n) dhammy wiing.

festival/festival/ (n) 1. iid (feesty).

fetch/fej/ (v) sheenow, ha qobothow.

fetching/fejin/ (adj) suurud leh (hannuung dad ha jiithythaw).

fete/feyt/ (n) kulung oo beesy amy wal dad lyngky taraw lyky kuusaw.

fetus/fiitas/ (n) uur ky jer.

feud/fiyuud/ (n) ol dorong, kilaaf.

fever/fiivar/ (n) qandhy.

few/fiyuu/ (adj) 1. ing bathynaayny. (n). 2. wal yer.

fiancé/fiyaansey/ (n) ighaarky alkumung (ighaarky geberty ly siyi).

fancée/fiyaansee/ (n) geberty alkumung (geberty faddiye ly biyi).

fiasco/fiyasko/ (n) libyng dorry (fashal).

fib/fib/ (n) beeng futhud (fasuu). *He told me a fib about his age.*

fiber/faaybar/ (n) 1. dung. 2. wal geetho luku helaw oo dheefshiidky korky wal ing taraw. *Fruit, vegetable etc. have fiber.*

fickle/fikal/ (adj) meel ingky toosany, is-bebeddelaw.

fiction/fikshan/ (n) sheeky rung ing haayny.

fictional/fikshanal/ (adj) ilmy aahey.

fictitious/fiktishas/ (adj) rung ing haayny.

fiddle/fidal/ (n) 1. kabang (vaiolin). (v) 2. wal usku tataabythow, fargna wal ky susuubiyow. 3. dhagharow.

field/fiild/ (n) 1. goof, kabar, sakar, dhul beered. 2. goob (meel wal goony eh lyngky telygali sithy goobty dheely iwm.). 3. qiib wal barashy (maaddy). (v) 4. boloony reebow amy dhab siyow.

fiend/fiind/ (n) sheydhaang (qof hung).

fierce/firs/ (adj) bahal eh.

fiery/fayri/ (adj) 1. dab eh, naar eh amy hannuung kaluul. *A fiery oven.* 2. dhirif dhow, yoow kahaw.

fig/fig/ tiing.

fight/faayt/ (v) 1. isgalow, dirirow. 2. ing dethaalow, ing dirirow. 3. murumow.

fighter/faaytar/ (n) 1. qofky diriraw amy isgalky ky jery. 2. dayuury ol oo yer.

figure/fighar/ (n) 1. summuddy tirythy sithy 1, 2, 3, 4 iwm. 2. qaabky amy suuruythy qofky. 3. qof ly gorythy. *The governer is a public figure.* 4. musawir.

file/fayl/ (n) 1. gal (meel haanshiya lyky rithythaw). 2. war kompiyuutarky lyky kuusy. 3. soofy. 4. saf. (v) 5. safow, saf giliyow. 6. soofeyow. 7. saf-saf ing dereerow.

fillet/filey/ (n) so laf laang eh.

filling/filing/ (n) 1. daawy oo ilko bogsyng amy bololyng lyky upaw.

film/film/ (n) 1. baniikoly (filinky wal lyky musawiraw). 2. sheneemy. 3. huub. (v) 4. sheneemy suubiyow, filing duubow.

filter/filtar/ (n) miiry, sheey wal miiraw (fiiltar).

filter/filtar/ (v) miirow.

filthy/filthi/ (adj) uraw, dhusuk bathyng (wasaq eh). *A filthy pool.*

fin/fin/ (n) baalky malalaayky ky dabaallythaw.

final/faaynal/ (adj) 1. ingky dombooy. (n) 2. dhaktangky ingky dombooyi sithy dheely iwm. 3. imtihaangky ingky dambooyi.

finance/faynans/ (n) 1. maamulky maalky. (v) 2. maal giliyow, maal siyow.

find/fayndh/ (v) 1. helow. 2. oghaathow, weydiyow.

find out/faynd awt/ (v) oghaathow. *Can you find out when the paper is due?*

fine/faayn/ (adj) 1. feyly, fiyaw. 2. dhuubung. *A fine rope.* (n) 3. ganaah, heer (beesothy ganaaha eh). (v) 4. ganaahow, heerow. *He was fined for speeding.*

finger/fingar/ (n) far (farty galanty).

fingernail/fingerneyl/ (n) id (iddo fargna galanty).

fingerprint/fingerprint/ (n) musawirky fargna galanty.

finicky/finiki/ (adj) lyng qan'iyi korny (wal dhong duraw amy qash-qashaw), mathy kakkyng.

finish/finish/ (v) 1. dhammaathow, leethow. (n) 2. qiibty ingky dombooyty. *The finish of the movie.*

fiord/fiyord/ (n) **fjord** oo si kely lyng hengathiyi.

fir/fir/ (n) geed hamballis irbid haang eti oo waany ing hoopythaany.

fire/faayar/ (n) 1. dab. 2. wal gubuthaw. 3. tooghyshy. (v) 4. tooghythow. 5. gemow sithy habbad, gammuung iwm. 6. hool (shughul) ku dughuthow (buriyow), shaqy ku biyow.

fire engine/faayar enjiin/ (n) baabuurky dab-damisky.

fire extinguisher/faayar eksting-
wisher/ (n) dab-damiyi (kiim-
ikithy dabky lyky damiyaw).

fire fighter/faayar faaytar/ (n) dab
damiyi (qofky hoolis dab damis ety).

fireplace/faayar plays/ (n) dab-diir
(mingky dhatis meelly dab-
diirky lyky shithaw amy lyky
oojiyaw).

fire station/faayar isteeshan/ (n)
goobty dab-damisky (meelly
baabuurty dab-damisky iwm.
lyky haayaw).

fireworks/faayar-werks/ (n) pl baarud.

firm/firm/ (adj) 1. kakyng (ing
dhaghaaghaany). 2. inis
dooriyaany. A firm belief. (n) 3.
shirkid geddiisley (bee'eshery).

first/firist/ (adj, adv) koowaad,
ingky horreeyi, owil.

first aid/firist eydh/ (n) kaalmy ded-
deg eh.

fish/fish/ (n) 1. malalaay (mallaay).
(v) 2. malalaay dabow amy
geethow.

fist/fist/ (n) galang duubung.

fit/fit/ (adj) 1. tabar i fiyaawan amy aafy-
maad leh. 2. ky toosyng, ky feyly.
(v) 3. jimaawow, jing naghythow, ly-
jing eh, jinshey eh. This jacket fits you
good. 4. giliyow. (n) 5. qallal. 6. wal
lyng reeby korny amy kethis ky
kooyaw. A fit of coughing.

fitness/fitnes/ (n) tabar i fiyaaw-
ang amy aafymaad.

fix/fiks/ (v) 1. suubiyow, kabow. 2.
dhuujhiyow, hirow. 3. goosythow,
isky rahow (go'aansythow). (n) 4.
dhib, rafaad, mashaqy.

fixture/fikisjar/ (n) 1. alaab mingky lyky
dhejiyi sithy meelly galgna lyky
dhighaw, meelly kordhiggy iwm. 2.
dheel amy booloony ly malliyi.

fizz/fiz/ (v) humboowow, humbeeyow.

fizzy/fizzi/ (adj) humbooly.

fjord/fiord/ (n) haluul iig eh oo buur
amy jamal ky dha taally.

flabby/flaabi/ (adj) nughul.

flag/flag/ (n) 1. alyng, bandiiry. (v) 2.
nooghow.

flair/fleer/ (n) hipy (wal lyng dha-
lythaw). A flair for speech.

flake/fleyk/ (n) nughul, kafiif eh.
Flake of snow.

flaky/fleyki/ (adj) jhajhabaw.

flamboyant/flamboyant/ (adj) eed
hang maathy (hindho eed ing
qobythaw). A flamboyant dress.

flame/fleym/ (n) oog.

flammable/flamabal/ (adj) yoow
gubuthaw amy ooghaw.

flank/flank/ (n) korky hoola dhinisho.

flannel/flanal/ (n) suuf hannuung
nughul sithy kang funaanythy
iwm.

flap/flap/ (n) 1. wal babis amy qolqol
haang eh oo meel haku raarahy.
An envelope flap. (v) 2. bidbithiy-
ow, bidbithow amy babiyow. The
flag flapped in the wind.

flare/fleer/ (v) 1. hurow, huriyow, 2.
ku dorow. (n) 3. oog amy aftiing
oo tilmaang lyng ethegsythaw.

flash/flaash/ (n) 1. oog amy aftiing
birik erri. A flash of lightning. in a
flash yoow eh. (v) 2. birik siyow,
yoow oojiyow. 3. kuurrumow.

flashlight/flashlayt/ (n) 1. karbuuny
(toosh). 2. nalky kaamerythy.

flask/flaask/ (n) 1. dhaly dhuung
dhuubung oo goony haang tijaa-
by kiimiky lyng etheegsythaw. 2.
tarmuus.

flat/flat/ (adj) 1. fidsyng, jing eh. 2.
banjharsyng. 3. humby laang eh
(aashity laang eh). (n) 4.
tilmaang muusiky eh oo
eddaayaasy ini edky hoos jery.

flatten/flaaten/ (v) fithiyow, ban-jhariyow.

flatter/flaater/ (v) ku babathiyow, wywiinayow sithy qof hannu-ung ly faalliyi iwm.

flavor/fleyvor/ (n) dhadhang. *Different flavors of food.*

flavor/fleyvor/ (v) dhadhang siyow, dhadhamiyow. *He flavored the food with different spices.*

flaw/floo/ (n) sheey wal deersyng amy hallaawsyng (illid leh).

flea/filii/ (n) booddy (wal nonool oo dhiig ky nool eh), matuuty.

fledging/flejlin/ (n) jhiijhiiwky shim-birty amy shimbir oo hatty ley buubow barythaasy.

flee/flii/ (v) roorow, fokythow.

fleece/fliis/ (n) buulky amy suufky ithaaleyty.

fleet/fliit/ (n) foof.

flesh/flesh/ (n) 1. soky qofky. 2. soky meraaghy. *A mango flesh.*

flew/fluu/ (v) *fly* oo fal laha moothi eh.

flex/fleks/ (v) laabow, ha laabow. *Flex your arm.*

flexible/fleksibal/ (adj) 1. laabby-maw, beddelymaw (sy sehellyng ing geddiisymaw).

flick/flik/ (v) 1. dhak siyow (yoow dhowow). (n) 2. dhak.

flicker/fliker/ (v) birik-birik errow. *The light flickered.*

flight/falaayt/ (n) 1. buubis. 2. baabur-buuby ky jirmaathy. 3. dhib luku roory. 4. hal hirmy oo jerenjery eh.

flimsy/flimzi/ (adj) nughul (suuf haang eh). *Flimsy shirt.*

fling/fling/ (v) usku gemow (hoog ing gemow).

flint/flint/ (n) shiid kakyng oo maddi bir lyky dhowy dab amy dhimbil biyaw.

flip/flip/ (v) geddiyow, wereejiyow. *Flip a coin.*

flipper/fliper/ (n) hupung galang haang eh oo haywaanky maa-gnathy bersho leh oo dab-aal ing etheegsythaayang. 2. kobty fidsyng oo dabaally futhuthaayasi.

flirt/flirt/ (v) dohowiyow (shuk-aamiyow).

float/flowt/ (v) 1. sabbeeyow.

flock/flok/ (n) 1. foof. (v) 2. foofow (qumow, ing dereerow). *During the weekends people flock to the malls.*

flog/flog/ (v) jheethylow.

flood/fladh/ (n) 1. biyi-ber, seel (duufaang). (v) 2. burqythow (fatahow). 3. ky bathythow.

floor/floor/ (n) 1. dhullaaw. 2. dabaq. *Our office is on the second floor.*

flop/flop/ (v) eed ing dhiyow. (n) 2. guul dorry (wal feyly ing naghynny). *The program was a flop.*

floppy disk/flopi disk/ (n) ajalky kompiyuutarky.

floss/flos/ (v) 1. illyngkaaysythow. 2. ilky fattaayow (ilko lammy dhat-tiyo ly nathiifiyi).

florist/floorist/ (n) qofky fiitho (fiy-oory) gathaw.

flour/flaawar/ (n) bur.

flourish/floorish/ (v) si feyly ing korow. *Flower trees flourish in a sunny area.*

flow/flo/ (v) 1. qulqulow. (n) 2. qulqul.

flower/flawar/ (n) 1. fiid (fiyoory). (v) 2. fiitheyow.

flown/flown/ (v) *fly* oo fal laha moothi eh.

flu/flu/ (n) *influenza* oo laha gaabiyi. hergeb hung.

fluctuate/flakjuweyt/ (v) beddeli-maw (mar kasty beddelimaw).

fluent/fluwent/ (adj) afko sy feyly ingky baarrimaw amy ing abtughaw. *She is fluent in Af-Maay.*

fluffy/flafi/ (adj) eed ing nughul (suuf haang eh).

fluid/fluwud/ (n) wal qulqulaw sithy biyi, neef iwm.

flung/flang/ (v) *fling* oo fal laha moothi eh.

fluorescent/flooresent/ (adj) hannu-ung aftiimaw amy dhidhilaalaw.

flouride/floorayth/ (n) kiimiky isky hammaaryng oo ilko ing roong.

flush/flash/ (v) 1. jheerow foolky ly gathuuthythaw. (n) 2. raasiyow (biyi ly raasiyi).

fluster/flastar/ (v) wereeriyow.

flustered/flastard/ (adj) wereersyng.

flute/fluut/ (n) turumby.

flutter/flattar/ (v) bidbithiyow, babiyow. *Butterfly is fluttering against the wall.*

fly/flaay/ (v) 1. buubow. 2. dayuury ky bahow. (n) 3. teessy.

foal/fowl/ (n) feris yer.

foam/fowm/ (n) 1. humby. (v) 2. hum-boowow.

focus/fokas/ (v) 1. shiishow, tooghythow. 2. meel ky toosow. *You need to focus on your study.*

fodder/foder/ (n) hung-guryghy hoola sithy balky iwm,

foe/fo/ (n) othow.

fog/fog/ (n) hungry amy hunry.

foggy/foggi/ (adj) hungry bathang.

foil/foyl/ (n) 1. haanshy ku suub-syng bir aluuminam eh oo hung-guryghy lyky doboolaw. 2. seef lyky dheelaw. (v) 3. fashilow (ku horseethow). *Their plan was foiled.*

fold/fold/ (v) 1. lallaabow. (n) 2. meel laabbyng (biyeeghy). 3. moory ithaaley.

folder/folder/ (n) galky haanshiya.

foliage/foliyej/ (n) hambal geed.

folk/folk/ (n) 1. dad. 2. reer amy ehel. *My folks live in Somalia.*

folly/foli/ (n) 1. fal dhadhaang (dab-baalnymmy). 2. meel usku dhysyng oo dang lungku lahaayny.

follow/folow/ (v) 1. daby rahow. 2. rahow. *Follow this road.* 3. kasow (ly dereerow). *I can't follow these instructions.*

fond/fond/ (adj) eed ing jeel.

food/fuud/ (n) hung-gury (walaaghyby ly aamaw).

fool/fuul/ (n) 1. doghong, dhad-haang. (v) 2. tab ing galow (dhagharow), sirow.

foolish/fuulish/ (adj) doghong eh.

foot/fuut/ 1. taf (saang). 2. hoos, hoos heje. *The foot of the building.* 3. ibbirky saanty oo ly mid eh 12 inj amy 30.48 sentimeter.

football/fuutbool/ (n) 1. booloony-ghy lutty. 2. boloonyghy lutty oo Ameeriky galanty lyky dheelaw.

footnote/fuut-nowt/ (n) abtug amy fassir yer oo baalky amy boggy hoostis lyky abtughaw.

footprint/fuutprint/ (n) kob, saang, raat.

footsteps/fuut-istepis/ (n) saang amy tillaab ky deyithow, nor-dereer, raat rahow.

forbid/forbid/ (v) reebow, ku aaggy-naathow. *He was forbidden to go in the snow.*

force/foors/ (v) 1. hoog etheegsy-thow. (n) 2. hoog. 3. duul hooly isly qobythaw. *Military force.*

ford/foord/ (n) sheeb (meel bohol haang eh oo weby mary kory).

forecast/forkast/ (v) saathiyow, faaliyow.

forehead/foorhed/ (n) food, fool, deeng.

foreign/fooren/ (adj) kooyty eh.

foreigner/foorenar/ (n) kooyty, ajnabi.

forest/foorest/ (n) jhaf, duur.

forfeit/foorfit/ (v) ku qaathow. *Our team had to forfeit the points because we did not get enough players.*

forge/forj/ (v) 1. beeng abuurow, beeng guuriyow. *Forged signiture.* (n) 2. foornythy biro lyky suubiyaw (foornythy birty).

forget/forget/ (v) tughufow, hilmaamow.

forgive/forgiv/ (v) efiyow, ing dhaafow.

forgiveness/forgivnes/ (n) efis.

fork/foork/ (n) 1. farkeety. 2. farkeetythy beero. 3. darymy (meelly sheey ky shalbahaw oo lammy i wal ku bathyng ky naghythaw). *A fork in the road.* (v) 4. shalbahow, qiibsymow. *The river forks into streams.*

forlorn/forlorn/ (adj) il dheer, gosaw.

form/foorm/ (n) 1. qaab, eeng. 2. haanshy ly buuyaw. (v) 3. weelow, suubiyow. *Form a line.* 4. qaab ing weelow, qaab ing suubiyow.

formal/formal/ (adj) 1. rasmy eh.

format/format/ (v) 1. ajalky kompiyuutarky ly darbiyi. (n) 2. qaab, nithaam.

former/foormar/ (adj) mariyi, hory. *Formar president.*

formerly/foormarli/ (adv) geekki mariithy.

formula/formula/ (n) qaab, nithaam amy heer oo summud amy nambar ly rahaw leh. *1 foot equals 12 inches is the formala for converting foot into inches.*

fort/fort/ (n) hooy (ming) askareed oo gaashaamyng,

forthcoming/forth-kaming/ (adj) ha dereery, jidky haky jery.

fortify/fortifay/ (v) hoojiyow, kakiyow. *The wall was fortified against the hurricane.*

fortnight/fortnayt/ (n) lammy jimaa (jimaa ku jimaa), lammy tothobaad.

fortress/fortris/ (n) dhismy amy beled gaashaamyng.

fortunate/foorjuneyt/ (adj) nasiib leh.

fortune/foojun/ (n) 1. nasiib. 2. maal bathyng.

forward, forwards/forward/ (adj) hor, hor hejhe.

fossil/fosal/ (n) heraayki dadki, haywaanki amy geethoghi mariithi oo shiid inis beddeli.

foster/foster/ (v) 1. weel (owlaad) dathow korsythow. 2. boorriyow, dhiirry giliyow.

foster parent/foster paarent/ (n) waalidky weel (owlaad) dothow korsythaw.

fought/fot/ (v) *fight* oo fal laha moothi eh.

foul/fowl/ (adj) 1. nuuhaw, uraw (eed ing hung). (n) 2. gef. *The player did a bad foul.* (v) 3. gefow.

found/fawnd/ (v) 1. *find* oo fal laha moothi eh. 2. athuuthow, assaasow. *They founded a new soccer club.*

foundation/fawndeyshan/ (n) assaasky.

founder/fawndar/ (n) asaasy (qof wal asaasy amy asaasiyal ku mid eh).

foundry/fawndari/ (n) meely birty amy dhalythy lyky dhilaaliyaw amy lyky suubiyaw.

fountain pen/fawntan pen/ (n) qalyng-hangqaas.

fowl/fowl/ (n) doory, booly-booly, tajhiiryng iwm.

fox/foks/ (n) dowy.

foyer/foyer/ (n) afaaf hannuung wiing sithy kang tiyaatarky iwm.

fraction/frakshan/ (n) 1. tiry amy hisaab oo jhajhab eh. ½ & ¼, *are fractions.* 2. walaagho (wal yer). *The door was open only a fraction.*

fracture/frakjar/ (v) jhabow.

fragile/fraajil/ (adj) yoow jhabaw.

fragment/fragment/ (n) falliir.

fragrant/fragrant/ (adj) uthug leh, uthugaw.

frail/freyl/ (adj) hunfaary eh, tabar ing lahaayny.

frailty/freylti/ (n) hunfaary.

frame/freym/ (n) 1. wereegy geesky sithy musawirky, dariishythy iwm.

frank/frank/ (adj) daa'ad eh.

frantic/frantik/ (adj) eed ing welwelsyng.

fraud/frod/ (n) 1. hoog, beeng, tuugnymmy (kiyaany). 2. qofky wal kely isky wyweelaw. (dhagharlow).

freckle/frekal/ (n) bar (barty haku bahaasy maghaarky qofky).

freckly/frekly/ (adj) barry (qof bar leh).

free/frii/ (adj) 1. bilaash eh, beessy laang eh. 2. ing hirinaayny. 3. hur eh, wali fathaw suubiyi kory. 4. nafis leh, ly helaw, mashquul ing haayny. (v) 5. deyow, dhaafow. *He was freed from the jail.*

freedom/fridam/ (n) hurriyi.

freeze/friiz/ (v) 1. barafoowow. 2. habriiriyow. 3. surumow (ing dhaghaaghany).

freezer/friizar/ (n) habriiriyi wal barafeeyaw).

freezing point/friizing poynt/ (n) barty barafoowowky.

freight/freyt/ (n) ror, hamuul.

frequency/frekwensi/ (n) 1. ha nanaghyshy.

frequent/frekwant/ (adj) mar bathyng dhiyaw.

fresh/fresh/ (adj) 1. ussub eh (hatty ley eh). *Fresh eggs.* 2. ossob eh (opy ing haayny). 3. nathiif eh. *Fresh water, fresh air.*

freshwater/freshwotar/ (adj) biyi osbooly ing haayny.

fret/fret/ (v) welwelow.

friction/frikshan/ (n) is-hog, is-hool (lammy sheey madi is-hoghang amy is-hoolang).

Friday/fraydey/ (n) Jimaa.

fridge/frij/ (n) *refrigerator* oo laha gaabiyi.

friend/frend/ (n) withaay.

friendship/friendship/ (n) withaaynymmy.

friendly/frendli/ (adj) bashaash eh, withaaynymmy leh (qof welby ing feyly amy ing roong). *She is friendly to everybody.*

frigate/frigayt/ (n) markab harby oo yer.

fright/frayt/ (n) obsy dorong.

frighten/frayten/ (v) obsiyow.

frigid/frijid/ (adj) hannuung qoboobbyng.

fringe/frinj/ (n) 1. tirish (meelly sohong). 2. gees, dhiny.

frisk/frisk/ (v) 1. feleghow, fatashow. 2. booboothow, dhedheelow.

frisky/friski/ (adj) bobood bathyng, dhedheel bathyng.

frivolous/frivolas/ (adj) futhuthaaysythaw, ing qiimeyaany. *He is a frivolous person.*

frock/frok/ (n) ibbeer bilaameed, kar bilaamed (ambuur).

frog/frog/ (n) rakky.

from/from/ (prep) ku, ku billaaw, ku dereerty iwm. *This letter is from my mother.*

front/front/ (n) 1. hor, hor heje. 2. meelly olky haku dereery. (adj) 3. jabhy.

frontier/frontiir/ (n) soohynty lammy wadang.

frost/frost/ (v) 1. barafeeyow, baraf ing weelow. (n) 2. baraf yeyer, gergerry.

frosty/frosti/ (adj) dhethy leh.

froth/froth/ (n) humby.

frown/frown/ (v) fool kathuuthow.

frozen/frozen/ (v) *freeze* oo fal laha moothi eh.

fruit/frut/ (n) 1. mery. 2. natiijy.

frustrate/frastreyt/ (v) 1. wereerow, qalby jhabow. 2. ku reebow. *The heavy snow frustrated our plans.*

frustration/frastreyshan/ (n) wereer, niyi-jhab.

fry/fray/ (v) dubow, shiilow.

fudge/faj/ (n) nammuung shukulaaty eh.

fuel/fiyuwal/ (n) shithaal sithy bansiing, biyi-masuungy (biyi-gaas), dhuhul, qorgny iwm.

fulfill/fulfill/ (v) guthuthow, fuliyow. *I fulfilled my requirements.*

full/ful/ (adj) 1. buuhy, gaasir ing haayny. 2. juusty eh, ing dhimminaayny.

fume/fiyuum/ (n) neef uung leh oo hung (neef sung eh).

fun/fan/ (n) baashal.

function/fanshan/ (n) 1. hool goony eh. (v) 2. hool galow.

fund/fand/ (n) maal amy beesy wal goony eh lyngky tely gali. *Fund for university.*

fundamental/fandamental/ (adj) assal eh.

funeral/fiyuneral/ (n) duug (ta'siyi), golollaab.

fungus/fangas/ (n) barshyng waraaby.

funnel/fanal/ (n) 1. dubly. 2. meelly markabky uungshey ku foofaw.

funny/fani/ (adj) 1. kood i baashaal leh. 2. yaab leh.

fur/fur/ (n) buulky hoola.

furry/feri/ (adj) buul leh goony hang haywaang.

furious/fiyuuriyas/ (adj) hanuung dhirfyng.

furnace/fernis/ (n) tinnaar, foorny.

furnish/fernish/ (v) goghol amy alaab dhikow sythy armaajy iwm.

furniture/fernijar/ (n) alaabty mingky amy hafiisky sithy armaajithy, miisky, wambarty, kuraasty, sariirty iwm.

furrow/furow/ (n) dhulky tatariighyng sithy maddi beerty ly abuuraw.

further/farthar/ (adj, adv) 1. sii durugsyng, sii dheer. *I went little further.* 2. wal kely, wal intaas dheer.

furthermore/fartharmoor/ (adv) way ly jery amy sii dheery.

furthest/farthist/ (adj, adv) ingky dheer.

fury/fiyuuri/ (n) dhirif dorong.

fuse/fiyuuz/ (n) 1. fiyuusky korontythy. 2. musaayty miinothy ky hiring. (v) 3. kaluul hejey ly dhilaalow. 4. fiyuus gubuthaw.

fuselage/fiyuuselej/ (n) bedengky amy korky dayuurythy.

fuss/fas/ (n) wal mi'ny ingky fidhiiny amy ing wiinaayny. *Don't make a big fuss over who started talking.*

fussy/fasi/ (adj) doo ing galaany (lyng qan'iyi korny).

future/fiyuujar/ (n) demeng demby (mustaqbal).

fuzz/faz/ (n) wal nughul amy wal timy meer oo kely eh.

fuzzy/fazi/ (adj) 1. nughul amy meer haang eh. *A fazzy hair.* 2. hanuung lyng araghaany, mogdy-mogdy eh, tashwiish ky jery.

G

G,g/jii/ harafky tothobaad oo farty Ingriinsky.

gabble/gaabal/ (v) daldalymow, doo kuurow.

gadget/gajit/ (n) aaly yer oo wal tar leh.

gag/gag/ (n) 1. af-hir (good yer oo afky qofky lukuky hiraw si usy ingky hathalny). 2. dhedheel. (v) 3. af-hirow.

gain/geyn/ (v) helow. *He gained a lot of experience.*

gale/geyl/ (n) hanfar hoog leh.

gallant/gaalant/ (adj) 1. dhiirryng. 2. etheb leh gothob haang bilaanty ing roong.

galleon/gallean/ (n) markab wiing oo geekki mariithi ly etheegsythy jery.

gallery/gaalari/ (n) 1. meelly musawirky i wala hereryng lyky bandhikaw. 2. fidhyghy tiyaatarky oo kor ky yaaly.

galley/gaali/ (n) 1. jikkithy markabky amy dayuurathy. 2. markab dhuubung oo geekki hory ly etheegsythy jeri.

gallon/gaalan/ (n) beeg (ibbir) ly mid eh 3.8 litir.

gallop/gaalop/ (n) roorky ferisky kan ingky korreeyi.

gallows/gallooz/ (n) meel billeybaar ku suubsyng oo dembiiliyaalky lyky dilaw.

galore/galoor/ (adv) hannuung bathyng.

gamble/gaambal/ (v) 1. qamaarow. 2. dhib isky rithow amy is helaaghow.

gambling/gaamblin/ (n) qamaar.

game/geym/ (n) 1. dheel sithy boloony iwm. 2. iddood (hoola ly dabythaw).

gander/gander/ (n) booly-booly lab eh.

gang/gang/ (n) 1. hiring (duul amy dad wal isly suubiyaw goony hang wal hung). (v) 2. ky goobythow.

gangster/gaangestar/ (n) mooriya-ang.

gangway/gangwey/ (n) 1. mary. 2. korkory isky hiraw dhulky i markabky amy doonty.

gap/gaap/ (n) meel binaaw oo lammy meel ing dhahooyty.

gape/geyp/ (v) 1. yaabow oo afky lyly feethy. 2. shal feethow, shal furow.

garage/garaaj/ (n) 1. meelly baaburky ly dhikaw (garaasn). 2. meely baaburky maddii hallaawy lyky suubiyaw.

garbage/gaarbij/ (n) qashyng.

garbage can/gaarbij kaan/ (n) weelky qashyngky.

garbageman/gaarbijmaan/ (n) qashyng-quby (qofky hoollis ety qashyng qubow).

garden/gaarden/ (n) beerty aghaarky (quthaarty), fiidy iwm.

gardener/gardnar/ (n) beerrey, jardinyeeri.

gargle/gaargal/ (v) lulluqoothow.

garish/gaayrish/ (adj) eed ing bilyng amy ing nuuraw.

garland/gaarland/ (n) hirmy hambal amy fiid eh.

garlic/garlik/ (n) tuung.

garment/garment/ (n) kar.

garnish/garnish/ (v) hung-guryghy oo ly suuruthooyi amy ly bili.

garter/garter/ (n) laastiky sithy tan iskaalsythy iwm.

gas/gaas/ (n) 1. neef. 2. biyi masuungy (gaasky itho lyng etheegsythaw sithy wal karisky, kaluulesky i aftiimiyowky). 3. shithaal sithy bansiinky, naftythy iwm.

gash/gaash/ (n) nipir wiing amy meel fogsyng oo wiing.

gasoline/gaasolin/ (n) bansiing.

gasp/gaasp/ (v) 1. neef-tuurow. 2. dhib ly neefsythow.

gastric/gaastrik/ (adj) bushy oloolathy ly hariiry.

gate/geyt/ (n) ganjeelly (irrid wiing).

gatecrash/geyt-krash/ (v) amuur amy dheel lykiingky weerny seethow.

gateau/gatoow/ (n) doolshy hannuung ly bily.

gateway/geytwey/ (n) afaaf, irrid.

gather/gathar/ (v) 1. ha kuusow, ha

haabiyow. 2. inis jeeyow, inis sheenow. 3. kasow, oghaathow.

gathering/gatharing/ (n) kulung.

gaudy/goodi/ (adj) hannuung nuuraw amy dhilaalaw.

gauge/geyj/ (v) 1. beeghow, ibbirow. 2. qiyaasow. (n) 3. aaly wal lyky beeghaw amy lyky ibbiraw.

gauze/gowz/ (n) karky faashid hang lyng etheegsythaw.

gave/geyv/ (v) *give* oo fal laha moothi eh.

gay/gey/ (adj) 1. farahsyng. 2. buung (kaniis).

gaze/geyz/ (v) 1. fiiriyow dheer. (n) 2. fiirmy dheer.

gazelle/gazel/ (n) eely.

gear/giir/ (n) 1. marshy. 2. kar missy alaab oo wal goony eh lyngky tely gali. *Camping gear.*

geese/giis/ (n) *goose* oo tul eh.

gel/jel/ (v) 1. kakythow.

gem/jem/ (n) joohar, johor.

gender/jendar/ (n) jinsy (lab amy dheddy).

gene/jiin/ (n) issir wethy, fir wethy.

general/general/ (adj) 1. lyng bathyng, guud. *General idea.* (n) 2. jeneraal (derejy askareed). 3. guud haang (sithy lyng bathygny).

generate/jenareyt/ (v) dheliyow sithy dabky, korontythy iwm.

generation (n) 1. fa, jiil. 2. moqotdhowow (dab dheliyow). (n) 3. dhelis sithy dabky, korontythy iwm.

generator/jenareytar/ (n) motoor-ky dabky amy korontythy dheliyaw.

generous/jeneras/ (adj) saghawy eh, galang furung.

generosity/jenarosati/ (n) saghaawynymy.

genetic/jenatik/ (adj) issirky amy firky la hariiry.

genetics/jenatiks/ (n) barashoothy issirky amy firky.

genitals/jenitals/ (n) hubno dhal-meethy.

genius/jiiniyas/ (n) maghuuf (qof hindhy furung).

gentle/gental/ (adj) 1. hannuung turaw, naaris leh. *Be gentle with the baby.* 2. nughul.

gentleman/jentalman/ (n) lang akiyaar eh.

genuine/jeniwan/ (adj) dhab eh, rung eh.

geography/jiyografi/ (n) jogharaafi (barashoothy arlaathy, dhulky).

geographical/jiyoografikal/ (adj) joghhraafi eh.

geology/jiyoolaji/ (n) jiyoolojy, ilmyghy qaabky dhulky ing suubsygny iyo taariikdiyo, sithy shiido, ma'aathinty i arraathy.

geometry/jiyaametri/ (n) joometri (ilmyghy hisaabty).

geriatric/jeriyaatrik/ (adj) wal waayeelnymy la hariiry.

germ/jerm/ (n) jeermis (nooly yer oo bushy wed eh).

germinate/jermaneyt/ (v) fiithow, boghondhowow.

germination/germaneyshan/ (n) boghondhow.

gesture/jesjar/ (n) 1. meerar. 2. wal qofky suubiyaw oo dereenshey ky eddaayaw. (v) 3. meerarow.

get/get/ (v) 1. helow. 2. sheenow, ha qobythow. *Can you please get me that book?* 3. seethow, kooyow. 4. haathow, naghythow. *He is getting taller.* 5. qan'iyow. 6. haleelow (jirry ky dhiyow). *He is getting sick.* 7. gorothow, kasow. *He is not getting it.*

get away with/get awey with/ (v) ku fokythow. *He should not get away with cheating.*

get by/get bay/ (v) ku moothow (ky noolathow).

get on with/get on with/ (v) ly withaayow.

get out of/get awt of/ (v) 1. usku reebow,

usku dhaafow. 2. hoog hangky biyow. 3. ku faa'itheeysithow.

get over/get owver/ (v) ku faaysythow. *He is getting over the flu.* 2. dhammaayow.

get through/get thru/ (v) 1. moothow (bormoosow). 2. telefoong kylly hariirow.

ghastly/gaastli/ (adj) hannuung hung, wal luku nahy eh.

ghost/gost/ (n) hethy, reer aakiraad.

giant/jaayant/ (adj) meel feddy dhong (hanuung wiing).

gibberish/gibarish/ (n) doo ing jerny (fasuu).

gibbon/giban/ (n) daangjheer galgny dhedheer oo dubny ing lahaayny.

giddy/gidi/ (adj) wereersyng.

giddiness/giddiness/ (n) wereer.

gift/gift/ (n) 1. haddiyi. 2. hiby (wal qofky ing dhalythy).

gigantic/jaaygaantik/ (adj) eed ing wiing.

giggle/gigal/ (v) koothow kiik-kiik leh.

gill/gil/ (n) meelly malalaayky mundhuluf amy sambab ing eh oo ku neefsythaw.

gilt/gilt/ (adj) deheb ky dheehyng.

gimmick/gimik/ (n) tab qofky lahang jiithythaw (tab kiyaany ky jerty oo qofky wal lyky jeelaysiyaw). *An advertising gimmick.*

gin/jin/ (n) kamry muthub laang eh.

ginger/jinjer/ (n) 1. sanjabiil. 2. muthubky asally.

gingerbread/jinjerbred/ (n) doolshy amy buskud sanjabiil lyky uthujiyi.

gingerly/jinjerli/ (adv) usku jer leh, tahathyr leh, qummaaty eh.

giraffe/jeraaf/ (n) gery.

girl/gerl/ (n) geber.

gist/jist/ (n) wala ingky dorong amy ingky muhimsyng.

give/giv/ (v) 1. siyow, biyow. 2. ky weelow, ky dhiyow amy ky

rithow. *This gives a headache.* 3. jhabow amy laabbymow. *We pushed hard against the door, and at last the lock gave.*

give in/giv-in/ (v) is-dhiibow. *Her dad finally gave in and said she could have some ice cream.*

give out (v) hethow (qiibiyow). *They are giving out free food.*

give up (v) quursythow, uskully herow, usku dhaafow.

give way (v) 1. ku birimow. *Give way to the people.* 2. jhabow, dumcw.

glacier/gleyshar/ (n) baraf mug bathyng oo buurty jhiirtiyi si qummaaty eh ingky qulqulaw.

glad/glaad/ (adj) fehemooysyng, farahsyng.

glamour/glamor/ (n) ha jiithyshy (wal dad hajiithythaw). *The glamour of the town.*

glamorous/glamaras/ (adj) ha jiithyshy leh.

glance/glaans/ (v) deyow (yoow fiiriyow).

glance/glaans/ (n) deymy.

glare/gleer/ (v) hindhy ky gubow (si hung ing fiiriyow). 2. aftiimow (aftiing biyaw). *The sun glared at our faces.*

glass/glaas/ (n) 1. dhaly. 2. koob, bukeery. 3. bildeey (muraayi).

glasses/glaasis/ (n) ookiyaaly.

glaze/gleyz/ (v) 1. dariishy dhaly giliyow. 2. wal nuuraw ky dheehow (wal dhilaalaw kor mariyow). *She glazed the donut.*

gleam/gliim/ (v) dhydhilaalow, nuurow.

glee/glii/ (n) kood i farah.

glen/glen/ (n) bohol, waathy (weby yer).

glide/glaydh/ (v) ky silaaharrow. *The dancer glided on the ice floor.*

glider/glaydhar/ (n) dayuury yer oo motoor laang eh amy debeelly ky buubaasy.

glimmer/glimar/ (v) aftiimow ing bathynaayny.

glimpse/glimps/ (v) deyow yer (wal yer ly araghy). *I glimpsed him running into the crowd.*

glisten/glisan/ (v) biryghow (aftiingky oo ha nanaghythy).

glitter/glitar/ (v) 1. dhimbiloowow, dhidhilaalow (biryghow). (n) 2. wal dhimbil haang ing dhilaalaw oo bilow lyng etheegsythaw. *We put the glitter onto her wedding clothes.*

global/gloobal/ (adj) adduungky.

globe/gloob/ (n) sheey boloony haang eh oo adduungky dhong lyky abtughy.

gloom/gluum/ (n) 1. aftiingky ky yer (mogdy eh). 2. murug. *Filled with gloom.*

gloomy/gluumi/ (adj) mogdy eh.

glorious/glooriyas/ (adj) 1. libyng. 2. hannuug suurud leh, eed ing wiing, ajaa'ib leh (maasha Alla eh).

glory/gloori/ (n) 1. sharaf. 2. suurud.

gloss/gloos/ (n) dhidhilaal (nuur).

glossy/gloosi/ (adj) sulub-sulub eh.

glove/gloov/ (n) galang-gally (maghaar amy kar oo galgna ly gallythaw oo dhahanty iwm. reebaw amy lukuky dhoorsythaw).

glow/glo/ (v) shithimow, gubuthow oo oog amy olol laang eh. *The coal glowed in the dark.*

glucose/glukows/ (n) sokorty dabi-i'ighy eh oo luku helaw korky banii'aadanky, hoola i geetho.

glue/gluu/ (n) 1. koolly. (v) 2. ky dhejiyow.

glum/glam/ (adj) qalby-jhabsyng, niyi-jhabsyng. *He looked glum after he lost the race.*

glut/glat/ (n) wal hannuung bathyng. *A glut of food.*

glutton/glatan/ (n) qof dhuuny eh (lang hung-gury wiing).

gluttonous/glatnas/ (adj) dhuuni eh.

gnat/nat/ (n) dhuug.

gnaw/noo/ (v) alaaliyow, ky dhedheghow.

go/goo/ (v) 1. bahow, tabow, dereerow. 2. ing jeethow. *This line goes from east to west.* 3. naghythow, doorsoomow. *The food went bad.* 4. shaqeeyow. *This car does not go.*

go after/goo-aftar/ (v) weydiyow, raathiyow, saang rahow.

go around (v) 1. fithow, wereeghow. 2. kifaay naghythow (ky filinaathow). *I hope the cake is big enough to go around.*

go off (v) 1. qarhathow. 2. bololow. *The fruit has gone off.*

go on (v) 1. wethow, dereeriyow. 2. daldalymow. *She goes on and on about herself.*

goal/gool/ (n) 1. toogty amy goolky dheelly. 2. tiigsy, toog, qessed.

goat/gowt/ (n) eryng.

gobble/gobal/ (v) hung-gury boobow.

God/gadh/ (n) Eeby, Waaq, Ilaa-hey.

goggles/gogles/ (n) *pl* okiyaalyghy biyo, busty iwm luku gallythaw,

gold/gold/ (n) 1. deheb. 2. muthubky dehebky.

golden/golden/ (adj) 1. deheb ku suubsung. 2. muthubky dehebky leh.

goldfish/goldfish/ (n) malalaay muthubky dehebky leh oo itho lyky hanaanoyaw.

golf/goolf/ (n) dheel oo boloony yer ul lyky dhowaw oo bogsymy dhulky eh lyky shiishaw.

gondola/gondola/ (n) doong dhuubung oo keliya ini lyky mary lyng etheegsythaw.

gondolier (n) qofky doongty wethaw.

gone/goon/ (v) *go* oo fal laha moothi eh.

good/guud/ (adj) 1. feyly. 2. ing roong, ing feyly, faa'ithy ing leh.

goodness/guudnes/ (n) sammaang leh.
good afternoon/guud aftarnuun/ (n) galab feyly.
good-bye/guud-baay/ (n) nebetheey (nebetha isky og'ny).
good evening/guud ivinin/ (n) hammiing feyly.
good-looking/guud-lukin/ (n) suurud bathang.
good morning/guug-moonin/ (n) hiraab feyly.
goods/guuds/ (n) 1. alaab. 2. ror.
goose/guus/ (n) booly-booly.
goose bumps/guus bamps/ (n) shapiikty korky haku bahaasy gothob haang maddi qofky dhahamoothy amy obsythy.
gore/goor/ (n) dhiiggy nibirky oo harkaksyng.
gorge/goorj/ (n) 1. waathy (kely) dhuubung. (v) 2. hung-gury isky haabiyow. *He quickly gorged the food.*
gorgeous/goorjas/ (adj) hannuung suurud leh.
gorilla/gorila/ (n) goriilly (daanjherky ingky wiing oo Afriky luku helaw).
gory/goori/ (adj) rabshy leh. *A gory story.*
gosling/gosling/ (n) booly-booly yer.
gospel/gospal/ (n) Injiil (qiib ku mid eh kitaabky naby Iisy).
gossip/gaosap/ (n) 1. hang (qof eleeyi wal hung ku sheeghow). (v) 2. hammythow.
got/got/ (v) *get* oo fal laha moothi eh.
govern/gavern/ (v) hukumow (waddang hukumow).
governer/gavarnar/ (n) haaking gobol (guddomiye gobol).
government/gaverment/ (n) dowly (duulky dalky amy waddanky ing teliyaw).

gown/gawn/ (n) 1. ibbeer bilaamed. 2. qamiis holofholof eh oo hirithaayang qaallighy, maallingky, kuttaabty jaama'addy leeyeng. 3. ibbeer-jhiif bilaameed.
G.P. (n) 1. *general paractitoner* oo laha gaabiyi. 2. taktarky olloggy amy reerky oo uthurrythy katarky ing haayny daaweyaw.
grab/grab/ (v) dafow.
grace/greys/ (n) 1. haaned, ajaa'ib, hashaash. *Danced with grace.* 2. naariis. *The grace of Allah.* 3. derjy ii etheb. 4. do'aathy aamisty (do'aathy marky wal ly aarry ly do'aaysythaw sithy Muslynky amy aamisty ku hor ly do'aaysithaw sithy gaalat-hy.
graceful/greyful/ (adj) gaaddy-gaaddy, garab-rid (haaned ing dereerow).
grecious/greyshas/ (adj) 1. derjy i naariisby leh. *Gracious family.* 2. raahy nololeed oo
tanaadnimmy lyky deery.
grade/greydh/ (n) 1. darajy (heerky qofky amy sheeyky roog'ny). *Grade A eggs are the biggest.* 2. darajythy imtihaangky.
gradient/greydiyant/ (n) heerky deghaandeggy.
gradual/graajuwal/ (adj) qummaaty eh, tartiib-tartiib eh.
graduate/grajuweyt/ (v) 1. qeerdhow, qalang-jhibiyow (dugsy, jaama'a iwm. leeyow). (n) 2. qofky qalang-jhebiyi amy qeertis ly dhowi.
graduation/grajuweyshan/ (n) qeerdhow.
graffiti/grafiti/ (n) derby wal hung lyky dhikki amy lyky abtughy.
graft/graft/ (v) 1. geed isky tillaalow amy isky biyow. 2. maghaarky

95

amy lafty qofky meel kely lyky kaby. (n) 3. tillaal.

grain/greyn/ (n) 1. haliing sithy misghy, galley iwm. 2. jhariir. *Grains of sugar.*

gram/graam/ (n) beeggy (ibbirky) uleesky. hal kg = 1,000 graam.

grammar/graamar/ (n) nahwy.

grammatical/gramaatikal/ (adj) 1. wal ilmighy nahwyghy ly hariiry. 2. wal nahwy hang sah eh.

granary/greynary/ (n) bakaar (meelly misgeethy ly giliyaw).

grand/graandh/ (adj) 1. hannuung wiing. 2. hannuung feyly.

grandchild/graanjayld/ (n) unuggy, unugty oo obow amy obooy lyng eyi.

granddaughter/graan-dootar/ (n) unugty oo obow amy oboy lyng eyi.

grandfather/gran-fathar/ (n) obo-ow.

grandmother/graanmathar/ (n) obooy.

grandparent/graan-parent/ (n) oboow amy obooy.

grandson/graan-san/ (n) unuggy oo oboow amy obooy lyng eyi.

grandstand/graan-staandh/ (n) kuraasty wal lyky fiirsythaw sithy haang goob-dheeleedky (isbartiibithy) iwm.

grant/graant (v) 1. siyow, ething, oggolaathow. *He was granted permission to stay in the country.* 2. ky rahow, ly rahow. (n) 3. dhoorty (beesy, maal iwm. oo dang goony eh lyng dhiiby.

grape/greyp/ (n) inab.

grapefruit/greypfurut/ (n) bambeelmy.

graph/graaf/ (n) musawir lyky eddaayaw tiry amy qiimy.

graphic/graafik/ (adj) 1. eed ing ed amy bayaang ing eh. *A graphic description.*

grasp/graasp/ (v) 1. dhabsiyow, haayow (eed ing qobythow). 2. gorythow, kasow.

grass/graas/ (n) ees.

grasshopper/garashopar/ (n) kathallaang.

grate/greyt/ (v) 1. sughaar (hungguryghy oo eed lyng gogooyi amy eed lyng yeyeraayi). (n) 2. shabaggy dabky ly saaraaw sithy foornythy, tinaarky iwm.

grateful/greytful/ (adj) mahadnag leh. *I am grateful to him for fixing my car.*

gratitude/gratityuud/ (n) mahadnag.

grave/greyv/ (n) 1. howaal, qabry. (adj) 2. eed ing dorong. *A grave situation.*

gravel/graval/ (n) jay (shiido yeyer oo jid lyky dhisaw).

graveyard/greyv-yard/ (n) howaalo, qabriya.

gravity/graviti/ (n) 1. hajiithyshy-thy dhulky. 2. wal eed ing dorong.

gravy/greyvi/ (n) fuud.

gray/grey/ (n) 1. muthub eddaang i mithoow isky jery eh (muthubky irroothy). 2. irri. (adj) 3. irrooly.

graze/greyz/ (v) 1. daaghow, daajhiyow. 2. hoolymow, fiighymow. *He grazed his elbow badly when he fell off the bike.*

grease/giriis/ (n) ooliyi amy garaassy, jiffy iwm.

greasy/griisi/ (adj) jiffiisyng.

great/greyt/ (adj) 1. hannuung bathyng amy wiing. 2. muhiim eh. 3. hannuung feyly. *Great story.*

greedy/griidi/ (adj) hung-gury wiing, dhuuni eh.

green/griin/ (n) 1. aghaar. 2. dhul aghaar amy ees leh. (adj) 3. aghaar eh.

greenhouse/giriin-haws/ (n) ming dhaly ku suubsyng oo geethy lyky hanaanoyaw.

greenhouse effect/giriin-haws efekt/ (n) ifky (dhulky) oo kaluulathy, taasoo sabab lyngky weelaw iriithy oo geereng gaasys (uung) sithy *carbon dioxide*.

greet/griit/ (v) salaamow.

greeting/griitin/ (n) salaang.

grenade/greneyd/ (n) bambythy galanty.

grew/gruu/ (n) *grow* oo fal laha moothi eh.

grief/griif/ (n) murug dorong.

grieve/griiv/ (v) murughow.

grill/gril/ (v) 1. dubow, solow. (n) 2. shabaggy wala lyky solaw amy lyky dubaw.

grim/grim/ (adj) 1. naaris ing lahaayny, qabiidnimy leh. *A grim face*. 2. ing feylyhaayny, lyng jeelathaany.

grime/graym/ (n) dhusug.

grimy/grimi/ (adj) dhusug leh.

grin/grin/ (n) 1. kood dorong. (v) 2. eed ing koothow.

grind/graynd/ (v) shiithow.

grip/grip/ (v) dhabsiyow (eed ing qobythow).

gripping/griping/ (adj) ha jiithyshy leh. *A gripping novel*.

gristle/grisal/ (n) hijhiyi.

grit/grit/ (n) washaag.

groan/grown/ (v) 1. jibeethow. (n) 2. jibeed.

grocer/groser/ (n) dukaanley.

groceries/groseris/ (n) *pl* alaabty dukaanky lyky gathaw (bathee'othy).

groom/gruum/ (n) 1. qofky feristy ilaaliyaw amy mas'uul ku eh. 2. ighaarky oroosky eh amy maddaasley wal oroosy. (v) 3. hooly amy haywaang nathiifiyow.

groove/gruuv/ (n) tarriig, dhambal.

grope/groop/ (v) tataabbythow, dadaarow. *He groped for the alarm clock in the dark*.

gross/groos/ (adj) 1. sy hung ing kulus. 2. eed ing hung. 3. etheb dorong, dhab'y hung. 4. tul, jumly (isky darsyng), walby lungku gooyny. *Gross salary*. (n) 5. tummung i lammy dersyng, 144.

grotesque/growtesk/ (adj) fool hung.

grotto/grotow/ (n) god yer.

ground/grawndh/ (n) 1. dhullaawty (dhulky). 2. dhul wereegsyng amy meel moo-reysyng. 3. sabab, qiil. (v) 4. *grind* oo fal laha moothi eh.

group/gruup/ (n) duul (dad is leh).

grove/groov/ (n) geethy isly baheeng (geethy is leh).

grovel/groval/ (v) eed ing derjaayaw (qedderiyow).

grow/grow/ (v) 1. korow, wiinathow. 2. naghythow, haathow. *He is growing smarter*.

grow up/grow-ap/ (v) barbaarow.

growl/grawl/ (v) qanuuniyow, jibeethow.

growl/grawl/ (n) jibeed.

grown-up/grown-ap/ (n) tabar gallyng, baalug eh (qaan-deer eh).

growth/growth/ (n) 1. korow. 2. wal fing haang eh oo korky korshey amy guthaasheyby haku bahy kory.

grubby/grabi/ (adj) dhusug eh.

grubbiness/grambines/ (n) dhusug.

grudge/graj/ (n) 1. dhirif amy kahad qof lyng qoby. *They held a grudge against each other*. (v) 2. ing dhirifsynaathow.

grueling/gruling/ (adj) dhib i rafaad bathang.

grumble/grambal/ (v) owaathow, qanuuniyow.

grumpy/grampi/ (adj) dhirif dhow, dhab'y hung.

grunt/grant/ (v) guuhow, qanuuniyow. *She grunted to show her approval*.

guarantee/gaarantii/ (n) ballangqaad
sithy maddi sheey hallaawy ly
suubiyaw amy ly beddelaw.

guard/gaard/ (v) 1. dhoorow, ilaaliy-
ow. (n) 2. qofky wal dhooraw
amy ilaaliyaw.

guardian/gaardiyan/ (n) qof ow-laad
usy ing dhalny masuul ku eh.

guerrilla/gurilla/ (n) shufty, jabhad.

guava/guwava/ (n) seytuung.

guess/gas/ (v) taawiyow, maleeyow.

guest/gest/ (n) marty.

guide/gaaydh/ (v) 1. toosiyow,
tilmaamow, shal horow. (n) 2.
qofky dadky toosiyaw amy
tilmaang siyaw. 3. buuggy
tilmaanty.

guidebook/gaaydhbuuk/ (n) buu-
ggy tilmaanty.

guide dog/gaaydh doog/ (n) eey
wethaw qofky hindhoolky eh.

guillotine/gilotiin/ (n) 1. mashiing
leh toorry oo dadky mathyghy
lukuky gooyaw. 2. mashiing leh
toorry oo haanshiya lyky gooyaw.

guilty/gilti/ (adj) dembiily eh, demby.

guilt/gilt/ (n) eeb (dereeng eebeed),
demby.

guitar/gitaar/ (n) kabang.

guitarist/gitaarist/ (n) kabangly.

gull/gul/ (n) shimbir maagny oo
wiing.

gulp/galp/ (n) yoow dhunjhiyow.

gum/gam/ (n) 1. irrit. 2. koolly
(habky). 3. shiil.

gun/gan/ (n) bantuug (qory).

gunfire/ganfayar/ (n) qarahy hab-
baddy (edky habbaddy).

gurgle/gurgal/ (v) biyo maddi
qulqulang oo waany edsho ly
dheegy sithy 'bululuuu'. *The water
gurgled when it went down to sink.*

gush/gash/ (v) dereer biyi oo ded-
deg eh.

gust/gast/ (n) hangfar hoog ing-bidaw.

guts/gats/ (n) pl 1. mindheer. (infl) 2.
dhiirrynaang.

gutter/gatar/ (n) 1. masharaf (biyi-
mar oo biyo roobky maraay-
ang, goony hang minitte
kugdiyo amy jithytte geesjho). 2.
hantiir (nolol faghiir).

guy/gaay/ (n) 1. lang, reg amy ighaar.
2. qof (meghel amy bilaang).

guzzle/gazal/ (v) hung-gury isky
haabiyow.

gym/jim/ (n) *gymnsium* oo laha gaabiyi.

gymnasium/jimneysiyam/ (n) goob-
ty dhydhiinsyshythy (alalamiin-
tythy).

gymnast/jimnaast/ (n) qofky dhyd-
hiinsythaw (alalymiinteyaw).

gymnastics/jimnaastiks/ pl 1. dhyd-
hiinsyshy. 2. dheelly dhydhiin-
syshythy.

gypsy/jipsi/ (n) reer baadiyi oo
Yurub ky nool.

H

H,h/eyj/ harafky siyeedaad oo farty
Ingriisky

habit (n) 1. aathy. 2. ibbeerky soory-
thy amy monkyghy.

habitual/hapijual/ (adj) 1. aathy eh.
2. aathy ky dhikyshy.

habitable/habitabal/ (adj) ly deghy kory.

habitat (n) degaang.

hack/haak/ (v) 1. gooyow. 2. qory
(kaatib) inisky murjiyany tayidy
wala usy qoraw.

hacker/hakar/ (n) tuug (lanky wararky
kompiyuutarrythy booliyaw).

haggard/haagard/ (adj) il-hung,
nooggyng.

hail/heyl/ (n) 1. baraf (shiid baraf oo roob hang in qubythaw). (v) 2. heethiyow (galynty ing teegow). *We hailed a taxi.*

hair/heer/ (n) ting.

haircut/heer-kat/ (n) leeg-jher, qoor-jher, jeeghy hiir.

hairdresser/heer-dresar/ (n) tin-tuury (qofky timo tuuraw).

hair-raising/heer-reysin/ (adj) obsy leh, obsy tinty ly surumaasy.

hairy/heeri/ (adj) tin bathang, tin ky doboolyng. *Hairy chest.*

half/haaf/ (n) nus, ber.

hall/hool/ (n) 1. qol wiing. 2. daashky mingky (maraaghy minky amy qolylky).

Halloween/haalawiin/ (n) hamiinky Oktoobar 31 ety. Geekky mar-rithy dadky bershey way aamin-synaayena ing hethy ha bahy jerty hamiinkas. Hatty ariigno ye wereegayaang yoogho lebbes koo nahiyaw guntung, way arursythaayana naana.

hallucinate/haluusaneyt/ (v) miir tabow, sakraamow.

halt/hoolt/ (v) roojiyow, surumiyow.

halve/haav/ (v) dhatty ku dho-wow, dhambalow.

ham/ham/ (n) so kerkerry.

hamlet/haamlit/ (n) buuly, gere-ery.

hammer/haamar/ (n) burdhis, buris, dubby. (v) 2. burusow (burdhis ky dhowow). 3. hoog ing kowd-howow. *He hammered on the door.*

hammock/haamak/ (n) sariir-duu-fiyow (sariir shabaq amy mary ku suubsyng, lamy geed dhatiyo ku lalmyty).

hamper/hamper/ (n) dambiil wiing dobool leh. (v) 2. hayirow; hal-laayow. *She tried to run but was hampered by her high heels.*

hand/hand/ (n) 1. galang. 2. tilmaameghy saa'addy (galanty saa'addy). (v) 3. dhiibow (galang ingky dhiibow). *Please hand me that cup.* 4. kaalmeyow. *To give somebody a hand.* 5. turubky galan-ty ky jery inty dheelly dereerty

handbag/haand-baag/ (n) boorsy-galang

handcuffs/hand-kufis/ (n) katiiny.

handful/hand-ful/ (n) 1. galang mujje. 2. duul gaabyng(dad ing bathynaayny; dad yer). qof rab-shy bathang. *Her youngest son is quite a handful!*

handicap/haandikap/ (n) 1. boos, naaffy (lang wal ing dhymygniing). 2. boosnymy beddyng amy aqli eh.

handicraft/haandikraft/ (n) sanaa (sanaathy galanty).

handkerchief/haankrajif/ (n) fesse-leety, sefeleety.

handle/haandal/ (n) 1. siddy, galang ky qaad. *It's fragile, please handle with care.* (v) 2. wal ky qobythow.

handlebars/haandal-baaris/ (n) shukaanty bushkeleetyghy amy mootothy.

handsome/haansam/ (adj) suurud leh (gothob hang meghel suurud bathang).

handwriting/haandraaytin/ (n) galang ky dhikyng (far galang ky abtughyng).

handy/haandi/ (adj) 1. etheegsho sehlygny. *A handy tool.* 2. sanaathy ky feyly. *She is handy with a screwdriver.*

hang/haang/ (v) raarahow, lalmythow.

hang around/haang-arawnd/ (v) deddereerow, susurumow.

hang on (v) sughow, koroothow (koroyby, sugby).

hang up/haang-ap/ (v) telefoon dam yow.

hangar/hangar/ (n) garaaj dayuury.

hanger/hangar/ (n) takabaang, tabakaang.

happen/haapan/ (v) dhiyow.

happening/haapanin/ (n) wal dhiyi amy dhiyaw.

happy/haapi/ (adj) farahsyng, lyky farahaw.

happiness/happinas/ (n) farah, maqsuuc.

harass/harraas/ (v) ketheed, fathuuliyow (dhibow daa'ing eh).

harbor/harbar/ (n) 1. furdy. (v) 2. ha dho waayow, qariyow, meghyngiliyow.

hard (adj) 1. kakyng. 2. dhib bathang. *This homework is really hard* (n) 3. naaris ing lahaayny.

hardback/hard-bak/ (n) buuk salabeeysyng.

hard copy/hard-kopi/ (n) war kompiyuutar lahaku daaba'i.

hard disk (n) ajal (aglyghy kompiyuutarky).

hardly/hardli/ (adv) heerhaang, si dhit leh.

hardware/hard-weer/ (n) aghal sanaaheedky ruungky. 2. kompiyuutar alaabtis.

hare/heer/ (n) bakayly, saghaary.

harm (v) wal weelow; wal hallayow, wal deerow.

harmless (adj) dhib ing lahaayny (katar ing haayny).

harmony/harmani/ (n) 1. lahang muusiky. 2. hellis eh.

harness/harnis/ (n) 1. suung hakamy (her gaangky ferisky).

harness/harnis/ (v) 1. hakamy. 2. tabar ku dheliyow sithy wetyghy koronty luku dheliyi iwm.

harpoon/harpuun/ (n) waryng goony ing eh dilky huutky amy nibirighy.

harsh (adj) naaris ing lahaayny.

harvest (n) beer-gooymy (wali beerty laha ku gooyi).

hassle/haasal/ (n) 1. murung, rabshy (v) 2. dhibow.

haste/heist/ (n) kuur, kabaal.

hasten/heysan/ (v) deddejhiyow (boobsiyow), kabaalow.

hasty/heysti/ (adj) 1. deddeg. 2. deddejhiis.

hat (n) sunny, tarbush, koofiyi.

hatch/haajh/ (n) 1. jhyryng, tarriighyng (afaaf yer oo ilbeebyng). (v) 2. bogsythow (doory ukuntiye bobogsity). 3. mu'aamary.

hatchback/haajhbak/ (n) baabur ilbeeb kor ing furymaw gedaal ku leh.

hatchet/hatjit/ (n) misaar daab gaabyng.

hate/heyt/ (n) neebang (kahat).

haughty/hooti/ (adj) kibir, isly wiiny (lang is mejjerrythy).

haul/hool/ (v) wal ulus jiidow amy qaadow.

haunt/hoont/ (v) meel hethy i reer aakyraat haky hooyithaayang.

haunted/hoonted/ (adj) ruung reer aakyraat.

have/haav/ (v) 1. lahaashy. *I have a new car*. 2. qabow. *I have a bad cold*. 3. laasim. *I have to go*.

haven/heyvan/ (n) meel nebedeed, meel neebsy.

havoc/haavak/ (n) burbur (meel heer ii naamus ing lahhayny).

hawk/hook/ (n) hufow (shimbir wal geedasy, waany dilaasy).

hay/hey/ (n) ees (goony hang ees enjeghi, hoola lyng farjhiyaw).

hazard/hazard/ (n) 1. katar. (v) 2. katar giliyow.

haze/heyz/ (n) kiyaary ing haayny.

hazy/heyzi/ (adj) mogdy-mogdy eh.

hazel/heyzal/ (n) 1. geed dhalaw meraaghy ly erraw *hayzalnat*. 2. muthub aghaar berahing eh.

head/hed/ (n) 1. mathy. 2. aaw (barbaar aawshey). 3. koow. *The head of a list.* (v) 4. hor-dereery. 5. ber injeedow. *We are heading home.* 6. mathiyeey-ow, mathy ky dhowow (booloony mathy ky dhowow). *Header.*

headache/hedeyk/ (n) mathy-dhuury.

heading/hedin/ (n) inwaangky mawduu'y.

headlight/hedlayt/ (n) baaburky nalshey hor eh.

headline/hedlayn/ (n) 1. mawduu' asaasi eh (mawduu' ky yaaly boggy koowaat ee joornaal). 2. warky muhimky eh ee ithaa'addy.

headphones/hedfownis/ (n) aalyt lyky dhughunsythaw raadiyi iwm. (aalyt mathyghy ly gallythaw wethyty shey dhegha ly gallythaw si lynky dhughu-nsythy raadiyi iwm)

headquarters/hedkuwoortars/ (n) saldhig.

headmaster/hedmastar/ (n) diritoor iskool.

headway/heweey/ (n) hormar, tad-hawwur.

heal/hiil/ (v) fiyaawathow, faay-sythow.

health/helth/ (n) fiyaawang.

healthy/helthi/ (adj) fiyaaw (bushy ing qabny).

heap/hiip/ (n) tuurung, goroor, raaryng; raseysyng.

hear/hiyar/ (v) dheeghow.

hearing/hiyarin/ (n) 1. dhughynsy (dheg ky dheeghow). 2. mahkamy saaryng.

hearse/heersi/ (n) baabur-mijid (baaburky mijidky lyky qaad-aw).

heart/hart/ (n) 1. wenny. 2. dereeng. 3. asaas, ingky muhimsyng. 4. geessynnymy. 5. baal turub oo ky musawiryng summud wenny.

heart attack/hart-attak/ (n) wenny-fidhy, wenny-surung.

heartbreak/hart-breek/ (n) natyng wiing, qalby-jhab, wenny-kurkur. (adj)

heat/hiit/ (n) kaluul.

heater/hiitar/ (n) kaluuliyi.

heave/hiiv/ (v) qaathow, jiithow amy gemow oo hoog eh.

heaven/heven/ (n) 1. jinny. 2. ir.

heavy/hevi/ (adj) ulus. *This container is heavy.*

hectare/hekteer/ (n) ibbir-dhul ly jing eh 10,000 mitir oo wereeg eh.

hectic/hektik/ (adj) hekaar (shaqy bathang).

hedge/hej/ (n) bood, ood oo geed nool eh.

hedgehog/hejhog/ (n) hinjyny-dhul (kuuley alyng berdy).

heel/hiil/ (n) 1. irib. 2. iskaalsythy iribty doboolasy.

hefti/hefti/ (adj) wiing, hoog bathang. *A hefty man*

heifer/hefar/ (n) ibeer (hal amy sa ing ringny).

height/hayt/ (n) dhiirir.

heir/eer/ (n) dhahaly (qofky boghyrnymydy dhahal ing leh).

helicopter/helikoptar/ (n) helikoptar (dayuury qummaaty ing kahaasy).

hell (n) naar.

helm (n) shukaanty markabky.

helmet/helmit/ (n) sunny amy duub bir eh.

help (v) 1. kaalmeyow (n) 2. mu'aawany.

helpful (adj) wal tar leh (kaalmy leh).

helpless/helplas/ (adj) tabar haayty (galang ing baahyng).

hem (n) gon (karky daraftiis ly gommy).

hemisphere/hemisfer/ (n) dhulky nusjhey. *The eastern hemisphere.*

hen (n) doory.

hence/hens/ (adv) 1. saas hejje, saas daraaddiye. 2. hatty ku reed, ba'dishe (hatty wali ku dombooyi).

herald (n) 1. summud. 2. sahang amy lang war ku wedy boghorky.

herb (n) hawaajy, geethy-geethy. (geethy hung-guryghy lyky kariyaw, bersheyny lysky daawayaw).

herd (n) foof (hooly isly daagh-aw).

here/hiyer/ (adv) meellung, inty.

hereditary/heredateri/ (adj) dhahal.

heritage/heritij/ (n) dhaghyng (wal ab i isir ha jereeng).

hermit (n) lan-shely (lang kalwy ky jery).

hero/hirow/ (n) geessy.

heroic/hirowik/ (adj) geessy eh.

heroism/hirowism (n) geessinnymy.

hesitate/hesateyt/ (v) dammaghow, shakiyow, lammy lammaayow.

hesitant/hesitant/ (adj) daagsyng.

hexogon/heksagon/ (n) li geesly.

heyday/heyday/ (n) gee-sammaad (ammyngky ingky feyly).

hibernate/haybarneyt/ (v) fasally, fasal is qariyow (hundurow fasalky qoboobky). **hibernation**/haybarneyshan/ (n). is qaris.

hiccup/hikap/ (n) hiqqy.

hiccough/hikaf/ (v) *hiccup* heggaadiye kely.

hide/hayd/ (v) 1. kaayow, is-qariyow. 2. dhuumythow. 3. maghaar hooly.

hideous/hidiyas/ (adj) eed ing suuruddoryng, eed ing hung

hieroglyphics/heyroglifiks/ (n) farty massaaridy hory (musawirry matilaayang kilmy amy ed)

high/hay/ (adj) 1. kor, dheer 2. gob. *High society*

highlight/haylayt/ (n) 1. sheeyghy meelly ingky feyly. *The highlight of our vacation was a ride in helicopter.* (v) 2. muhimky tilmaamow. 3. summuthow amy alaameyow meelo muhimky eh.

highway/haywey/ (n) jid-gaal wiing.

hijack/hayjak/ (v) afduubow goony hang dayuury amy baabuur.

hike/hayk/ (n) dereer dheer.

hill (n) buur, kuur.

hilt (n) daabky waranky amy seefty.

him (pron) usy.

hinge/hinj/ (n) kaby (biry amy geedy lys giliyaw si ilbeeb amy dariishy lyng suubiyi).

hint (n) serbeeb, kor-mar (hathal sithy lyng ery ing haayny).

hip (n) bood.

hippopotamus/hipapatamas/ (n) jeer.

hire/haayar/ (v) qorow (shaqy siyow).

his (pron) walaashey.

hiss (v) 1. ed hiing hang eh 2. kushug, qanuuny.

historian/histooriyan/ (n) taariikly.

historic/histoorik/ (adj) taariiki eh.

historical/histoorikal/ (adj) taariik eh.

history/histari/ (n) taariik.

hit (v) 1. ky dhowow amy kowdhowow (n) 2. aang eh, mashuur.

hitchhike/hijhayk/ (v) baabur bilaash ky rahow.

HIV/ej-aay-vi/ (n) way lahuku gaabiyey: *human immunodeficiency virus.* Way ing dhikenta jeermighy sheenaw bushyghy AIDS.

hive/hayv/ (n) dool, doghooshyng, ming-shiny (meelly shiniidy malabky ky suubiyaasy).

hoard/hoord/ (n) kaay.

hoarse/hoors/ (adj) hebeeb.

hoax/howkis/ (n) beeng (kathaa'ib).

hobble/hopal/ (n) kutub, tataagsy (tartiib ing dereerow marki luty dheeby ku ety amy eed ing jirynty waany dereerasy).

hobby/hobi/ (n) hiwaayi (wal langky jeeli ing usy suubiyi firaaqydiis)

hockey/haky/ (n) haagdy amy boloony-ul.

hoe/how/ (n) yeemby.

hog/hoog/ (n) kerkerry dhuffaang eh.

hold (v) 1. qobythow. *We are holding a party tonight*. 2. haayow. *The police are holding a man for questioning*. 3. mug qaadow. *How much does this bottle hold*? 4. galang ky haayow.

hole/howl/ (n) bogsyng. *There s a hole in my pocket.*

holiday/holiday/ (n) iid amy feesty.

hollow/hallow/ (adj) 1. goof. 2. sheeb.

holster/howlistar/ (n) gal-bastooly.

holy/holi/ (adj) muqaddas eh, barakaaysyng.

home/howm/ (n) ruung, ming (meelly qofky ky nooli).

homeless/howmles/ (adj) minglaawy, meel ing-deggynaayny.

homesick/howmsik/ (adj) hiloow.

homework/howmwork/ (n) hoolming.

homosexual/howmasekshuwal/ (n) kaniis, meghylow bilaang-bilaang.

honest/onist/ (adj) lillaahi eh.

honey/hani/ (n) 1. malab. 2. mayow, mayeey (hathal ly eraw qof ly jeely).

honeycomb/hanikowmb/ (n) kabyr shinny.

honeymoon/hani-moon/ (n) oroosgal (muddunty oroosky ingky feyly), tothobaad.

honor/onar/ (n) 1. sharaf. (v) 2. derjeeyow, hurmeeyow. 3. abaal mariyow. 4. ballang- fuliyow.

honorable/onarabal/ (adj) 1. sharaf muthung. *She behaved in an honorable way by refusing to betray her friend.*

Honorable/onarable/ (adj) muthuny (koofar lynky weeraw lang mas'uul eh wiliby hubung ku eh parlamaang).

hood/huud/ (n) 1. mathy-geer (qiibti mathyghy doboolasy oo ky tolyng funaanythy dhahanty). 2. dobcolky motoorky baaburky (dobool bir eh oo geeraw motoorky baaburky).

hoodwink/huud-wink/ (v) sirow, kiyaaneyow.

hoof/huuf/ (n) qoob hooly.

hook/huuk/ (n) bir, geed amy blaastik gothyng lyky dabaw malalaay amy alaab ly suraw (tabakaan, tabakaan). *Hang your coat on the hook.*

hooligan/huuligan/ (n) leked (_ang rabshy badyng).

hoop/huup/ (n) geraang-ger (faraaty wiing oo ku suubsyng bir amy geed).

hoot/huut/ (n) qayly ing nag sithy hoonky baaburty.

hop/hap/ (v) 1. luto ky boboot-how. 2. korow, fuulow. *Hop on the bicycle.*

hope/howp/ (n) jibsiiny (rajjy). 2. isky hallaayow, ky jhiifythow. *She is my last hope.* (v) 3. wal athy fathaasy ing rung naghythaang. *I hope you will be able to come to my party.*

hopeful/howpful/ (adj) jibsiiny leh.

hopeless/howpless/ (adj) jibsiiny laang (rajjy ing lahaayny).

horizon/horayzan/ (n) il-arag (dhulky ilaa inty illy aragaasy).

hormone/hoormown/ (n) hormoon
(kimikal oo korky abuuraw saang
ky leh sithy korky ing shaqeeyaw).

horn/horn/ (n) gaas (hoola gaasjho).
2. aalyt muusik oo ly weeriyaw.
3. hoonky baaburky.

hornet/hoornit/ (n) dafuufiyi
(qashyngally dhegmy kaluul)

horoscope/hooraskowp/ (n) burjy
(faaldhowow).

horrible/hoorabal/ (adj) eed ing hung.

horrid/hoorid/ (adj) eed ing hung.

horrific/hoorifik/ (adj) obsy leh.

horrify/hoorafay/ (v) eed obsy dad
ing giliyaw.

horror/horror/ (n) obsy, nahow (wal
dad obsiyaw).

horse/hoors/ (n) feris.

hose/hows/ (n) 1. dhuung, tubby
(dhuung biyi maraayaang).

hospitable/hospitabal/ (adj) marty
qaad feyly.

hospital (n) isbitaal.

host/howst/ (n) 1. marty dhowy. 2.
ha dhowaayi.

hostage/hostij/ (n) qof galang othow
gali, maany lahan dhiyaany ilaa
luku hely wali lyng qobsithy.

hostel (n) meel jhiifshe amy degow-
she qaal ing haayny. *Youth hostel.*

hostile/hostayl/ (adj) othow, sahib
ing haayny.

hot/hat/ (adj) 1. kaluul (jawwy amy
howy kaluul eh). 2. dhadhang
kaluul, sithy besbaas amy shitny.

hot dog/hat daag/ (n) so shiidyng,
maghaar amy mindheer ky
duubyng oo rooty dhaty luku
giliyaw.

hotel (n) hotel (meel jhiif ii hung-
gury leh).

hound/hawnd/ (n) eey (eey idd-
ood ha dilaw).

hour/awar/ (n) saa'a.

hourly/awarly/ (adv) saa'ad kasty.

house/haws/ (n) ming, idd, ruung.

household/haw-hold/ (n) reerky
(reer mingko iskily nool).

housekeeper/hawskiipar/ (n) boo-
yasy.

hover/havar/ (v) ky wewereeg-how;
ky baal wereegow. *She hovered by
the phone, waiting for it to ring.*

however/haw evar/ (adv) 1. si kasty.
I can't do it, however hard I try. 2.
laakin. *I'd like to go, however, I
cannot afford.*

howl/hawl/ (n) 1. owaad. (v) 2. owaadow.

hub/hab/ (n) lu baabur dhatiye.

hue/hyuu/ (n) hoosynaaw amy muthub.

huff/haf/ (n) dhirif.

hug/hag/ (n) kalaangkal.

huge/hiyuuj/ (adj) eed ing wiing
(meel feddy dhong).

hum/ham/ (v) af-hiryng heesow.

human/hyuuman/ (n) weel-eed-
dyng, insaan, lang, qof.

humane/hyumeyn/ (adj) naaris.

humanity/hyuumaaniti/ (n) insaani.

humble/hambal/ (adj) kibir laang,
isly wiiny laang.

humid/hyuumid/ (adj) dher.

humiliate/hyuumiliyeyt/ (v) sariig
ku qaathow.

humor/hyuumar/ (n) hiby dad ku
koodis amy wal dad ku koothiyaw.

humorous/hyuumaras/ (adj) kood-leh.

hump/hamp/ (n) tuur.

hunch/hanj/ (n) fikrid sal ing lahaayny
(fikrid aadhify ky saleeysyng).

hung/hang/ (v) *hang* oo fal laha
moothi eh.

hunger/hangar/ (n) baahy.

hungry/hangri/ (adj) baahyng, sha-
far qab.

hunt/hant/ (v) dabythow, ded-
bythow amy doohithow (iddood
ha dilythow).

hunter/hantar/ (n) hergaanty, gabraar.

hurdle/hardal/ (n) 1. meel luku boothaw. 2. dhibaaty.

hurl/herl/ (v) hoog ing gemow.

hurricane/herakeyn/ (n) roob debeel bathang (duufaang).

hurry/hari/ (n) deddeg.

hurt/hart/ (v) 1. dheeboyow. 2. dhimow.

husband/hasband/ (n) harty.

hush/hash/ (n) shib erriyow.

husky/haski/ (adj) hebeeb leh.

hut/hat/ (n) hoorry, mindilly.

hutch/haj/ (n) sanduug hal ber shabag ku leh (sanduug lyky hanaanoyaw haywaang yer yer sithy bakayly).

hybrid/hay brid/ (n) haywaang amy geed haku jeedy lammy nam-muung (lammy jinsy wal usku dhaleeng geed amy haywaang).

hydrant/haydrant/ (n) dhuunty biyo dab damisky.

hydraulic/haydrawlik/ (adj) wal ky shaqeeyaw hooggy biyo amy wal kely oo saa'il eh.

hydroelectricity/haydro elektrisiti/ (n) koronty luku dheliyi biyi.

hydrofoil/haydrofoyl/ (n) doong hannuung bithaasy, oo qabty wal biyo ky reebaw marki surunty.

hydrogen/haydrojin/ (n) haydrojiin (gaas eed kafiif ing eh muthubny ing lahaayny yoow ooghaw).

hyena/hayina/ (n) waraaby.

hygiene/hayjin/ (n) fiyaawang leh, nathiif eh.

hymn/him/ (n) qasiiddy amy shi'ir diini eh.

hyphen/hayfen/ (n) sumud (-) shal-gooyasy kelmet sithy *grown-up*.

hypnosis/hipnowsis/ (n) lang ly hunduriyi falsheyny hukumaw lang kely.

hypnotize/hipnatayz/ (v) ing lang ly deersiyi haalyd hundurmy.

hypocrite/hipakrit/ (n) munaafyq (lang falshey ku beddelygni wali usy sheeghaw).

hypodermic needle/haypadermik niidal/ (n) irbid maghaaarky ly hoos giliyaw (aalat takta:eed lyng etheegsythaw daaweyow maghaarky qofky).

hypothesis/haypothasis/ (n) qiyaas (fiiry asal ing uskynaayny, qiyaas ley eh).

hypothermia/haypothermia/ (n) uthur hung qoboob sheenaw (jirry qoboob luku qaathaw).

hysterical/histerikal/ (adj) kassyng, eed inisky buugsyng.

hysteria/hysteria/ (n) kassyng, burursyng (dad dereengsho eed ing labygni, dhirfyng, murugsyng)

I

I,i/aay/ harafky saghaalaad oo farty Ingriisky

I/aay/ (pron) anny.

ice/ays/ (n) baraf (biyi fidhiyi).

iceberg/aysberg/ (n) buur-maagny (dhedheeb baraf eh oo magny-athy ky bahaasy).

ice cream/ayskriim/ (n) jellaaty (wal may oo eed ing-habriiryng).

ice cube/ayskyub/ (n) baraf kuku-usyng oo lyky qoboojhysythaw wala ly dhamaw.

iced/aysd/ (adj) 1. eed ing-habri-iryng. 2. barafoowi.

ice hocky/ays hoki/ (n) hoki-baraf (hoki oo baraf lyky kor dheelaw).

ice skate   illuminate

ice skate/ays-skeyt/ (n) koby-baraf (koby hoos ku afeeysyng oo barafky lyngky kor rooraw).

ice skate/ays-skeyt/ (v) baraf ky dheelow.

ice skating/ays-skeytin/ (n) dheel-baraf.

icing/aysing/ (n) 1. barafeeyow (wal may baraf ing nag doolshythy kor lukuky buubiyaw).

icon/aykon/ (n) alaamy (tusmy kompiyuutar oo tilmaamasy parnaamij).

icy/aysi/ (adj) baraf ky doboolyng amy eed ing-qoboobyng.

idea/aydiya/ (adj) ra'yi, fikryd amy qorshy lang mathygy ky haayi.

ideal/aydiyal/ (adj) 1. ing-ky roong (eed ing-feyly). (n) 2. wal lyky deyithy kory.

identical/aydentikal/ (adj) inis nag (wal isky nammuung eh, lyng shal gorythaany sithy mintaany oo kely). *Mike and Jan are identical twins*.

identify/identafay/ (v) gorythow, eddayow (wal lysky gorythy tusow). *Al identified the person who had hit him*.

identification/identifikeyshan/ (n) eddaayi, sughy (sheey eddaayaw qofky wali usy eyi).

identity/aydentiti/ (n) summud (wal lysky gorythaw). *The police do not know the dead person's identity*.

idiom/idyam/ (n) serbeeb (doo sithy lyng erri me ingly jeedy kely leh).

idiot/idyat/ (n) dhadhaang, dabbaal.

idiotic/idyatik/ (adj) dhokotnymy, dhadhaang eh.

idle/aydal/ (adj) 1. beeday. 2. lyng ist'maalany. *Ships were lying idle in the harbor*. 3. wal ungku jerny. *Idle threats*.

idol/aydol/ (n) 1. sanam (wal ly aabuthy oo Ilaahey ing-haayny). 2. lang hannuung ly jeely. *A pop idol*.

idolize/aydolaiz/ (v) ku dombooyow, hishmeeyow. *He idolizes his older sister*.

i.e./aay ii/ misaal.

if (conj) 1. haddi, maddi 2. marki. 3. haku qaad.

ignite/ignayt/ (v) 1. daarow, huriyow, shithow. 2. dab qobsythow.

ignition/ignishan/ (n) motoorky meelly ku daarrimaw (meelly furaaghy ly giliyaw marki baaburky ly kiyaw, amy motor ly daaraw).

ignorant (adj) 1. aammy, jaahil. 2. oghaang dorry.

ignorance/ignorans/ (n) jaahilnimmy.

ignore/ignoor/ (v) my istaayow, usku dhegy tirow, ismoojis.

iguama/igwana/ (n) gaanug eed ing wiing oo ky nool geetho korsho, dhulky hannuung kaluul luku helaw.

il (prefix) hor-galy ma'naashey eyi diidmy sithy *illegal* amy *illogical* oo ma'naasho eyi shar'y dorry, ii aqly dorry.

ill/il/ (adj) 1. jirryng (ing-fiyaawayny) 2. wal hung (wal dhibaaty sheenaw). *Ill effects*.

illegal/illiigal/ (adj) shar'y dorry (haku horjeethy heerky i qaaynuungky).

illegible/illejabal/ (adj) lyng akriyi korny.

illegitimate/illijitimat/ (adj) 1. kissy (unug hathyg laang ky dhalythy). 2. shar'ighy haku horjeedy, haarang eh.

illiterate/illitaret/ (adj) ummi (walny ing akriyaany walny ing abtughaany).

illuminate/illuumaneyt/ (v) aftiiniyow.

106

illumination/illuumineyshan/ (n) aftiing.

illusion/illushan/ (n) kiyaal (dhalanteed).

illusory/illuushari/ (adj) ilmy aahey.

illustrate/illastreyt/ (v) sharahow ly etheegsythaw musawirry, wal ly dheegaw iwm.

illustration/illustreyshan/ (n) musawir buuk amy joornal ky yaaly.

im (prefix) hor-galy ma'naashey eyi diidmy sithy *immoral*, asluub laang, *immortal* ing dhimmithaany.

image/imij/ (n) 1. musawir amy sanam. 2. wal athy masqanta ky musawiriti. 3. sithy lykiing haaysithy amy lykiing malee-yaw.

imaginary/imaajinari/ (adj) kiyaa-li.

imagination/imajineyshan/ (n) taawis, maly awaal.

imagine/imaajin/ (v) qiyaasow, maleeyow amy musawirrithow (masqanty)

imitate/imateeyt/ (v) ky deyithow (isky weweelow), shesheeg-how.

immature/imachuur/ (adj) 1. ing tabar galny. 2. eerang eh (wily ing-karny). 3. ariir hang ing-dhaghymaw. *He acts like an immature person.*

immediately/immiidiyiatli/ (adv) hatty, haalkung (deddeg).

immediate/immiidiyet/ (adj) dadaay ing lahaayny, isly markiiby.

immense/immens/ (adj) hannuung wiing.

immerse/immers/ (v) tiimbiyow, muuthiyow, yub siyow (biyi dha giliyow).

immersion (n) tiimbyshy.

immigrant/immagrant/ (n) bogtaal, kiinang.

immigrate/immigreeyt/ (v) ky neggaathow arly kely.

immigration/immigreyshan/ (n) 1. hafiisky jirmaaddy. 2. kiinang, bogtaal.

imminent/immanant/ (adj) deddeg ing-dhiyi doony (ammyng dhow dhiyaw).

immobile/immobile/ (adj) dhuk-uy siisyng (ing-dhadhaghaa-ghany).

immune/immiyuun/ (adj) gury ku eh, ku reebbyng (ing-ky dhiyi korny). *She has had measles so she is now immune to it.*

immunize/immiyunays/ (v) tillaalow (ku horseethow).

impact/impaakt/ (n) 1. saang ky reebow 2. lammy shey marki isky dhiyaang wala haku dhalythaw.

impatient/impeyshant/ (adj) sabar laang (wal ing-sugy korny).

imperfect/imperfikt/ (adj) 1. wal shal dhimyng (wal luku roogni amy wal sah ing haayny). 2. nahwy hang fal ing dhimmaatirynaayny.

imperial/impiriyal/ (adj) isti'maari (wal hukung isti'maar amy boghortooyi ly hariiry).

impersonate/impersaneyt/ (v) lang kely isky dhikow (qof kely isky weweelow).

impertinent/impertinent/ (adj) shiih dory, etheb dorry.

impetuous/impetshuwas/ (adj) fufuthud, deddegsyng (lang wal ing hubsydaany).

implement/implement/ (n) 1. aghal shaqy. (v) 2. fuliyow, deerow

imply/implay/ (v) serbeeb (si serbeebyng wal ing sheegow).

implication/implikeyshan/ (n) 1. hathal serbeebyng. 2. wal demby lu ky leh.

impolite/impolayt/ (adj) etheb doryng.

import/import/ (v) badee'y bina-
ang ku sheenow (alaab ku
sheenow arly kely).

important/important/ (adj) muh-im eh.

impose/impows/ (v) hawaang . *don't
impose your ideas on other people.*

impossible/imposabal/ (adj) ing-
suurowaany. It is impossible to
win this game.

impostor/impostar/ (n) lang oo lang
kely isky dhikaw.

impress/impress/ (v) ha jiithyth-
ow (qof is tusow si kiing ku helo
amy kiing jeelathy). *I was
impressed the clear way he spoke.*

impression/impreshan/ (n) 1. saang
ky reebow. *The book made a deep
impression on me.* 2. fikryd amy
dereeng. *I got the impression that
he was bored.* 3. koobi amy daaba'
(sheey luku guuriyaw amy
koobiyaareyaw sheey kely). 4.
lang kely isky weweelow.

imprison/imprison/ (v) 1. habbisow.
2. habbis giliyow.

imprisonment/imprisanmant/ (n)
habbis (meelly dembiiliyaalky
lyky hiraw).

improve/impruuv/ (v) ku feylahaayow.

improvement/impruuvmant/ (n)
haku roonathow.

improvise/improvays/ (v) kethiyow.

impudent/impyudant/ (adj) etheb dorry.

impulse/impals/ (n) deddeg wal ing
jeelathow.

impulsive/impalsiv/ (adj) deddeg
hang.

impure/impyuur/ (adj) saafy ing
haayny (lyky labygny).

in (prep, prefix) 1. nahwy hang
malliyi. 2. gudy. 3. dha (meel
dhattiye, wakty dhattiis)

inability/inability/ (n) tabar iniing
hayny, ing yibaadny.

inaccessible/inaksesabal/ lyng de-
ery korny, lyng hely korny.

inaccurate/inakyurit/ (adj) sah ing
haayny.

inanimate/inaanimit/ (adj) naf ingky
jerny (ing noolayny).

inborn/inboon/ (adj) dabii'i eh (ly
dhalythow).

incense/insens/ (n) luubadang
(habky lyky uungsythaw).

incentive/insentiv/ (n) wal ly dhi-
iriyaw. *They offered huge prizes as
an incentive to enter the competition.*

inch (n) ibbir dhiirir ly jing eh 2.54
sentimitir.

incident/insedent/ (n) wal dhiyi

incidentally/insedentali/ (adv)
kelmy ly etheegsythaw marki
wal usub amy siyaady eh ly
sheeghaw. *Incidentally, when is
your birthday?.*

incinerator/insenereytar/ (n)
bethynbethiyi (weel qashyngky
lyky gubaw).

incision/insishan/ (n) dheeby,
gooymy amy tariighow.

incite/insayt/ (v) ky dirow, booriy-
ow, dhiiriyow.

inclination/inklaneyshan/ (n) 1.
fathow, niyi ky haayow. 2. iilyshy.

incline/inklayn/ (v) dhiny ing
iilythow.

include/inkluud/ (v) ky jerow, ku
mid haathow.

inclusion/inkluushan/ (n) ky
dhadar.

incognito/inkogniito/ (adv) lyng
goryny (isqariyow, maghy
dadow meel ky marow).

income/inkam/ (n) dakly amy dakhly.

income tax/inkam taks/ (n) sekky,
anshuur dakly.

incorporate/inkoorpareyt/ (v) isky
darow (wal wal ky darow).

increase/inkriis/ (v) siyaady, wal ky darow, korow.

incredible/inkredabal/ (adj) lyng rumaayi korny (wal aqly gal ing haayny).

incriminate/inkrimaneyt/ (v) qof demby ky eddaayow

incubate/inkyubeyt/ (v) ky fed-heethow, geb ky haathow (doory ukkuntiye ky fedheethasy ilaa ku bogsythaasy).

incubator/inkubeytar/ (n) 1. meel lyky haayaw unug ilaa inty luku deeraw muddunty dhal-mythy. 2. weel ukkumo lyky kaluu-layaw si yow ky bobo-ghaang.

incurable/inkiyurabal/ (adj) jirry lyng daaweyi korny.

indecent/indiisent/ (adj) derji i hish-my ing lahayny.

indeed/indiid/ (adv) 1. sithy runty eh. 2. eed (war ky adkaayow). *Thank you very much indeed.*

indefinite/indefanit/ (adj) had laang (ing eddaayny mudduntiyo). *The workers have gone on strike for an indefinite period.*

independent/indipendant/ (n) 1. mathy-furung, meel amy qofny ingky tiirsynaayny. 2. hur eh (inis teliyaw).

independence/indipendans/ (n) inistelis, hurriyi.

index/indekis/ (n) fahras (liisty abja-di eh, buuggy dhamaadshey lyky husaw wali mowduu' eh oo ha oroory buuggy, i haanshythy nambarshe).

index finger/indekis finger/ (n) maru-ubsyty (farty sulky ky higty).

indicate/indikeyt/ (v) tilmaamow, tusow.

indifferent/indifrant/ (adj) ooftis ing haayny, ing shal jeelayny.

indigestion/indigeshan/ (n) yabu-usiyi.

indignant/indignant/ (adj) eed ing dhirifsyng (si goony eh dhirif gardorry sheenty).

indispensable/indispensabal/ (adj) my huraang (wal lungku maar-rymy korny).

individual/indavidjuwal/ (n) 1. shakhsi. 2. goony.

indoor (adj) mingky guthaashey

indulge/indalj/ (v) dood ku furrow, howy rahow (oggolaa-thow ing qof wali fathaw suubiyi).

indulgence/indaljans/ (n) 1. demby-dhaaf kaniisythy Kato-olikythy biyaasy. 2. howy ra (qof naftis wali jeely rahaw). 3. wal sehellythow.

industrial/indastriyal/ (adj) sana-heeysyng.

industrious/indastriyas/ (adj) maghuuf eh (lang hool kar eh).

industry/indastri/ (n) sanaa, war-shid.

inevitable/inevatabal/ (adj) lyng reeby korny (wal hawaangby dhiyaw), mahtuum.

inexplicable/inikisplikabal/ (adj) lyng fasiry korny (lyng ma'naayi korny).

infamous/infamas/ (n) wal hum-aang ky maghy dheer (wal humaang aang ky eh).

infancy/infansi/ (n) ariirnimy.

infantry/infanteri/ (n) askar-lugeed (askarty dhulky ky ol galaasy).

infect/infekt/ (v) ky daarow (bushy isky daarow).

infection/infekshan/ (n) faafow, fithow (bushy faafaw).

inferior/infiiriyar/ (adj) 1. derjy hoos eh, luku wiigni. *A major is inferior to a colonel.* 2. nasab dhimyng. *A*

member of an inferior caste. 3. wal
luku roogny amy luky feyleyi.
An inferior brand.

infinite/infinit/ (adj)1. ing leed-any.
2. soohyng ing lahaayny.

infirmary/infirmeri/ (n) isbital yer,
qol yer lyky daaweyaw dad
uthur qaby, goony hang iskool,
heey'y amy meel oghoong lyky
koriyaw.

inflammable/infleemabal/ (adj)
yoow gubythaw, yow huraw
(dabky yoow qobsythaw).

inflate/infleyt/ (v) neefeysyng amy
buufisyng.

inflatable/infleytabal/ (adj) ly buu-
fiyi kory.

inflation/infleyshan/ (n) seer barar
(nololly oo qaal naghyty seer
barar hejey amy daraadis).

inflict/inflict/ (v) dhibow.

influence/influwans/ (v) duuf-
sythow (qalqaaliyow).

inform/infoorm/ (v) ing sheegow
(war giliyow).

informal/informal/ (adj) rasmy ing
haayny.

information/infoormeyshan/ (n)
ma'luumaat (war).

information technology/infoor-
meyshan teknoolojii/ (n) kom-
piyuutar lyng edeegsithy war
kaayow i war dirow.

informative/infoormativ/ (adj) war
bathang qaby (war feyly haayi).

infuriate/infiyuriyet/ (v) eed ung-
ku dhiryfiyow.

ingredient/ingridiyant/ (n) shey ku
mid eh wala lisky daraw marki
hung-gury ly kariyaw.

inhabit (v) deggyng (ky nool).

inhabitant (n) dadky meel deggyng.

inhale/inheyl/ (v) neef-gudaad
(neef-nuughow), neef jiithow.

inherit (v) dhahalow.

inhibit (v) ku roojiyow.

inhuman/inhyuuman/ (adj) wahash-
nymy, naaris doryng.

initial/inishal/ (n) billaaw.

initiative/inishyativ/ (n) shey ly bil-
laawo mas'uliyadiisny ly qaady.

inject/inject/ (v) durow (irbid
qurung ky durow).

injure/injar/ (v) dheeboyow.

injury/injari/ (n) dheeby.

injustice/injastis/ (n) addaly dorry.

ink (n) hangqaas.

inland (adj) arly dhatiye (arlaathy
heebty ku dheer).

inmate/inmeyt/ (n) dad meel ky
oothyng (dadky ky jery habsy
amy isbital).

inn (n) hoteel yer.

inner/inar/ (adj) guthy (shey dhatis).

innocent/innasant/ (adj) Allyshey
Ally eyi (demby laang eh).

input (n) ly giliyi (wal meel ly
giliyi).

inquest/inkuwest/ (n) weydis rasmy
eh wali qofky ing dhymythy.

inquire/inkuwaayar/ (v) weydiyow,
warsythow.

inquiry/inkuwaayari/ (n) weydis,
warsyd.

inquisitive/inkuwisitiiv/ (adj) wal
ogaathy hannuung fathaw.

inscribe/inskraaib/ (v) giirow,
hererow. *The ring was inscribed
with his initials.*

inscription/inskripshan/ (n) her-er, giir.

insane/inseyn/ (adj) waalyng.

insect/insekt/ (n) qashyng-Ally, wal
nonool.

insert (v) giliyow.

inside /insayd/ (n) 1. guthy. (adj) 2.
meel guthy ing dhow. (prep) 3.
guthy amy guthy ky dhow.

insist (v) ky adkaaysythow.

insomnia (n) hundurmy laang.

inspect/inspect/ (v) fatashow (kormeerow).

inspection/inispekshan/ (n) fatash.

inspector/inspektar/ (n) 1. mufattish 2. sirkaal boolis

inspire/inispayar/ (v) dhiirry giliyow.

install/inistool/ (v) ky rakabow, ky dhejiyow.

instalment/inistolmant/ (n) qiib-qiib (beesy tartiib-tartiib lyng biyaw).

instance/inistans/ (n) mithaal haang.

instant/inistant/ (adj) markiiby (shey isly markiiby ly suubiyaw).

instantly/inistantli/ (adv) deddeg hang, isly mar hang.

instead/insisted/ (adv) haddi kely.

instinct/inistinkt/ (n) hiby dabii'i eh.

institute/inistityuut/ (n) ma'had amy urur ijtimaa'i oo hadaf goony eh leh sithy walbaryshy amy ilmy weydiyow. Massachuset Institute of Technology.

institution/inistityuushan/ (n) 1. mu'assasy amy hey'y ilmiyeed. Institution of learning. 2. dhaghyng amy aady. The institution of marriage.

instruct/inistrakt/ (v) 1. wal barrow amy tusow. 2. farow amy amar siyow.

instructor/inistraktar/ (n) maallyng.

instruction/inistrakshan/ (n) 1. ta'liimaat (tusmy dhikking amy ly sheeghy). 2. tab-bar.

instrument/inistramant/ (n) aalat.

insulate/insiyuleyt/ (v) doboolow (kor saarow amy ky geerow wal kaluulky amy korontythy reebaw). Rubber and plastic are used for insulating electric cables.

insult/insalt/ (v) eeboyow, aayow.

insurance/inshuurance/ (n) aymiyi (beesy ly siyaw kambani koo kaalmeyaw wali dheeby, jirry, jhajhab amy kasaary eh ky deery). Home insurance; car insurance or life insurance. Insure/inshuur/ (v) aymiyow.

intact/intact/ (adj) isqabshe (sithiitis, wal ing deerny).

integrate/integreyt/ (v) isky darow, inis-sheenow.

integration/integreyshan/ (n) is dhagal (lammy dhaghyng lysky dary).

integrity/integrati/ (n) sharaf mudung.

intellectual/intallektjual/ (adj) aqli ii fikir ly etheegsythy (lang meel dheer wal ku aryghaw).

intelligent/intelajent/ (adj) aaqil eh (faahim eh), hindhy-furung.

intelligence (n) 1. aqly bathana-ang. 2. hey'ad aruuriyaasy sirty othowky. The Somali intelligence services.

intend (v) fathow, ingly jeethow (niyi ky haayow)

intense/intens/ (adj) hoog bath-ang. Intense heat.

intensive/intensiiv/ (adj) hoog ly saary, ly deddejhiyi.

intention/intenshan/ (n) ingly jeedow (wal athy faddi inty suubitho)

intentional/intenshanal/ (adj) kas i maag.

inter (prefix) dhatty amy ku mid eh, isky hiraw. Intercontinental (= ing dhahooyi amy isky hiraw qaarathy)

interactive/intaraktiv/ (adj) is-dhagal.

intercept/intarsept/ (v) dhaty ky reebow (wal dhatty lyky qobythi).

intercom/intarkom/ (n) sisteemy iskyly hariirayaang dad meello inisly roog-ny.

interest/intarast/ (v) 1. hiiseyow, daneeyow. (n) 2. faa'ithy, kor-

111

saar (ripy). 3. dang. **interesting**
(adj) hiisy leh amy faa'ithy
bathang.

interfere/interfir/ (v) fargny giliyow
(wal lykiingky dirsyny dha galow).

interference/intarfirans/ (n) 1. hool
dereerty hallayow. 2. tashwiish
ky furow mowjy radiyi.

intermediate/intarmiidiyeyt/ (adj)
dhatty (meel dhatty eh amy meel
dhatty eh maraw).

internal (adj) guthy eh (dhattiis).

international/intarnaashanaal/ (adj)
aalami eh.

interpret/interpret/ (v) 1. af-naghow,
turjumow. 2. fasirow.

interrogate/interrageyt/ (v) imtihaanow
(so'aal bathang weydiyow).

interrupt/intarrapt/ (v) guthygu-thaay-
ow, shal gooyow (ku dhahgalow).

interruption/intar rapshan) (n) shalgo
(hool dereerti surunti).

interval/interval/ (n) aftah, breeg
(muddyng ing dhahoyto lamy
walhaad).

intervene/intarviin/ (v) dhahgalow
(lammy isgalsyng shal reebow).

interview/intarviyuu/ (n) ly
warsyshy. (v) wal ly so'aaly. *He
interviewed a witness.*

intestine/intestine/ (n) mindheer.

intimate/intameyt/ (adj) 1. qalby
nughul, bashaash eh. 2. khaas
amy goony eh (wal qofky ing-
goony eh). *I told him the most inti-
mate details of my life.*

intimidate/intimadeyt/ (v) obsiyow,
haddithow.

into/intu/ (prep) guthy heje. *Come
into my office.*

intrepid (adj) geessy, obsy-laang.

intricate/intrikeyt/ (adj) dhib leh,
mu'aqqad (sheey hallishey
kakygny).

intrigue/intriig/ (n) 1. sir, kiyaany. (v)
2. ha jiithythow (ha jeelaysiyaw).
A novel that intrigues the reader.

introduce/intradiyuus/ (v) 1. is
barow. *Kuulow introduced me to
his brother.* 2. hor-sheenow. *He
introduced a new bill.* 3. hathal
gaabyng jeethiyow inty bar-
naamijky idaa'addy amy tele-
visiyoonky ing billawyny.

introduction/intradakshan/ (n) 1. ha
jeediyow barnaamij 2. muqad-
dimy (buuk billaawshey).

intrude/intruud/ (v) dhah galow
meel lykiinky fathaany.

intuition/intwishan/ (n) dereenky qofky.

invade/inveyd/ (v) ky duulow, dhul
qobsyshy. *Israel invaded Ghazza.*

invalid/invaalid/ (n) 1. lang jirryng
amy naaf eh. (adj) 2. ing dereer-
any, lyng etheegsythy korny,
faa'idy ing lahaayny.

invaluable/invaalyabal/ (adj) qiimy
bathang.

invent (v) 1. hindisow, abuurow,
ikhtiraa' (wal hor lyng arygny
suubiyow). 2. beeng abuurow.

invertebrate/invertabreyt/ (adj) hay-
waang laf-doong ing lahaayny,
sithy qashyng-Ally iwm.

invest (v) 1. maal amy waqty giliy-
ow. 2. derejy siyow.

investigate/investigeyt/ (v) raad
galow (rung weydiyow).

investigation/investigeyshan/ (n)
tahqiif (asbaab weydiyow).

invisible/invisabal/ (adj) lyng
araghy korny (wal illy ing
qobythy korny).

invite/invayt/ (v) marty qaathow,
marty soorow.

invitation/invateyshan/ (n) infiity,
ing dighow (bah etheerka hang
dig amy hang weer amuura jerte).

invoice/invoys/ (n) biil (liisty ky yaalang seerky alaabty).

involve/involve/ (v) ky lu lahaathow, ky jerow. *I don't want to get involved in your argument.*

iron/ayran/ (n) 1. bir. 2. feery, kaawiyi (bir dab amy korony leh, karky lyky totoosiyaw). 3. lang kakyng (bir lyky tilmaamaw). (v) 4. feeroyow amy kaawiyitheeyow.

irregular/irregyular/ (adj) 1. aathi ing haayny. 2. jing ing haayny. 3. heerky haku hor jeedy. 4. nahwy hang, falky qoroowshey isbeddelaw.

irrelevant/irrelevant/ (adj) khaarij mawduu' (wal lyniing roogny).

irresistible/irresistabal/ (adj) lyng dhaafy korny (eed hakiing jiithithaw).

irreparable/irreperabal/ (adj) lyng suubiyi korny.

irreplaceable/irripleysabal/ (adj) wal beddelsho lyng heli korny

irresponsible/irrisponsabal/ (adj) ghayr masuul

irrigate/irrageyt/ (v) dhul waraabiyow.

irritable/irratabal/ (adj) yoow dhiryfaw (dhiryf dhow).

irritate/irrateyt/ (v) ku dhiryfsiyow, ku dhirfiyow.

island/ayland/ (n) jasiiry (dhul biyi ky wereegsigniing).

isolate/aysaleyt/ (v) tokoorow.

isolation/aysaleyshan/ (n) 1. kalwy (shely naghythow, meel goony eh sheleetha ky jerow). 2. karantiil (meel goony eh ky oothow).

issue/ishyuu/ (n) 1. hal tiry oo joornaal. *The second issue.* 2. mowduu' amy arryng luku doothy. *Don't make it an issue.* (v) 3. siyow, ha saarow. *To issue a passport.*

italics/itaaliks/ (n) huruuf ky qoryng far yeyer oo jhiifty.

itch/ij/ (n) 2. amaamyd. 2. wal ly fathaw inty yoow dhammaathang.

item/aytam/ (n) wal (sheey). *His shopping list contained five items.*

itinerary/aytinareri/ (n) tafaasiil jirmaad, jid amy meelo safarky maraw.

ivory/ayvari/ (n) mii moroothy.

ivy/ayvi/ (n) geed saarsaar, geed hamballiis ing dhiyaany waany dhilaalasy.

J

J,j/jeey/ harafky tummunaad oo farty Ingriisky.

jab/jab/ (v) 1. ky dur 2. dhubuthi (feer dhow). (n) 3. sur (irbid amy wal af leh ky sur).

jack/jaak/ (n) 1. griig, aalat wal ulus qummaaty kor linky usaw, goony hang baabur 2. qulaang (baalky turubky kuriiky ky musawirygny) 3. lang (qof).

jackal/jaakal/ (n) eey-duur.

jacket/jaakit/ (n) 1. jaaky (kootky shaatyghy luku kor gallithaw) 2. jildy. *A book jacket.*

jackpot/jaakpot/ (n) beesothy ing-ky bathang oo lang helaw marki ly dheelaw qamaar amy bagty-nassiib.

jade/jeyd/ (adj) shiid agaaryng oo qaal eh, luku suubiyaw erjeeg iwm.

jagged/jaagd/ (adj) wal afsho ing ing haayny (wal gargaryng).

jaguar/jaagwaar/ (n) dugaag ing-nag shibeel, ky nool Ameerikythy koofureed.

jail/jeeyl/ (n) habbis, moory aasy, qaar (meel lyky oothow lanki ky aasiyi heerky amy qaanuungky dalky).

jam/jam/ (n) 1. malmalaaty (wal luku suubiyi mery sokor, lyky dhayaw amy malaasaw rootighy marki ly shafardhykythaw). (v) 2. ky ithow (meel buuty ky riyow) amy marky baaburty ingdhaghaa-ghy korny. *A traffic jam.* 3. iig.

janitor/jaanitar/ (n) 1. afaaf-dhoory (mingky meelly luku galow) 2. ming-nathiifiyi.

January/jaanyuwari/ (n) 1. Janaa-yo (billy inky horreeyty oo sin-nidky miilaadigy).

jaunt/joont/ (n) safar faajhy-faajhy eh.

jar (n) 1. qaruury (dhaly) oo haruub leh. 2. wal koo nahiyaw.

jargon/jaargan/ (n) hathal dad goony ing eh (isku mihny eh) isly gorythaayang amy etheeg-sythaayang. *They use a lot of professional jargon.*

javelin/jaavylin/ (n) warangdhe-el.

jaw/joo/ (n) qaang (foolky hoostis oo maddy afky ly feethy dhadha-gaagasy), qaamow-qashiira qaamyte kully barari.

jealous/jelas/ (adj) 1. masiirsyng 2. haasid eh.

jeans/jiinis/ (n) taar-gally kakyng (sirwaal luku suubiyi suuf, eed ing kakyng oo lebbes akyaared ing haayny), sirwaal erdaaled.

jeer/jiir/ (v) koothow jees-jees eh.

jelly/jeli/ (n) 1. shay nughul oo jiljilithaw maddi ly dhadhagaajhiyi sithy halwy kaluul. 2. wal kasty oo ing dhahooyi nuglaang i adkaang.

jeopardy/jepardi/ (n) katar, helaak.

jeopardize/jepardays/ (v) katar galow, sighythow.

jerk (n) 1. dhadhaghaag kedis eh. 2. dhadhaang.

jet (n) 1. biyi hoog ing-burqithaayang 2. dayuury yer.

jetlag (n) noog dayuury-fuul ly hariiry.

jew/juu/ (n) 1. yahuudi (lang diintis yahuudy ety) 2. lang ing dhalithy reer Banii Israa'iil). **jewish** (adj). yahuudi eh.

jewellery/juulari/ (n) deheb i mujowharaat (wal kor dad lyky suurythooyaw oo ku suubsyng shay qaal eh).

job/jab/ (n) 1. shaqy roogdy eh (shughul daa'im eh) o qof beesy ky kasbydaw, 2. hool.

jobless/jables/ (adj) beeday (lang shugul laang eh).

jocky/joki/ (n) joki (langky fuulaw feris tartyng).

jog (v) shukaayow.

joint/jooynt/ (n)1. shal-batty (hubno dadky meelly usku galaayang), 2. meelly wal iskuky dary-maayang, 3. wal lysly leyi.

joke/jook/ (n) 1. kaftyng. 2. doo i fal dad koothiyaw oo dhedheel haang lyng erraw amy lyng weelaw.

joker/jookar/ (n) 1. qofky dadky kokoothiyaw. 2. baal turub oo meel kasty galaw.

jolly/jooli/ (adj) lang furfuryng amy fehemy bathang.

journal/joornal/ (n) joornaal (haan-shy luku akriisythaw warky).

journalism/joornalism/ (n) sahaa-fy (hirfy amy mihny oo war kuu-sow i abtugow ky saabsyng).

journalist/joornalist/ (n) sahafy, joornalisty (lang war aruuriyaw amy abtughaw).

journey/jerni/ (n) jirmaad (safar).

judge/jaj/ (n) 1. qaally (gar gooyi). (v) 2. qiyaasow, hukumow. *It's difficult to judge her age.*

judgement/jajment/ (n) hukung (gar mahkamy gooyti).

jug/jag/ (n) aargalaang, garaaffy

(weel dheg i faruur leh oo wal liky shibithaw)

juice/juus/ (n) asiir (mery amy qudaar dhahaangsho oo ly miiri).

July/julaai/ Luulyo (billy tothoba-ad oo sinnidky miilaadigy).

June/juun/ Juun (billy lihaad oo sin-nidky miilaadigy).

jumbo/jambo/ (adj) hannuung wiing (ku wiing wali kele oo isly eeng eyiing).

jump/jamp/ (v) boothow.

junction/jankshan/ (n) bar kulung (meelly wal ky kulumaayang sithy jithyte).

jungle/jangal/ (n) jhaf (meel geed bathang).

junior/juunyar/ (adj) 1. derejy yer. *A junior officer in the navy.* (n) 2. de' yer.

junk/jank/ (n) wal faa'ithy ing lahaayny amy wal doghoowy.

junk food/jank fuud/ (n) hung-gury fiyaawanty ing doryng, laaking kariyoowshey sehel eyi.

jury/juuri/ (n) gob (akiyaar gar gooyow lyng tely saari).

just/jast/ (adj) 1. gar eh, hag eh, aadil, addaaly (adv) 2. saas naftiye. *That's just what I wanted.* 3. haty (waktigy maddaas ly roogy). *I have just arrived.* 4. sheleethiye. *She wrote just a brief note.*

justice/jastis/ (n) 1. gar (addaaly). 2. heer, qaanuung.

justify/jastafay/ (v) 1. sabybow. 2. eddaayow ing wala gar eyiing.

justification/jastafikeyshan/ (n) eddaayow amy sheenow wal lyky qana'aw.

jut/jat/ (v) meel haku maathow (musmaar meel haku jeethy).

juvenile/juuvanaayl/ (n) barbaar (lang gu yer).

K

K,k/key/ harafky tummung i koowaad oo farty Ingriisky.

Kalashnikov/kalaashnikov/ bantu-ug aaky eh liky sanaahiyi wad-danky Ruushky oo liinky maghy dary lanky sanaathis lahaayi oo ly errow Mikhail T. Kalashnikov. Qorigung may kele liing goritheey AK-47 oo lyngly jeethy sindiky 1947 oo ly nagshadeeyi.

kaleidoscope/kalaydaskowb/ (n) tubby marky ly wereejiyi muthub shal eh ky tusaasy.

kangaroo/kangaruu/ (n) kangaroo (haywaang Austraaliya ky nool oo ky boodaw tafa demby, dhed-disheyny unujey ky qaadidaw kolii oloolathy ingky yaaly).

karaoke/karaeoki/ (n) nithaam nees oo haku jeedy Japan oo heesky lyly qaadow ajalad hor ing duubynaayti.

karate/karaati/ (n) legdyngjapaan.

kayak/kayak/ (n) doong yer o doboolyng.

keel/kiil/ (n) birty dhaty oo doonty ky dhisynty.

keen/kiin/ (adj) 1. eed ing daneevaw. 2. af leh (soofey-syng).

keep/kiip/ (v) 1. haayow. 2. hafidow, dhoorow.

keeper/kiipar/ (n) ilaaliyi, waardeyi.

kernel/kernal/ (n) qolofty ku koos meraaghy ky jery.

kettle/ketal/ (n) jelmed, ibriig (weel batay amy balaastiik eh o af dhu-ubyng leh).

key/kii/ (n) 1. fury bir eh liky furrow waany lyky hiraaw quful, baabur iwm. 2. tely amy hal ing eh (fury ing eh). *A key to this problem*. 3. muhim eh (ingky muhimsyng). *Eduation is the key to success*. 4. botoonky ly riyaw kompiyuutarky, aaladdy muusikydy iwm. *You have to press the return key*.

keyboard/kiiboord/ (n) botoonky teebky, aaladdy muusikydy amy far abtugaagy kombiyuutarky.

khaki/kaaki/ (adj) kaaky eh (kar kakyng oo kaaky eh).

Kibbutz/kibutz/ (n) beer-shirky (qeed shirky liky eyi oo walaaghi haku gohy ly hethythow). Beeroghuung oo kely way lynky dhaghymeeyi waddanky Israa'iil.

kick/kik/ (v) haraatiyow.

kick off/kik of/ (v) dheel billaawow.

kid (n) 1. unug. 2. waar.

kidding/kidin/ (v) kaftymow; dhedheelow.

kidnap/kidnaab/ (v) qaffaalow, af-duubow.

kidney/kidni/ (n) kelly.

kill/kil/ (v) 1. dil (naf gooyow). 2. waqty dhumis. *Kill time*.

kilogram/kilo-graam/ (n) hal kiily (= 1000 garaamy).

kilometer/kilo-mitir/ (n) hal kiilomi-tir (= 1000 mitir).

kilowatt/kilo-waat/ (n) hal kiilowaat (= 1000 waat).

kin (n) higty (tol/qaraaby), dhaliyi.

kind/kaynd/ (n) 1. naariis. *She was very kind to me*. 2. namuung.

kindness/kayndnes/ (n) naaris, rahmy.

kindergarten/kindergarten/ (n) iskool-ariireed.

king (n) 1. malaag, boghor (hukung dhahal eh). 2. baashy turub. 3. boghor shatranji (dheelly dham-maathasy maddy ly qobythy boghyr shatranji).

kiosk/kiyask/ (n) firshy (dukaang yer), tabakaayi.

kiss/kis/ (n) dhongyshy (shumis).

kit (n) hirmy-aghal (aghal shaqy oo isky hiryng).

kitchen/kichin/ (n) jikky (meelly hung-guryghy liky malliyaw waany liky karyaw).

kite/kayt/ (n) abiteeyi (wal biithaw, kar, blaastiky amy haanshy ku suubsyng).

kitten/kitan/ (n) mukkulaal yer.

knack/naak/ (n) hiby.

knave/neyv/ (n) 1. lang derjy doryng. 2. qulaang turub.

knead/niid/ (v) 1. galang ky ijjimow. 2. dhudhuujhiyow.

knee/nii/ (n) jilib.

kneel/niil/ (v) jilby-jhabyshy, jilby-roog (maddi jilibko amy lam-maathy jilib ly laaby oo dhulky daarang).

knew/nyuu/ (v) *know* oo fall laha moothi eh.

knickers/nikars/ (n) tarr-gally bilaameed (hoos gundy bilaameed oo laastiky leh).

knife/nayif/ (n) toorry, billaawy, ableey, amy maliindy (bir af leh wal liky gogooyaw amy milighaw).

knight/nayt/ (n) derejy boghor amy malaak siyaw qof mut-hung.

knit/nit/ (v) 1. tolow amy soloo-thow.

knob/nob/ (n) qataarky ilbeebky. *Door knob*.

knock/nok/ (n) 1. kubdhow, kow-dhow. *He knocked on the door*.

knock out/nok awt/ (v) rithow amy kufiyow.

knot/not/ (v) 1. gundhudow, isky hirow. (n) 2. dad eed inisky hiring.

know/now/ (v) kasow, gorythow, fehmow. *I know her quite well.*

knowledge/nolij/ (n) wal-goryshy (ilmy).

knowledgeable/nolijabal/ (adj) han-nuung gorythaw.

kosher/kosher/ (adj) hung-gury lyng malliyi sithy heerky yahuuddy waafaqsyng.

L

L,l/el/ harafky tummung i lammaad oo farty Ingriisky.

label/leybal/ (n) summud (haanshy wal ky dhikygniing lyky dhejiyaw sheey, si liing ogaatho sheeyky wali eyi). *The label in the shirt has the washing instruction about it.*

laboratory/lab ratoori/ (n) ma'mal (meel wal lyky baaraw), sheey-baar.

labor/leybar/ (n) 1. fool 2. hool, shaqy, shaqaaly (goony haang hool murug ing-baahyng).

laborer/leybarar/ (n) lang hool kakyng qobythaw (murugmaal).

lace/leys/ (n) mussaay amy hathag yer wal lyky dhuujhiyaw. *Shoelace.*

lack/laak/ (n) laang, ing lahaayny. *There is lack of water in this house.*

lad/laad/ (n) kurii.

ladder/laadar/ (n) jerenjery.

laden/leydan/ (adj) roryng, ror ulus (sithy wal ulus). *He returned from shopping laden with bags.*

ladle/leydal/ (n) galaanjhy.

lady/leydi/ (n) hanraab.

lag/lag/ (v) kutubow; tartiib ingdereerow.

lagoon/laguun/ (n) wareywarey-maagny, kely-maagny.

lake/leyk/ (n) war biyi bathang (war wiing). *Lake Victoria.*

lamb/laam/ (n) moghyl.

lame/leym/ (adj) 1. jiis eh. 2. ing feylahaayny, da'iif eh. *That is a lame excuse.*

lamp/lamp/ (n) nal, faanus.

lance/laans/ (n) warang dheer etheegsythy jereeng fersooleythy.

land/land/ (n) 1. arly (dhul) 2. dal 3. meel dhul eh langko leyi.

landing (n) ha deghow. *The plane will be landing.*

landlady/laandleydi/.

landlord/land loord/ (n) qof lab amy dheddy oo leh hanty my guurty eh sithy ming, beer iwm.

landmark/land mark/ (n) sheey sithy shiid amy geed oo summud ing eh meel (alaamy amy summud meel tilmaamasy).

landscape/land skeyp/ (n) muug-haalky dabii'ighy oo dhulky.

landslide/land slayd/ (n) 1. shiid amy dhedheeb wiing haku raaraho buur korshe. 2. guul dooryshy oo eed ing wiing amy murung ingky jerny.

lane/leyn/ (n) 1. mary yer 2. tubaal jid baal maraasy.

language/laanguwij/ (n) af, lughy (wal lysky af gorythaw), wal lysky kasaw.

lantern/laantarn/ (n) faanus.

lap/laap/ (n) 1. leperty, leggy (ukurky ii jiirty dhatiyo). 2. wereeg tartyng. (v) 3. leleef. *The dog lapped up the water.*

lapel (n) kulleety jaakky oo reed ing laabbyng.

lapse/laaps/ (n) qalyd, gef yer. *A lapse in concentration caused him to lose the game.* 2. muddung laha dhaafi. *A lapse of ten years.*

laptop/laaptop/ (n) kompiyuutar yer (kompiyuutar oo safar-gal eh).

lard/laard/ (n) hiir kerkerry.

larder/laardar/ (n) qol amy meel wala ly aamaw lyky haayaw.

large/larj/ (adj) eed ing wiing.

lark (n) 1. shimbir yer, suurud bathang, edshe mayi. 2. kaftyng (hathal dhedheel liing erri).

larva (n) marki qashyng-Allaaghy ukung bogsytho.

laser/leysar/ (n) aalat dheliyaasy aftiing hoog bathang, lyky maghaawaw, **laser beam** (aftiingky laysarky).

lash/laash/ (v) 1. jheetheleeyow (tummow) 2. dhuujhiyow (n) 3. hinryb.

lass/laas/ (n) geber (bilaang jingyer).

lasso/laaso/ (n) naghyr (hathag haywaang rooraw lahaky qobythaw).

last/laast/ (adj) 1. ingky dombooy eh. *He always liked to have the last word.* (v) 2. heri, baaqy eh. *How long does this movie last?*

latch/laaj/ (n) qataar (bir amy alwaah lyky hirow ilbeeb amy dariishy).

late/leyt/ (adj) 1. ha daayow. *They were late for school.* 2. amyng demby, goor demby. *The late afternoon.* 3. amuuthy. *The late president.*

lately/leytly/ (adv) dhowaang, amyng ing dheerayny

latin/laatin/ (n) afki Roomanki hory.

latitude/laatituud/ (n) masaafydi ing dhahooyty koofur i waaqo, marky khariity amy map luku qiyaas qaathithaw.

latter/laatar/ (adj) kang ky highy 2. gethaalshe, ba'dishe.

laugh/laaf/ (v) koothow.

laughter/laaftar/ (n) kood.

launch/loonj/ (v) 1. magny fuulow (markab amy doong marki ingky horreeyty maagny ly saary). 2. saaruuk irky ing dirow 3. billaawow (wal usub suubiyow).

launderette/loonderet/ (n) **laundry**/loondri/ (n) labandaayi (meel kar lyky dhighythaw waana lyky enjejiyaw).

lava/lava/ (n) shiid-dhilaal (folkaany kaluul daraadis ly burty).

lavatory/laavatoori/ (n) musqul (meelly lyky dhidhighythaw).

law/loo/ (n) heer, qaanuung, shar'y.

lawfull/looful/ (adj) binaaw (shar'yghy binaayaw).

lawn/loon/ (n) meel eesjhe ly jheri.

lawn mower/loon mawar/ (n) makiinothy eesky lyky jheraw.

lawyer/looyar/ (n) heer-beeg, abukaaty.

lax/laaks/ (adj) ing dhuugsynaayny.

lay/leey/ (v) 1. *lie* oo fal laha moothi eh 2. shimbir dhalowshe 3. dhikow, saarow (meel qummaati wal ing-saarow).

layer/leeyar/ (n) raar (wal is korkor saaryng). *The ground was covered with a layer of snow.*

lazy/leyzi/ (adj) garaaw, aajis.

lead/liid/ (v) 1. hengaaniyow. 2. koowaad. 3. jeeyow, hor galow. *This road leads to the village.*

leader/liidar/ (n) aaw, jiithyng-haay, hengaaniyi, hengaang-haayi (qaa'id).

leadership/liidarship/ (n) jiithynghaayi, qiyaadi (hoggaamin).

leaf/liif/ (n) 1. hambal 2. haanshy 3. bir hambal-haang ing-suubsyng.

leaflet/liiflet/ (n) haanshy war goony eh (kaas eh) ky yaaly, beessy laang ly qiibiyaw.

league/liig/ (n) urur, hiryng. *The League of Arab States.*

leak/liik/ (n) 1. qubow. *The roof leaks.* 2. sir fokyty. *Leaked the news to the media.*

lean/liin/ (v) iilythow (dhiny ingiilythy). 2. ky tiirsyng. 3. dughyng. *She leaned out of the window.* (adj) 4. haash eh (andiiny ing lahaayny).

leap/lip/ (n) 1. booting. (v) 2. boothow *Look before you leap.*

learn/lern/ (v) 1. ilmy siyaadsithow 2. wal ogaathow.

learned/lernid/ (adj) aalyng (lang wal barythy).

lease/liis/ (n) helliis ijaar oo dhikkyng (hellis abtughyng).

least/list/ (adj) 1. ingky yer 2 ingky yeraang

leather/lethar/ (adv) meghyt, maghaar.

leave/liiv/ (v) 1. bahow, tabow. *My train leaves at 9:00pm.* 2. ky dhaafow amy reebow. *I left my umbrella on the bus.* (n) 3. fasah, shaqy ku neebsythow. *She is on maternity leave.*

leave out/liiv awt/ (v) wal hisaabty lyngky darny.

leaves/liivis/ (n) 1. hambal. 2. *leaf* oo tul eh.

lecture/lakjar/ (n) esher (kudby amy muhaadary).

lecturer (n) langky esherky amy muhadarydy jeediyaw.

led (v) 1. *lead* oo fal laha moothi eh. 2. heng-gaaniyi, hordereery.

ledge/lej/ (n) qer, gow.

left (adj) 1. bithy. (v) 2. *leave* oo fal laha moothi eh.

left-handed (adj) gurryng (gurey).

leftovers/left owvars/ (n) ityng.

left wing (n) garabky bithy (hisby, lang amy urur aamingsyng nithaamky hanty-widaaggy).

leg (n) lu.

legal/liigal/ (adj) qaanuuni eh (wal shar'ygy waafygsyng).

legend/lejand/ (n) 1. sheeky taariik eh 2. geeko-geeko.

legendary/lejandari/ (adj) aang eh (lang mashuur eh), hannuung ly gorythaw.

legible/lejabal/ (adj) si sehlyng yng akriyi kory.

legion/liijan/ (n) 1. qiib ku tirsyng askarti Roomanky 2. askar bathang.

legislation/lejisleeshan/ (n) shuruu', qawaaniing.

leisure/leshar/ (n) wagtygy lang-ky wal ing haayny (wagtygy firaaqythy).

leisurly/lesharli/ (adj) si tartiib eh (deddeg laang).

lemon/leman/ (n) liimy.

lemonade/lemaneyd/ (n) liimonaaty (asiirky liimothy).

lend (v) amaahiyow.

length (n) dhiiriris, ibbir.

lengthen (v) dheereyow.

lengthy/lengthi/ (adj) dhiirir bathang.

lenient/liiniyant/ (adj) ing nuglaang, ing naarisow.

lens (n) 1. muraayi ookiyaaly amy kaamery. 2. illy barty wal aryghaasy.

lent (v) *lend* oo fal laha moothi eh.

lent (n) soongky diinty Krishta-anky (40 gee ku horeeyty Iistarky).

leopard/lepard/ (n) shibeel.

less (adv) ku yer, ing bathanaay-ny.

lessen/lesen/ (v) yeraayow, dhimow.

lesson/lesan/ (n) esher, dersy.

let (v) ing weelow, ing oggolaa-
thow. *Ali let me ride his bike.*

let down/let dawn/ (v) niyi jhab.

lethal/liithal/ (adj) sung eh.

letter/letar/ (n) 1. haraf. 2. farming
haanshy lyky dhikaw.

lettuce/letis/ (n) beghyl (aghaar
ansalaaty).

leukemia/lukiimiya/ (n) uthur dhi-
igghy galaw.

level/leval/ (n) 1. dhiirir. *Sea level.*
2. jing eh, isky derejy eh. *Advanced
level students.* (v) 3. jimaayow.

lever/lever/ (n) 1. ul amy bud wal lyky
qaathaw. 2. bir motoor lyky kiyaw.

liable/layabal/ (adj) mas'uul ku eh.
She is liable to make careless mistakes.

liar/layar/ (n) beenlow.

liberal (adj) 1. lang furfuryng, ugdy
ungky qabny fikrithy shal eh oo
haku horjeedy tiitis. 2. saghaawy eh.

liberate/libereyt/ (v) 1. hurooyow 2.
habis haku furow. *The bird was freed
from its cage.* **liberation**/libareyshan/
(n) hurnymy.

liberator/libareytor/ (n) hureeyi (qof
amy wal oo wal hurooyi).

liberty/liberti/ (n) hurriyi.

library/laybreri/ (n) maktaby (meel
kitaab lyky haayow amy lyky
akriisythaw).

lice/lays/ (n) *louse* oo tul eh.

license/laysans/ (n) 1. shatty (haan-
shy wal lykiingky oggolaathaw).
Driver's license. (v) 2. shatty siyow.
Bars are licensed to sell alcohol.

lick/lik/ (v) leefow.

lid (n) 1. dobool, fur (dobool dhery, kuud
iwm. amy fur dhaly, quly iwm.). 2.
baal, hinryb (hyndho baalsho)

lie/lay/ (v) 1. jhiifyshy. 2. yaalow
amy ky yaalow. *The island lies
just off the coast.* (n) 3. beeng.

lieutenant/luutenant/ (n) lamy-hid-
digly.

life/layf/ (n) noolal.

lifeboat/layf bowt/ (n) doong-bed-
baathy.

life jacket/layf jaaket/ (n) jaakky
bedbaathy.

lift (v) 1. kor ing qaathow. *The box
was so heavy that I couldn't lift it.*
2. roojiyow. 3. baabuur bilaash
ky rahow. *One neighbor gave me a
lift to school this morning.* (n)
4. wiishky saro dhedheer dabaq-
yithy kor eh lyng fuulaw.

light/layt/ (n) 1. aftiingky iriithy ku
kooyaw, aftiing nal amy dab. (v) 2.
shithow, gubow. 3. aftiimiyow. *The
room was lit by several lamps.* (adj) 4.
aftiing. 5. wal aftiing dheliyaw sithy
n a l , k a r b u u n y i w m .
6. kafiif, fudud (wal ing-ulusaayny).

lighter/laytar/ (n) dab-shithy.

lighthearted/laytharted/ (adj)
bashaash.

lighthouse/layt haws/ (n) minaa-
ryd (minaary faanus kugdi ky
leh maraakiibty haky deyithaa-
yang).

lightning/laytning/ (n) birig.

like/layk/ (v)1. jeelang. (prep) 2. ing nak,
ly mid eh. *She looks like her sister.*

likely/laykli/ (adv) wal dhiyi kory.

likelihood/laykli huud/ (n) bath-
ana, ihtimaal.

likewise/layk ways/ (adv) inis nak,
isky nammuung eh.

limb (n) 1. lugy amy galgny 2. laang
geed.

lime/laym/ (n) 1. liimy. 2. nuuriyi.

limit (n) had. *The speed limit in the
town is 30 miles per hour.*

limp (v) dhutiyow.

line/layn/ (n) 1. jiityng. 2. saf dad eh
amy kelmethy. 3. jid tariing.

linesman/laynisman/ (n) alyngly (langky sheeghaw qofki ku bahy goobty boloonighy).

linger (v) sughow.

linguist/ling wist/ (n) afyaal (lang ky takassusy ilmyghy afky).

lining/layning/ (n) mary kafiif eh, kar kakyng hoos lukuky tolaw. *Her coat has a silk lining.*

link (v) isky hirow.

lion/layan/ (n) libee.

lip (n) faruur.

lipstick/lip stik/ (n) muthub bila-anty faruugno marsithaasy.

liquid/likwid/ (n) dereery amy saa'il.

liquor/likar/ (n) kamry.

lisp (n) abryngly (lang harfo "s" i "th" ing shal saary korny).

list (n) liisty. *Add suger to the shopping list?*

listen/lisan/ (v) dhughynsythow.

literacy/literasi/ (n) gorythaw sithy wal lyng abtughaw i sithy wal lyng akriyaw.

literally/literalli/ (adv) sithy runty eh, sithy sahy eh.

literate/litereyt/ (adj) lang wal bary-thy (wal abtughy kory waany akriyi kory).

literature/litarajar/ (adj) 1. riwaayi, gobi iwm. 2. wal kasty oo abtughyng.

liter/litar/ (n) litir (noo' lyky ibbiraw wal saa'il (dereery) eh, sithy ban-siing iwm).

litter/litar/ (n) qashyng.

little/lital/ (adj) yer.

live/layv/ (v) 1. noolathow, naf-qab. 2. ky nool, deggyng. *They live in America.* (adj) 3. nool, ing dhim-myny. *They found a live mouse in the basement.* 4. wal telefisioonky amy raadiyaagy lukuly dereero isly waqtigy dhiyaayang.

lively/layvli/ (adj) wal nool tabar bathang (lang nool).

liver/livar/ (n) beer.

livestock/layv stok/ (n) hooly lyky dhaghymaw sithy gaal, lo, eryng iwm.

living/livin/ (adj) 1. nool, naf leh. (n) 2. wal lyky nooli.

living room/living ruum/ (n) qol-f_dhy.

lizard/lizard/ (n) dhadhamysy, gaanug.

load/lowd/ (n) 1. ror, hammuu_. (v) 2. rorow. 3. habbad bantuug giliyow amy filing kaamery giliyow. 4. ma'luumaat amy daaty giliyow kompiyuutar.

loaf/lowf/ (n) rooty wiing.

loan/lown/ (n) 1. amaah. (v) 2. amaahiyow.

loathe/lowth/ (v) neebang, kahad.

lobby/lobi/ (n) qol wiing ky yaaly mingky meelly lahuku galaw.

lobster/lob star/ (n) aragosty.

local/lowkal/ (adj) degmy ky koobyng (wal mahalli eh). *A local newspaper.*

locality/lowkaliti/ (n) ollog, deris, meel.

locate/lowkeyt/ (v) meel helow. *Can you locate your street on this map.*

location/lowkeyshan/ (n) meel.

lock/lok/ (n) quful.

locker/lokar/ (n) armaajy yer oo hiri-maasy (way ky dhisynta skoolledy, mahattoyinky tari-ingky, basasky amy dayuury-degeennethy).

locket/lokit/ (n) hersy, qardhaas.

locomotive/lowkamowtiv/ (n) motoor tariing.

locust/lowkast/ (n) luddaay.

lodge/loj/ (n) ming neebsyshy (ming yer, marky aftah lyky jery ly deghaw).

lodger/lojar/ (n) lang reer ly degging, qol ku ijaarythy.

loft/looft/ (n) maqaasyng mingky korshey ky yaaly

log/loog/ (n) 1. jhaabyjhaaby. 2. liisky amy rikoorky safarky dayuurythy amy markabky.

logic/lojik/ (n) agly-gal.

logo (n) summud.

loiter/looytar/ (v) ky meereeysythow, susurumow, teteeghymow.

lone/lown/ (adj) shely, doob sheleethis nool.

lonely/lownli/ (adj) 1. sheleethow, goony eh. 2. ku dheer bulshy.

long/long/ (adj) dheer, dhiiryr bathang.

longitude/lonjituud/ (n) masaafythy ing dhahooyty lammaathy uthub bary amy orsy ku jeraang jiithynty *Greenwich* ee London.

look/luuk/ (v) 1. fiiri. 2. ing nakkaang.

look out/luuk owt/ (n) tahaddir, is-jer.

loom/luum/ (n) 1. makiiny kar lyky tolaw. 2. wal luku obsythaw.

loop/luup/ (v) ky werejhiyow, ky duduubow.

loose/luus/ (adj) holof-holof eh, ing dhuugsynaayny.

loot/luut/ (n)1. booly, biliilyqy. (v) 2. booliyow, biliilyqeeysithow.

lop/lap/ (v) gooyow.

lopsided/lapsayded/ (adj) gothyng, jing ing haayny.

lord/loord/ (n) obboow, waaq, Ilaahey.

lose/luus/ (v) dhumiyow, kasaari-yow.

loser/luusar/ (n) 1. qof kassaari. 2. qof luku rooyi.

loss/los/ (n) kassaary.

lost (adj) 1. dhumi. 2. *lose* oo fal laha moothi eh.

lot (n) bathang.

lotion/looshan/ (n) wal lyky dhaaysithaw.

lottery/lotari/ (n) bakti-nassiib, qamaar.

loud/lawd/ (adj) ed dheer, qayly bathang.

loudspeaker/lawd spiikar/ (n) sammaa'id.

lounge/lawnj/ (n) qol-neebsyshy (qol wal lyky sughaw sithy dayuuryd, tariing iwm).

louse/laws/ (n) injir.

love/lav/ (n) jeel (aanshaq).

lovely/lavli/ (adj) suurud bathang, haky jiithithaasy.

low (adj) gaabyng, hooseyi.

lower/lowar/ (adj) ku hooseyi.

loyal/loyal/ (adj) mudhii' eh, raalliyi eh.

lozenge/loosanj/ (n) kaniiny ly dhuundhuugaw.

lubricate/luubrakeyt/ (v) humbooyaw.

luck/lak/ (n) falaad, nassiib.

lucky/laki/ (adj) nassiib leh, nassiib bathang.

luggage/lagij/ (n) shandy (araar safar), boorsy safar.

lukewarm/luuk woorm/ (adj) fardiir.

lull/lal/ (v) 1. lyky doomy, dejhiyaw. *The soothing music lulled him to sleep.* (n) 2. neebsyshy yer.

lullaby/lalabay/ (n) hees ariireed.

lumberjack/lambar jaak/ (n) geedgooyi.

luminous/luuminas/ (adj) aftiimaw, dhilaalaw.

lump/lamp/ (n) 1. kuus. 2. barar.

lunacy/lunasi/ (n) waalynaang, amal hummaang.

lunar (adj) bill eh, billy eh (wal bill shaqi ky leh). *Lunar calendar.*

lunatic/lunatic/ (n) qof jeng leh (lang waalyng).
lunch/lanj/ (n) qathy (hung-guryghy ly aamaw duhuurky).
lung/lang/ (n) mundhuluf, sambab.
lurch/larj/ (v) duulduulow. *The drunken man lurched toward the bar.*
lure/lur/ (n) ky sasabow, ky dabow, ky sirow.
lurk/lerk/ (v) dhakyshy, ky gebbyshy.
lush/lash/ (adj) ees eed ing bahy.
lust/last/ (n) howy, dhamy.
luxury/lagshury/ (n) raahy i qaal eh.
luxurious/lagshariyas/ (adj) raahy leh, eedny qaal ing eh.
lyrics/liiriks/ (n) hees meraajhey

M

M,m/em/ 1. harafky tummung i seddahaad oo farty Ingriisky. 2. *meter* oo laha gaabiyi
machine/mashiin/ (n) motoor
machine gun/mashiin-gan/ (n) bantuug otomaatiky eh.
machinery/mashiinari/ (n) aalaat, makiiniyaal.
mackintosh/maakintoosh/ (n) jaaky biyi reeb eh.
mad/maad/ (adj) 1. lang waalyng 2. dhirif.
madam/maadam/ (n) habar ly sharyfaw.
made/meyd/ (v) *make* oo fall aha moothi eh.
magazine/maagaziin/ (n) joornaal koltyng hang bahaw.
maggot/ (n) hisjhy.
magic/maajik/ (n) sihir.

magician/majishan/ (n) sihiroolv.
magistrate/maajistreyt/ (n) qaallyghy dembiyaalky yeryer.
magnet/magnet/ (n) bir jiiddi (bir bir ha jiithasy).
magnetic/maagneetik/ (adj) 1. birlab. 2. ha jiithow.
magnetism/magnetism/ (n) tabarty birlabky.
magnificent/magnifisant/ (adj) eed ing feyly.
magnify/magnifay/ (v) wiinayow.
maid/meeyd/ (n) booyasy (etheegty).
mail/meyl/ (n) 1. nithaamky boostithy.
maim/meym/ (v) dheeboyow, naafeyow.
main/meyn/ (adj) asaasi eh.
mainland/meynland/ (n) dhul jasiiry ku dheer.
mainly/meynli/ (adv) ing bathanaang.
maintain/meynteyn/ (v) 1. ky haayow, arryd biyow. *The machinery is maintained regularly* 2. kalkaaliyow. *She has a family to maintain.* 3. ky adkaaysithow. *He maintains that he is innocent.*
maize/meyz/ (n) galley.
majesty/maajesti/ (n) koofar lyrgky weeraw qof reer boghyr eh. *your majesty.*
major/meyjar/ (adj) 1. muhim eh. 2. sirkaal.
majority/majooriti/ (n) bathanaang, aglabiyi.
make/meyk/ (v) 1. suubiyow. *could you make me a cup of tea.* 2. toosiyow. *He got up and made his bed.* 3. jumly. *Two and six make eight.*
makeup/meyk-up/ (v) is suurythooyow. (n) beeng abuur

malaria/maleeriya/ (n) bushyghy dhilmaagnothy luku qaathaw.

male/meyl/ (n) lab.

malicious/malishoos/ (adj) hesednymy.

mall/mool/ (n) suug (suuq) wiing.

mallet/maalet/ (n) burdhis geed.

malnutrition/malnyutrishan/ (n) nafaqy laang.

mammal/maamal/ (n) hoolynugheel (hooly-naasly).

man/maan/ (n) 1. lang (meghyl) 2. ibny eedyng.

manage/maanij/ (v) wal maamulow.

manager/maanijar/ (n) maamuly.

mane/meyn/ (n) tinty ky taally ferisky amy libeeky lughuntis.

maneuver/manuuvar/ (n) 1. munaawary amy tab askareed. 2. tafaagni ly ilmiyeeyi.

mangle/maangal/ (v) jhijhibiyow.

mango/maangow/ (n) imby, maango.

maniac/meynyaak/ (n) jinooly (qof jeng qaby).

manicure/maana-kyuur/ (n) fargni suuruthooyow (iddy dhigow i gooyow)

manipulate/manipyuleyt/ (v) 1. kontroolow 2. masqang geddiyow. *He knows how to manipulate his supporters.* 3. ky dhedheelow. *To manipulate accounts.*

mankind/maankaaynd/ (n) ibny eeddyng, meghyl.

man-made/maanmeyd/ (adj) ly sanaahiyi (ibny eeddyng suubiyi), dabii'i ing haayny.

manner/maanar/ (n) 1. aathy (sithy lyng dhaghymaw) 2. sithy wal lyng suubiyaw.

manor (n) 1. ming bed wiing ky dhayaaly (ming wiing, beerty dhatiye ky yaaly) 2. maamul

degmeed Ingriisky hory.

mansion/maanshan/ (n) ming eed ing wiing.

manslaughter/maan-slotar/ (n) maag ing-dil, dil qesed laang eh (dil sabab laang eh).

mantelpiece/maantal-piis/ (n) 1. hopoog amy garby-saar. 2. dabdiirky kugdis (iskafaallythy dabdiirky korshey ky dhisyng). 3. imaamy.

manual/maanyuwal/ (adj) 1. wal galang lyky sanaahiyi. 2. kitaab sheeghaw sithy wal lyng sanaahiyaw amy aalat lyng etheegsythaw. *The manual of the rifle.*

manufacture/maanyufaakchar/ (v) 1. wal sanaahiyow. 2. wal abuurow. *To manufacture an excuse.* 3. wal ha saarow.

manure/manur/ (n) tus (tusty hoola).

many/meni/ (adj) bathang.

map/map/ (n) kaarty amy (khariity).

maple/maypal/ (n) geed hamballis shan gaas lety (hambally summuddy ing eh dalky Kanada).

mar/maar/ (v) hallaayow.

marathon/marathon/ (n) 1. roor dheer (roor 26 maayal deeraw). 2. hool muddyng bathang lyky jeraw.

marble/marbal/ (n) 1. shiid marmar. 2. shiid baarqy lyky dheelaw.

March/marj/ (n) 1. Maarso (billy seddahaad oo sinnidky miilaadigy). 2. gaardy. 3. muthaaharaad.

mare/meer/ (n) geegny (feris dheddy eh)

margarine/maarjariin/ (n) dhaaysy dhabii'i ing hayny (dhaaysygeed).

margin/maajyn/ (n) 1. haamishky kitaabky. 2. faa'ithy 3. kaay (ihtiyadhy).

marijuana/maarawaana/ (n) hashi-ish (drooghy ly dhuugaw).

marina/marina/ (n) furdy yer.

marine/mariin/ (adj) 1. wal magny ky saabsyng. 2. askar-magny (askar mariiny).

mark (n) summud, alaamy.

market (n) suug.

marmalade/marmaleyd/ (n) mal-malaaty.

maroon/maruun/ (n) muthub gadu-ud i kaffee lysky dheehy eh.

marquee/markii/ (n) teendhy wiing.

marriage/maarij/ (n) 1. alkung (guur). 2. oroos.

marrow/marrow/ (n) dhuu (weelka weelshey lafta dhuushe)

marry/maari/ (v)1. alkumythow, guursythow. 2. habar ii harty inis naghythow

marsh (n) dhisheeg (dhul dhiighy eh).

martial/marshal/ (adj) wal ol (harby) amy askar ky lug leh.

martial arts/marshal arts/ (n) sanaathy nafta-bedbaathiyow, sithy *judu* amy *karate* oo haku jeeddy reer bary.

martyr/maartar/ (n) naf-quur, shahi-id (qof naftiis ing huri diintis amy wal usy rumee-ysigny).

marvel/marvel// (n) mu'jisy.

marvelous/maarvalas/ (adj) yaab leh.

mascot/maaskot/ (n) wal nasiib sheenaw, wal falaad eh (dad, duugny amy shey nasiib feyle sheenaw).

masculine/maskulin/ (adj) meghyl-nimy (lab).

mash/mash/ (v) shiithow.

mask/mask/ (n) wijy sheerer (maaskary).

mason/meysan/ (n) 1. fuundy. 2. hubung ururky lyng gorythy *Free-masonry* (=meyson oo hur eh).

mass/maas/ (adj) 1. dad bathang (jamaahiir). 2. werdy-gaal oo ly galaw hamiingky nusjhey *Midnight mass*. 3. wal ha saarow jumly eh *Mass production* 4. binaang bahow lyskyly jery (muthaaharaat) *Mass demonstration*.

massacre/maasakar/ (n) dil waha-shnimy eh, maag ing dilow had dhaaf eh.

massage/masaj/ (v) dhudhuujhiyow.

massive/maasiv/ (adj) eed ing wiing, eed ing bathang.

master/maastar/ (n) 1. maallyng. 2. sannaaly (lang hirfy goony eh gorythaw) *A master carpenter* 3. za'iim diineed amy dhaghymeed oo maghy leh. 4. lang ijasy maa-jisteer qaby *Master of Arts (MA)*.

masterpiece/maastarpiis/ (n) hool qobyt muthynaang leh (sithy wal ly herery amy wal ly abtughy).

mat/maat/ (n) masally, deryng.

match/maach/ (n) 1. isfeel (tartyng). 2. ing nag (ing dhyky-my). 3. tarag.

mate/meyt/ (n) withaay, rafiiq.

material/matiiriyal/ (n) 1. sheey asaasi eh. 2. bar adduugni. 3. wal naf ing lahaayny.

maternal (adj) bahy, naasky (bahy faamy), rihim.

maternity/maternity/ (n) waqtighy bilaanty uurky lety (waqtighy ing-dhahooyi uurky ilaa dhalmythy).

mathemathics/maathamaathiks/ (n) ilmyghy hisaabty.

matinee/matineey/ (n) maalimeey.

matter/maatar/ (n) 1. mas'aly, sha'ny. 2. wal muhim eh.

mattress/maatras/ (n) joothary, goodily.

mature/machur/ (adj) 1. tabar gal-syng, korow, wiing. 2. wiinath-ow, karow.

maul/mool/ (n) 1. burdhis-geed. (v) 2. si wahishnimy eh ing dhee-boyow

maximum/maaksimam/ (adj) ingky bathang

may/mey/ (v) wal dhiyi kory.

May/mey/ (n) Maajo (billy shannaad oo sinnidky miilaadigy).

maybe/mey-bii/ (adv) suurygal.

mayonnaise/meya-neys/ (n) dhaaysy-ukung.

mayor/meyar/ (n) siindiky (belidky aawshey).

maze/meys/ (n) tubaal lalaabinshe lyky dhumaw.

meadow/medow/ (n) sakar (dhul amy beer nur leh).

meal/miil/ (n) 1. hung-gury. 2. waqty hung-gury aamis.

mean/miin/ (v) 1. fasirow. *What do you mean by that.* 2. ingly-jeeddy. *I didn't mean to upset you.* (adj) 3. haasid. 4. bakiil. 5. ma'ny lahaang. *My job means a lot to me.* 6. dhayaal (wasat, mutawassit). *The mean tempreture.* **by all means**: wal kasty, si kasty, **by no means**: ing-dhiyaany.

meaningful/miiningful/ (adj) ma'ny wiing ky fidhiithy.

meaningless/miiningless/ (adj) ma'ny ing lahaayny.

meantime/miintaym/ (n) ilaa waq-tyghaas (muddunty ing dha-hooyty lammy amuurood).

meanwhile/miinwayl/ (adv) ilaa hatty.

measles/miisals/ (n) helmesy.

measure/meshar/ (n) 1. ibbir, beeg. *A yard is a measure of length.* 2. aalat wal lyky qiyaasaw.

meat/miit/ (n) so.

mechanic/mekaanik/ (n) makaani-ky (qofky motoorrethy suu-biyaw).

mechanism/mekaanism/ (n) sithy wal shal eh inysly shaqeeya-yaang.

medal (n) medaaliyi, billid (wis-aam).

medalist (n) qofky tartyngky ky rooyi oo muthynaathy medaa-liyi.

media/miidya/ (n) war-fithis (sithy raadiyi, joornaal, telefishan, internet iwm).

medical/medical/ (adj) wal daawy ly hariiry.

medicine/medasan/ (n) 1. daawy. 2. ilmyghy taktarnymaathy.

medieval/midiival/ (adj) taariikty dhatty eh, usuurty dhatty eh.

mediocre/midyoowkar/ (adj) luku-roony, ash ing haayny.

meditate/medityt/ (v) kalaaweyow.

medium/miidyam/ (adj) hab is-deer-syng eh. 2. qof dhayaal ing eh dadky ii arwaahdy.

meek/miik/ (adj) deggyng, etheb-leh.

meet/miit/ (n) 1. kulung. 2. hor-baryd. *It was nice meeting you.* (v) 3. isky darymow, kulumow. *Where do the two roads meet?*

mega (adj) eed ing wiing.

megabyte/megabaayt/ (n) hasuus-kompiyuutar.

melancholy/meelankoli/ (adj) mu-rug.

mellow (adj) 1. muthub amy ed nughul. 2. hung-gury dhadhan feyly

melody/meladi/ (n) lahang.

melon (n) qary, qary ing-yaal (batiikh).

melt (v) 1. dhilaalow. 2. dhilaaliyow *The ice melted in the sun*

member/member/ (n) hubung, fatiir, deebat.

memorable/memarabal/ (a d j) lyng hilmaamy korny.

memorial/memooriyal/ (n) hus, aash la haky towaw qof dhimithy.

memorize/memarays/ (v) kor ku haayow, kor ku barathow (hafithow, sithy quraanky)

memory/memari/ (n) 1. towynaang. 2. wal ly towaw. *Happy memories of childhood.* 3. hasuus-kompiyuutar.

men/meen/ 1. lang, qof. 2. jama'a *man* (*man* oo tul eh).

menace/menas/ (n) 1. katar leh. 2. obsy leh.

mend (v) kabow, karamow.

mental (adj) 1. wal masqanty ky saabsyng. 2. waalyng.

mention/menshan (v) 1. husow. 2. sheeghow.

menu/menyuu/ (n) 1. liisty luku fiirsythaw hung-gurughy yaaly muqaayithy. 2. liistythy kompiyuutarky.

mercenary/mersaneri/ (n) murtaziq (askar ly ijaarythaw).

merchant (n) geddiisly.

mercury/merk-yuri/ (n) ma'dang, muthubshey qalyng eh, dereery eh lyng etheegsythaw kulbeeghy amy termoomitar.

mercy/meersi/ (n) naaris.

merciful/merciful/ (adj) naaris leh.

merely/mirili/ (adv) bes, wal ingly jerny.

merge/mergy/ (v) isky darow.

merit (n) istahil.

mermaid/marmeyd/ (n) gebireey-maagny.

merry/merri/ (adj) farahsyng (bahjy), riyaaq.

merry-go-round/merri-goo-rawnd/ (n) 1. haywaanaat koronty ky shaqeeyaw oo wereegaw (haywaang kasty korsi leyi, hal meelny ky wereeghythaayang) 2. kulung-jitheet wereegsyng (meel jithity bathang inisky kooy-ayaang, baaburtyny wereeg ing dereerayaang)

mess (n) nithaam laang. *Your room is a mess.* 2. meesy (meelly askarty hung-gurughy ky aamasy) (v) 3. qassow.

message/messyj/ (n) farmiing, etheeg.

messenger/mesanjar/ (n) 1. etheeg-wethy, farming-sidy 2. naby, rasuul.

metal (n) bir.

meteorologist/miitarolojist/ (n) qofky barythi ilmyghy howythy.

meteorology/miitiaroloji/ (n) ilmyghy howythy.

meter/miitar/ (n) mitir.

method/methad/ (n) nithaam, han-naang.

methodical/methoodikal/ (adj) nithaam leh, hannaang leh.

metric system/metric sistam/ (n) hab-beeg ky saleeysyng mitir (sithy mitir, kilometer iwm).

mice/mays/ (n) 1. jiir, doolly. 2. *mouce* oo tul eh amy jama' eh.

micro/maykro/ (n) eed ing yer.

microbe/maykrowb/ (n) jeermy nool il ing araghaany.

microchip/maykrochip/ (n) sily-koong eed ing yer ly giliyaw aalaatky elektroonikithy.

microphone/maykrofoon/ (n) aalat warky gudbiyaasy waany wiinayaasy.

microscope/maykroskowp/ (n) aalat lyky araghaw wal il ing aryghy korny.

microwave/maykrowev/ (n) foorny hung-guryghy deddeg ing kalu-ulayaasy, waany ing kariyaasy..

mid (prefix) dhattiis.

midday/middeey/ (n) duhur (gee dhattiis)

middle/middal/ (n) dhatty, nus.

middle-aged/middal-eeyjed/ (adj) gu-dhahy (umry biliseed).

MiddleAges/middal-eeyjis/ (n) usu-urty dhatty eh.

Middle East/middal-iist/ (n) Bary Dhahy

midge/mij/ (n) yer.

midget/mijet/ (n) qof hannuung bar yer.

midnight/midnaayt/ (n) hamiing leel.

midwife/midwaayf/ (n) umulisy.

might/mayt/ (v) tabar, hoog.

mighty/mayti/ (adj) tabar bathang, hoog leh.

migraine/maygreyn/ (n) mathy-dhuury hung.

migrate/maygreyt/ (n) kiinang, bogtaal.

mild/mayld/ (adj) 1. lang deggyng. *A mild-mannared man.* 2. ing humaayny. *She got a mild punish-ment.* 3. jawy fely. *A mild weather.* 4. hung-gury besbaas yer. *A mild curry.*

mile/mayl/ (n) maayal (masaafy ly jing eh 1,621 kiilo mitir amy 1,760 yardy).

militant (adj) ol amy dirir diyaar ing eh (isgal ing mallythi).

military/militeri/ (adj) ol i askar ly hariiry.

milk (n) wang (aany).

mill (n) 1. makiiny-misgy. 2. warshyd. 3. makiiny wal shi-ithasy.

millennium/milleniyum/ (n) kunly (muddung kung sini eh).

millet (n) misgy.

milli (prefix) qiib-kumeed. *Millimeter.*

million/milyan/ (n) milyuung.

millionaire/milyaner/ (n) tanaad, milyuungly (qof hantithiis milyuung ku bathanty).

mime/maym/ (n) af-koreed (athy oo afky ing shal qaadny warry-maw).

mimic/mimic/ (n) meerar, dhadhaa-jhis.

minaret (n) minaary.

mince/mins/ (v) jherjherow (si goony eh marky soky ly luthoyaw).

mind/maynd/ (n) 1. maang, meled, masqang. *He has a very quick mind.* 2. ing ku dighow. *Mind the step* 3. ing diithow. *I don't mind if she comes with us.*

mine/mayn/ (pron) 1. kiikey (walaaghey). (n) 2. god lahaku qothaw shiid-dhuhul amy ma'-dang. 3. kaay-miiny, dhulky hoostis amy biyo hoostiyo.

mineral (n) ma'dang.

mingle/mingal/ (v) dha-gal, ky dheehimow.

mini (pref) yeraang aathy ing haayny.

miniature/minyajar/ (adj) eed ing yer.

minimum/minimam/ (n) ing ky yer-aang.

minister/minister/ (n) 1. wasiir. 2. withaad-gaal.

ministry/ministry/ (n) 1. wasaa-ryd. 2. shaqy withaad-gaaly.

minor/maynar/ (adj) 1. muhim ing haayny. 2. unug ing tabar galny.

minority/maynoriti/ (n) 1. tiry yer. 2. lammy reer haang tiry yer, oony ku beddelyng haang bathang goony hang dhiniya diinty, muthubky amy isirky.

mint (n) na'naa' (geed hamballis isgowty, shahi amy biyi lyky darsythaw).

minus/maynas/ (n) luku gooyi.

minute/minit/ (n) 1. daghiighy. 2. waqty eed ing gaabyng.

miracle/mirakal/ (n) mu'jisy.

mirage/miraaj/ (n) uung (saraab).

mirror/mirar/ (n) bildeey.

mis (pref) gef, qalyd amy humaang.

miscarriage/miskaarij/ (n) dhiisis (unug mudduntiis ing dham-many dhalow).

miscellaneous/misaleynias/ (adj) shal eh, shal qiibsyng, shal ged-diisyng.

mischief/mischief/ (n) amal humy.

miser/maisar/ (n) bakiil.

miserable/misarabal/ (adj) tiiragn-eeysyng, murugsyng.

misery/misari/ (n) tiiraagny, murug.

misfortune/misfoorjan/ (n) burjy humy (nasiib dorry).

mishap/mishap/ (n) dheeby kafiif eh.

mislay/misley/ (v) meelly athy wala dhigty hilmaamow.

mislead/misliid/ (v) kiyaany (sy hung wal in sheeghy).

miss/mis/ (v) 1. gefow 2. ing hiloowow.

Miss/mis/ (n) koofar lyngky weeraw bilaanty goroobky eh.

missile/misayl/ (n) saaruuk.

missing/misin/ (adj) dhungsyng (wal dhumi).

mission/mishan/ (n) 1. akkiyaar 2. hoolly akiyaarty lyng diry 3. dad diing fithiyaw.

missionary/mishaneri/ (n) dad fithiyaw diinty Kristiyaangky.

mist (n) hungry.

misty/misti/ (adj) hungry leh (meel hungry bathang).

mistake/misteyk/ (n) 1. qalyd 2. gef.

mistreat/mistriit/ (v) fathuuliyaw, humaayow (si hung ing dhaghow).

mistress (n) meel bilaang aaw ing ety.

mistrust/mistrast/ (v) aaminow laang.

misunderstand/misandarstand/ (v) kilaaf.

mix/miks/ (v) isky qasow, isky labow.

mixture/mikisjar/ (n) isky qasy.

moan/mown/ (n) jibeed.

mob (n) duul rabshooliyaal eh.

mobile/mowbayl/ (adj) dhaghaagy kory, ly rory kory.

mock/mok/ (v) 1. ky jeesjees. (adj) 2. beeng (rung ing haayny).

model (n) moody (nammuung, noo').

moderate/moderat/ (adj) meel chatty eh.

modern (n) asry.

modernize/modernayz/ (v) asry ky dhikow.

modest (n) 1. qof isly wiiny ing qabny 2. jheer amy shiih bathang 3. dhayaal (maany ing bathanaayny, maany ing yeraayny).

moist/moyst/ (adj) quuying.

mold (n) 1. koobiyi (meel wali lyky shuby qaabshe weeldhithaasy) 2. barshy-waraaby ky bahi hung-gury ursythi amy bololi.

mole/mowl/ (n) 1. fuurunfur 2. bar (dhebiising mithow korky ky yaally)

mom (n) aay (*mother* oo la ha gaabiyi).

moment/moment/ (n) ammyng, waqti gaabyng.

monarch/monark/ (n) malaak, boghyr.

Monday/mandey/ (n) Isniing.

money/mani/ (n) beessy.

monitor/monitar/ (n) shaashyddy kumpiyuutarka amy telefishanky.

monk/mank/ (n) widaad diinty buudisty.

monkey/manki/ (n) daanjher.

mono (adj) hal, shely.

monopoly/manopoli/ (n) ihtikaar, sheleethis.

monsoon/monsuun/ (n) istaqfurow (waqty roob bathang qubuthaw).

monster/manstar/ (n) jinny amy ifriid.

month/manth/ (n) bil, sheher.

monthly/manthli/ (adj) bil-lly, bil kasty.

monument/manyument/ (n) aash (dhismy dadky ha towiyaasy wal taariikh eh).

mood/mud/ (n) dereeng (niyithy qofky sithy ety mar kasty, dhirif, farah iwm).

moody/muudi/ (adj) 1. ansha humy 2. niyi beddelyng.

moon/muun/ (n) bil.

mop (n) 1. haaghy, tirtiry 2. enjejhiyi.

moral/moral/ (adj) 1. si toosyng ing dhaghymow. 2. sah i qalad shal saarow 3. heer dhaghymeed.

morale/maraal/ (n) niyi kakyng, adkaaysythow.

more/moor/ (adv) bathang.

morning/moorning/ (n) hiraabang.

mortal/mortal/ (adj) ing waarany (dhimythaw), weel eedding

mortar/mortar/ (n) 1. madfa'. 2. arry ii shamiinty isky qassyng. 3. moo (weelky wal lyky shiithaw).

mortgage/moorgij/ (n) 1. deengming. 2. rehyng (ilaa qofky deenty ku-guthaw)

mortuary/morjuary/ (n) ming-mijid.

mosaic/moseyik/ (n) musawir ku suubsyng shiithy yer-yer oo assalyng (shiid yer-yer oo muthub leh)

mosque/mosk/ (n) miseejid.

mosquito/moskiitow/ (n) dhilmaagny.

moss (n) ees ky bahaw geetho ky nool biyi galeeng amy dhisheeg *Spanish moss.*

most/mowst/ (adj) ingky bathang.

motel/mowtel/ (n) albeergy.

mother/mathar/ (n) ahy, aayow.

motion/mowshan/ (n) 1. dhadhaghaag. 2. tely ha jeethis.

motive/mowtiv/ (n) sabab

motor/mowtar/ (n) motoor.

motor-bike/mowtar-bayk/ (n) mooty yer.

motorcycle/mowtar-saykal/ (n) mooty.

mound/mawnd/ (n) buur yer.

mount/mownt/ (v) 1. fuulow, korow. 2. siyaadi. *Excitement is mounting.* 3. musawir muraayi giliyow.

mountain/mowntan/ (n) buur.

mountaineer/mowntanir/ (n) buurfuuly (qofky buuro koraw).

mourn/moorn/ (n) ooysy *Hiddighow mourned the loss of her grandfather.*

mouse/maws/ (n) 1. jiir, doolly. 2. aalat lyky kontroolaw wal dhikowky kompiyuutarky (farty kompiyuutarky sithy ing dhikymaasy).

moustache/mastach/ (n) shaarib.

mouth/mawth/ (n) 1. af. 2. irryd. 3. webyghy afjhey.

move/muuv/ (v) 1. dhaghajhiyow. *Who's moved my files.* 2. guurow. 3. raad ky-reebow dereengky qofky. *I was moved by the movie* 4. hal amy go'aang ha bandhikow 5. hor ing-dereerow.

moving/muuvin/ (adj) 1. wal dereengky qofky labaw. 2. wal dereeraw.

movement/muuvment/ (n) haraky, dhadhaghaag.

movie/muuvi/ (n) filing.

mow/maw/ (v) ees gooyow (eesky oo ly jimaayaw).

mower/mawar/ (n) makiinothy eesky lyky gooyaw.

Mr./mistar/ (n) aw (koofar luku hormariyaw maghaaghy meghelky aw-reerky eh)

Mrs./miss-izs/ (n) ay (koofar luku hormariyow maghaaghy hanraabty ly qaby).

Ms./miz/ (n) koofar luku hormariyaw maghaaghy hanraabty lyng qabny.

M.S./em-es/ (n) ijasithy (shahaaddithy) majisteerky ilmighy *Master of Science.*

much/mach/ (adv) bathang. *Is there much food left over?*

muck/mak/ (n) dhusug.

mud/mad/ (n) dhooby, dhiiighy.

muddle/madal/ (n) shal deedsynaang. (v) 2. wereeriyow.

muffle/mafal/ (v) 1. shumugsiyow. 2. imaamy ky-duubow.

mug/mag/ (n) manuuny dheg leh. (v) 2. booliyow, biliiliqy.

mule/myuul/ (n) baqyl.

multimedia/maltimiidiya/ (adj) habab is-deersiing sithy ed, musawir iwm.

multiple/maltapal/ (adj) qiib bathang leh.

multiply/maltaplay/ (v) kydhowow.

multiplication/maltiplikayshan/ (n) tiry tiry lyky-dhowi. *Two multiplied by four equal eight (2x4=8).*

mumble/mambal/ (v) hathal lyng gorythaany ky dowahaw.

mummy/maami/ (n) 1. mijid ly hafithy oo ly enjejiyi. 2. aayow.

mumps/mamps/ (n) qaamow-qashiir.

munch/manj/ (v) alaaliyow.

mural/myural/ (n) derby asalyng (derby rinjiyaaysyng).

murder/mardar/ (n) 1. naf-gooy. (v) 2. dil.

murderer/mardarar/ (n) qaatil (qof qof kely maag ing dili)

murmur/mer-mer/ (v) qanuuny.

muscle/masal/ (n) muruq.

museum/myusiyam/ (n) mathaf.

mushroom/mash-ruum/ (n) barshyng-waraaby.

music/myuzik/ (n) muusiky.

musician/myuzishan/ (n) muusikaaly (qofky muusikythy tumaw).

Muslim/maslam/ (n) Muslung.

must/mast/ (v) 1. wal lyng baahygny. 2. shuruu' ii waajibaat lyng baahygny.

mustard/mustard/ (n) geed-kaluul, muthubshey jaally eh, hungguryghy lyky aamaw.

mutiny/myutinii/ (n) amar-diid (goony haang askar diiddi amar).

mutter/matar/ (v) kushuk.

muzzle/masal/ (n) 1. ganfuurky hoola. 2. bantuung dhuuntis. 3. hakamy (wal haywaanky afky lukuky hiraw si dad ingky dhegny.

mystery/mistari/ (n) wal lyng gorythy korny (sir lyng kasy korny).

myth/mith/ (n) geeko-geeko ky

saabsyng diimoghy hory,
geesiyaalky hory iwm.
mythical/mithikal/ (adj). wal ungku
jerny (quraafaad eh).
mythology/mithooloji/ (n) wal ky
saabsyng quraafaad.

N

N,n/en/ harafky tummung i affaraad
oo farty Ingriisky
nag/naag/ (v) qof murung abuury eh
(owaathow bathang).
nail/neyl/ (n) 1. iddy 2. musmaar. (v)
3. musmaarow.
naked/neykid/ (adj) dharraamyng
name/maym/ (n) 1. maghy. (v) 2.
maghaawow (maghy ing biyow).
nanny/naani/ (n) bilaang ariir lyky
dhaafythaw, ijaarny ly siyaw.
nap/naap/ (n) guthur-dhow.
napkin/naapkin/ (n) istiraashy, aftir
(haanshy amy kar yer afky i gal-
gna lyky tirtiraw).
narrate/naarreyt/ (v) ku sheekeyow.
narrow/naarow/ (adj) 1. iig. 2.
koobyng. 3. si eed ing yer wal ky
suubiyow.
nasal/neysal/ (adj) 1. sang. 2. sanuuny.
nasty/naasti/ (adj) 1. qof eed ing
hung. 2. wal hindho ing doryng
(dhusug, ur, suurud doryng). 3.
wal dhuury bathang (wal
lahawsho lyniing gegsythy
korny).
nation/neyshan/ (n) 1. dal.
2. ummud.
nationalist/naashanaalist/ (n) wad-
dani.
nationality/naashanaliti/ (n) dhal-
ishy (reer, jinsiyi).
native/netiv/ (adj) dhalyd (ing

dhalithy).
natural/nachural/ (adj) 1. dabii'i eh.
2. ky dhalyshy. 3. aathi eh.
nature/neychar/ (n) dabii'y.
naughty/nooti/ (adj) 1. mathy
kakang (ariir doo ing
dheeghany). 2. etheb dorry.
nausea/noosiya/ (n) dhigdhighaaw
(lallabby, yaqyaqsy).
nautical/nootikal/ (adj) wal mara-
akiibty i maagny-mariyaalky
shaqy ky leh.
naval/neyval/ (adj) maagnoly.
navigate/naavigeyt/ (v) hengaang
ing haayow (siiby markab amy
dayuury), maagny-mary amy ir-
mary.
navy/neyvi/ (n) askar-magny.
navy blue/neyvi bluu/ (n) buluug
mithoow ky dheehyng.
near/niyar/ (adj) ing dhow, baalliye
(ungku dheerayny).
nearby/niyar-baay/ (adj) ky dhow,
ky dhegging.
nearly/niyarly/ (adv) qiyaas.
neat/niit/ (adj) eed inisky toos-
syng.
necessary/nesaseri/ (adv) mal ku
maarrymaang (wal laangtiyo
lyng lahaayny).
necessity/nasesiti/ (n) 1. mal-
huraang. 2. wal lyng baahathi,
wal lyng baahagni. *Necessity is
the mother of invention.*
neck/nek/ (n) 1. lughung, qoor.
2. meelly wala iiggi ku eying. *The
neck of a bottle.*
necklace/nek las/ (n) lughyng-gally
sithy erjeeg, usby iwm.
need/niid/ (n) baahy.
needle/niidal/ (n) irbid.
negative/negative/ (adj) 1. diithow.
2. fiyaaw (bushy ing qabny, ing
jirrinaayny). 3. summuddy shal-

gooyowky (-) 4. baniikoly.

neglect/niglekt/ (v) baylaayow.

neglectful/niglektful/ (adj) bayly eh.

negotiate/negooshiyet/ (v) gor-gortyng, golol-qaat, helliyow.

Negro/niigrow/ (n) qof mithow (qof mithow asalshey Afri-kaang eh).

neighbor/neybar/ (n) ollog, deris.

neighborhood/neybarhuud/ (n) 1. jiirang, deris. 2. haafyd.

neither/niithar/ (conj) kooshony, koony.

nephew/nef yuu/ (n) aysyng lab eh (unuggy athy abty amy etheer ing ety).

nerve/nerv/ (n) 1. dereeng-wethy. 2. degginaanty i geessinymy-thy qofky. *You need a lot of nerve to be a racing driver.* 3. il-kakyng. *He's got some nerve, asking me for $100!*

nervous/nerves/ (adj) wereersyng (isky moqqyng).

nest (n) saab-shimbyreed.

net (n) 1. shabaq. (v) 2. dabow, geethow. (adj) 3. saafy eh (tiry jing eh siyaathy amy naaqus toony ing haayny.

network (n) isky hirynang, isly shaqeeyow. 2. hab isky hiraw leemyng bathang oo kompiyuu-tar eh.

neuter/niyutar/ (adj) 1. dhuffaang. 2. lab i dheddy toony ing haayny (nahwy hang).

neutral/niyutral/ (adj) dhadhahaat eh (meelny ingly jerny).

neutron/niyutran/ (n) qiib ku mid eh aatomky (fiiri *atom*).

never/nevar/ (adv) abadang (wily-sheeby). *I have never been here before.*

nevertheless/nevar the less/ (adv) si kasty haato. *The team played well, but they lost nevertheless.*

new/niyuu/ (adj) 1. usub. 2. hor lyng arygny amy lyng suubiny. 3. ku beddelyng, ki hory ing haayny. *I'm going to a new school next year.*

newspaper/niyuus peypar/ (n) jari-iddy (joornaal).

next/nekist/ (adj) 1. kang ky hygy 2. kang ky dhow.

nib (n) qalynky aaryddis amy food-dis.

nibble/nibal/ (v) hung-gury tataab-bythow.

nice/nays/ (adj) feyly.

nicely/naysli/ (adv) si feyly.

nickname/nik-neym/ (n) koofar.

nicotine/nikatiin/ sung-tubaaky

niece/niis/ (n) aysyng dheddy eh (unugty athy abty amy etheer ing ety).

night/nayt/ (n) hammiing.

nightmare/nayt meer/ (n) hillymy amy riyi obsy leh (qarow).

nil (n) eber.

nimble/nimbal/ (adj) kabaal i dhaghaag futhud.

nip (v) 1. jirif 2. yoow (yoow ku kooy, yoow seew).

nipple/nipal/ (n) ib (ibty naasky).

nippy/nipi/ (adj) qoboob dhethy leh.

nitrogen/naytrajen/ (n) naytrojiin (howy muthub ing lahaayny).

no/now/ (adv) 1. me 2. eber.

noble/nowbal/ (adj) 1. sharaf leh. 2. nassab eh (dad nassab feyly ku dhalythy). *A noble family.*

nobility/nowbiliti/ (n) derjy wiing leh (gung ing haayny)

nobody/nowbadhy/ (pron) 1. qofny. 2. wal myky turuny.

nod (v) mathy ky meerar (goony hang marky haa athy letty).

noise/nooys/ (n) qayly, nagaar (bulaang).

noisy/noysi/ (adj) qayly bathang.

nomad/nowmad/ (n) 1. hoolyjer (reer hooly). 2. sal ing lahayny (rer baaddiyi, reer guura).

non/nan/ (prep) horgaly weerty ing beddelawaw lidshe sithy *non-aggression* harby-laang.

none/nan/ (pron) walny, koony, lang-ny (midna).

nonsense/nan sens/ (n) agly-gal ing haayny (wal insuurowaany).

noodle/nuudal/ (n) baasty-shiiny (baasty maraq leh).

noon/nuun/ (n) duhur (marki iriithy kugdy roogdy).

no one/no-wan/ (pron) qofny, lang-ny.

noose/nuus/ (n) nagyr.

nor/noor/ (conj) marny, koony.

normal/normal/ (adj) aathi eh, dabi-i'i eh.

normality/normaaliti/ (n) aathi, dabii'i.

north/north/ (n) waaqo. (marki irydhiing fiiriyaasy waaqo mithigta ku dey).

northern/noortharn/ (adj) waaqo eh.

nose/nows/ (n) sang.

nostalgia/nostaaljia/ (n) hiloow.

nostril/nostril/ (n) sanky dulshey.

nosy/nowsi/ (adj) hang aruuriyi, lang wal hamyshy bathang. (lang daneeyaw eebty lang kely).

note/nowt/ (v) 1. towow. 2. farmiing gaabyng oo haanshy ky abtughyng. 3. haanshy yer lyng etheegsythaw beesy hang. 4. summud muusiky. *Musical notes.*

notebook/nowtbook/ (n) buuk yer lyky qoraw wali laha towy ly fathaw.

nothing/nathin/ (pron) walby, walny.

notice/nowtis/ (v) 1. dereeng, arag. *I noticed she had a new car.* (n) 2. oghaysis. *The notice on the door*

said *NO SMOOKING.* 3. digniing. 4. ihtimaam siyow.

notify/nowtifay/ (v) ing dighow, wargiliyow.

notorious/nowtooriyas/ (adj) qof amy shey humaang ky aang bahi.

noun/nawn/ (n) maghy.

nourish/narish/ (v) nafaqeeyow.

nourishment/narishment/ (n) nafaqy leh.

novel/noval/ (n) sheeky (buuk sheeky eh).

novelist/novalist/ (n) sheeky-qory.

novelty/novalti/ (n) 1. bid'y eh (wal hor lahang dheeg-ny waany lyng arag-ny). 2. wal usub oo aathy ing haayny.

November/nowvember/ (n) Nofembar (billy tummung i koowaad oo sinnidky miilaadigy).

novice/novis/ (n) billaaw eh, sannaa baryd eh (koow eh, barbartoori).

nowadays/nawa deys/ (adv) maalmoghung, demeneedung, doowky.

nowhere/nooweer/ (adv) meelny.

nuclear/nyukliyar/ (adj) nukliyaar eh (nawawi).

nucleus/nyukliyas/ (n) ukurky (dhatty).

nude/nuud/ (adj) dharraang eh, dharraamyng.

nudity/nuuditi/ (n) dharraang.

nudge/naj/ (v) fanqaliyow (fanqal ky riyow).

nugget/naggit/ (n) gabal yer oo ma'-dang qaal eh. *A nugget of gold.*

nuisance/nyuusans/ (n) dhib i rabshy.

numb/nam/ (adj) kabuubisyng (dereeng laang). *Her fingers were numb with cold.*

numbness (n). kabuubiyi.

number/nambar/ (n) 1. nambar. 2. tiry.

numeral/nyuu maral/ (adj) sisteemky nambarreethy.

numerous/nyuumaras/ (adj) eed ing tiry bathang.

nun/nan/ (n) soory, raahiby (bilaang naftiyo ing huraw etheeggy diinty Krishtaanky).

nurse/ners/ (n) 1. farmiyeeri-dheddy eh.. 2. bilaanty ariigno hananeyaasy.

nursery/nersari/ (n) 1. meelly ariigno lyky haayaw inty waalidsho eleeyi amy moqygny. 2. meel geed ganaa eh lyky hanaanoyaw.

nut/nat/ (n) mery qolof leh (sithy araaky amy loos, *walnut, chestnut* iwm).

nutritious/nyuutrishas/ (adj) nafaqy leh.

nylon/naylon/ (n) kar, shangly (buraash) amy hathag nughul.

O

O,o/ow/ harafky tummung i shannaad oo farty Ingriisky.

oak/owk/ (n) geed jiryd wiing, billeybar luku suubiyaw, lyky helaw Ameerika.

oar/oor/ (n) ul dheer doonty lyky wethaw.

oasis/ow eysis/ (n) biyi ky dha yaalang meel mal-deghaang eh amy sahary.

oath/owth/ (n) dhaar.

oats/owts/ (n) mery ing nag qamadi.

obedient/owbiidiant/ (adj) doo dheeg eh (mudii' eh).

obese/owbiis/ (adj) kulusaang (buurrynaang).

obey/owbey/ (v) ky raally haathow, amar qaathyshy (wali lyky fari fuliyow).

obituary/obichuari/ (n) talqiing.

object/objekt/ (n) 1. wal (shey). 2. maf'uul (qofky amy sheyky wal lyky fali). 3. dang. *What is the object of your visit*? (v) 4. diidow.

objection/objekshan/ (n) diidmy.

objective/objektiv/ (adj) hadaf.

obligation/oblageyshan/ (n) mas'uuliyi (hil).

obligatory/obligatoori/ (adj) waajib.

oblige/oblayj/ (v) 1. ky qassabow. 2. wal tarow, kaalmeyow (ahsaang ing galow).

oblong (adj) dhinigho ing dheer. *An oblong box.*

obnoxious/obnokshas/ (adj) kiraahiyi eh, eed ing hung, rabshoolow.

obscene/obsiin/ (adj) eeb (fal eed ing hung siiba fary humaayow bilaang/meghyl), fahshir **obscenity** (n). eeb (fisqi)

obscure/abis kyuur/ (adj) 1. gebbyng. 2. qarsyng. 3. mashuur ing haayny.

observation/observeyshan/ (n) 1. fiirsyshy. 2. ku warrymow. 3. taawis (way taawiyeeyi), mely (way iilly eta amy ing meleeyeyi).

observatory/observatoori/ (n) meelly ilmy-ireedky lyky barythaw amy irky lyky fiirsythaw.

observe/observ/ (v) fiiri.

observation/observeyshan/ (n)1. fiiris. 2. ra'yi ku biyow

obsolete/obsaliit/ (adj) wal waqtisho dhammaathy.

obstinate/obastanit/ (adj) ilkakkyng, mathy-kakkyng.

obstruct/obistrakt/ (v) jid-gooyow.

obstruction/obistrakshan/ (n) isbaary jid ly dhiky.

obtain/obteyn/ (v) helow (deerow wali athy fathaasy).

obtuse angle/obtiyuus angal/ (n) haghyl ku wiing 90 derejy.

obvious/obviyas/ (adj) marag mydoonty.

occasion/okeyshan/ (n) 1. munaasaby. 2. fursy.

occasional/okeyshanal/ (adj) markomarko. *An occasional visitor.*

occupant/okyupant/ (n) ky nool, deggyng.

occupation/okyupeyshan/ (n) 1. mihny, hirfy. 2. ky neggaathow. 3. hoog meel ky haaysythow sithy belyd amy dal askar qobsyti.

occupy/okyupay/ (v) 1. deghow. 2. qobsythow (galang ha giliyow). 3. waqty dathow qaathythow.

occur/okar/ (v) wal dhiyaw.

ocean/owshan/ (n) maagny-wiing.

o'clock/oklok/ (adv) ee saa (waqty sheeghowky ye liing etheegsythe sithy *4 o'clock*= affar saa).

octagon/octagon/ (n) siyeedhaghylly.

ogtagonal/octagonal/ (adj) siyeedhaghylly eh.

October/aktowbar/ (n) Oktobar (billy tummunaad oo sinnidky miilaadigy).

octopus/oktoobas/ (n) aktabuut, lughy-bathany (haywaangmaagny oo siyeed lughootly eh, korsheyny eed ing nughul).

odd (adj) 1. ghariib eh, aady ing haayny. 2. kissy (tiry jing ing haayny). 3. inis lahaayny. *Odd socks.*

odds/oodis/(n) ihtimaal, wal dhiyi kory. *The odds are that they will*

lose again.

odor/owdar/ (n) ur, nuuh.

offend (v) 1. hummaayow. 2. heer jhibiyow.

offence/ofens/ (n) 1. demby. 2. qof ly gardorreysythy.

offensive/ofensiv/ (adj) 1. wal ly dhibsythy kory. 2. hujuung (ol ly qaathy, weerir ly qaathy). *An offensive attack.*

offer (v) 1. hanjeethiyow. 2. siyow, hibeeyow.

office/ofes/ (n) hafiis.

officer/ofesar/ (n) sirkaal.

official/ofishal/ (n) 1. lang mas'uul eh. 2. rasmy.

officially/ofishali/ (adj) rasmy eh.

offside/of-sayd/ (adj) berow, had ku bood (dheel ly had guthubi).

offspring/of-spring/ (n) isky ab, isky issir (durriyad).

often/often/ (adv) bathanaa.

oil/oyal/ (n) saliid.

ointment/ointment/ (n) bumaaty (daawy burud ing nag lyky dhaaysythaw).

old/owld/ (adj) dog, waayeel, duug.

old-fashioned/owld-fashanid/ (adj) asri ing haayny (duug eh).

olive/oliv/ (n) seytuung.

omelette/omlet/ (n) ukkung ly dhowi markaasny ly dubi.

omen (n) alaamy sheegasy ing wal dhiyi doonang.

ominous/ominas/ (adj) alaamy sheegasy ing wal hung dhiyi doonang.

omit/owmit/ (v) ku tabow, ku tirtirow, ku boothow.

once/wanis/ (conj) 1. marko sheleedis. 2. geeko.

onion/anyen/ (n) basal.

online/onlayen/ (adj) kompiyuutar ky hiring (war kompiyuutar).

only/onli/ (adj) shely (haliingko).

onward/on-ward/ (adv) hor eh (dhinyghy hor eh).

open/owpen/ (adj) furung.

opening/owpenin/ (n) furow.

openly/owpenli/ (adv) furfurung (sir ing haayny, ing qarsynaayny).

open-minded/owpen-mayndid/ (adj) masqang furyng, reer beled eh, oggol araa' usub.

opera (n) 1.opera (riwaayi muusiky leh). 2. daarty operathy.

operate/opareyt/ (v) 1. ku shaqeeysiyow 2. qalow.

operation/opareyshan/ (n) 1. hoolgal. 2. qalow taktar.

operator/opareytor/ (n) lang makiiny ky shaqeeyaw. 2. isky hiry (lang isky hihiraw leemyng telefoong).

opinion/opin yan/ (n) ra'yi.

opponent/opownant/ (n) qofky diiddyng.

opportunity/apartunity/ (n) fursy, munasaby feyly.

oppose/opows/ (v) diithow, hor roogsythow.

opposite/opasit/ (n) 1. shal eh. 2. haku horjeethy.

optical/optikal/ (adj) wal arag la hariiry.

optician/optishan/ (n) okolisty (qofky gathaw amy suubiyaw aalaatky hindho).

optimist/optimist/ (n) abshir, keerjeely, budaaly ing haayny, sher my sheegy (qofky dhinighy feyly ley wal ku aragaw).

option/opshan/ (n) iktiyaar.

optional/opshanal/ (adj) iktiyaar leh (qassab ing haayny).

oral/ooral/ (adj) 1. wal af shaqy ky leh. 2. wal af lyky sheeghi oo ing dhykynaayny. *An oral test.*

orally/orali/ (adv) wal af ly hariiry.

orange/oorinj/ (n) 1. liimy. 2. muthubky liimothy.

orangutan (n) alyng-jhafeey (weeleedyng ky nool Indoneesia oo daanjher eed ingky nak).

orator/ooreytor/ (n) 1. af-maal, af-yaal. 2. qof kudbeeyaw.

orbit/oorbit/ (n) jid-meery (jidky meereeyeyaalky ky wereegythaayang sithy wereeggy billy).

orchard/oorchad/ (n) beer-mery (beer geed-mery bathang ky yaalang). *A cherry orchid.*

orchestra/oorkastra/ (n) duul muusiky isly dhowaw.

orchid/oorchid/ (n) geed fiid bathyng.

ordeal/oordiil/ (n) mihny amy shiddy.

order/oordar/ (n) 1. amar. 2. dalab. 3. hab amy nithaam. *Alphabetical order.* 4. haaly nebetheed. **Out of order** wal ing shaqeeyany, nithaamky oo luku boody.

orderly/oordarli/ (adj) nithaamsyng, isky toosyng.

ordinary/ (adj) aadi eh.

ore/oor/ (n) dhedheeb amy shiid ma'thang ky jery.

organ/oorgan/ (n) 1. hubung korky ku mid eh. *The heart is the organ that pumps blood around the body* 2. aalat muusiky.

organic/oorganik/ (adj) 1. mery amy geed ky dhalythy, waany ing kori si dabii'i eh. 2. wal nool.

organism/oorganism/ (n) nooly haywaang amy geed.

organization/oorganaseyshan/ (n) hiring, urur.

organize/oorganays/ (v) isky toosiyow, nithaamiyow. *Ali is organiz-*

ing a party.

orgasm/oorgaasam/ (n) biyi-bah, qooty-jab (qof shahwy bahi).

oriental/oori ental/ (n) qof amy shey asalsho ha ku jeethy Aasiya bari-jhe, sithy Shiina amy Jabbaan.

origin/oorajin/ (n) asal (meelly wal ha ku jeetheng).

original/original/ (adj) 1. usub, koobi ing haayny (lahang guuriny). *This painting is original.* (n) 2. inky horeeyi. *The original town hall burned down in 1902.*

originate/orijineyt/ (v) asalshey haku jeethy.

ornament/oornament/ (n) suurud ing weelow, sharahow.

ornate/oorneyt/ (adj) eed ing heryryng, eed ing sharahyng.

ornithology/oornithooloji/ (n) ilmyghy baryshythy shimbirty.

orphan/oorfan/ (n) oghoong.

orphanage/oorfanij/ (n) meelly oghoonty lyky koriyaw.

ostrich/ostrij/ (n) goriyi.

other/othar/ (pron.) kely. *Mohamed is here but where are the others.*

otherwise/atharways/ (conj.) 1. ing haayny. *Hurry up, otherwise we'll be late.* (adv) 2. haddi kely. *He's a bit moody, but otherwise he's nice.*

ought/ot/ (v) laasing.

ounce/awns/ (n) 1. ibbir-saa'il. 2. ibbir ly jing eh 20 graamy. *20 grams.*

out/awt/ (prep.) 1. binnaang. 2. moqyng,. *He is not here, he is out.* 3. ha bahow, *the sun is out.* 4. dhammaathow. *Now the winter is out,* amy *we are out of sugar.*

outbreak/awt-breyk/ (n) 1. wal kethis ky billaawythi. *A slave outbreak* 2. faafow (uthur faafy). *An outbreak of disease.*

outburst/awt-bast/ (n) qiiry, ham-

maasy.

outcast/awt-kast/ (adj) qof ly tokkoori. *An outcast from society.*

outcome/awt-kam/ (n) natiijy.

outdoor/awt-door/ (adj) mingky binaanshey.

outer/awtar/ (adj) ku dheer. *Outer space.*

outfit/awt-fit/ (n) joog kar eh oo lisly gundythaw.

outgrow/awt-grow/ (v) ku wiinathow. *You've outgrown some of these toys.*

outing/awting/ (n) safar gaabyng (maalin-joog).

outlaw/awt-lo/ (n) 1.dembiily galang ing ky jerny. 2. heerow (sakarty heerynty).

outline/awt-layn/ (n) ha koobow, kor ku marrow.

outlive/awt-liv/ (v) ku umry dheerathow.

outlook/awt-luk/ (n) sithy wal naghythy doonang.

outnumber/awt-nambar/ (v) ku tiry bathang.

output/awt-put/ (n) wal ha saarow.

outrageous/aw-rejas/ (adj) wal eed ing hung (wal had-dhaaf eh).

outright/awt-rayt/ (adv) isly mar hang, rung haang.

outside/awt-sayd/ (prep.) 1. bedky (mingky binaanshey). (n) 2. binaangky.

outskirts/awt-skarts/ (n) doong (beledky baallis).

outspoken/awt-spowkan/ (adj) wal my qariyi (lang rung ingly geb-bythaany).

outstanding/awt-standing/ (adj) 1. eed ing feyly. 2. deeng lyng gudny.

outwit/awt-wit/ (v) ku rooyow, ku agly bathiyow.

oval/owval/ (adj) ukkungly, ukkung haang, ukkung ing nag.

oven/ovan/ (n) foorny (meelly wal lyky dubaw).

over/owvar/ (prep.) 1. kor. *The number is over the door.* 2. ku bathang. *She has won over a million dollars.* 3. ky doboolow. *He lays his coat over the sleeping child* 4. ky saabsyng. *They quarreled over money.* (adv) 5. dhammaad. 6. ky dhiyow. *I fell over.* 7. geddiyow. *Turn the meat over to cook the other side.* 8. heraa. *There is some bread left over from lunch.*(prefix) 9. haddhaaf, siyaady. *overcooked, overexcited, overweight.*

overall/owvar-ol/ (adv) kulli, wal dhong.

overalls/owvar-olz/ (n) sirwaal suunshey garabky lyky hiraw.

overboard/owva-bood/ (adv) doong amy markab korshey oo biyo highy.

overcast/owvar-kaast/ (adj) gebley eh, hoghol leh (irky oo hoghol doboolli).

overcome/owvar-kam/ (v) ku rooyow, ku kabsithow. *He has overcome his fear over dark.*

overdue/owvar-duu/ (adj) muddung-dhaafti, eed lingly daayi sithy amaa lyly daayi amy wal ammyng hory ly suubiyi ly fathaayi.

overflow/owvar-flow/ (v) bersiyow. *I left my bath water running and it overflowed.*

overhaul/owvar-hol/ (v) sakamow

overhead/owvar-heed/ (adj) mathy korshey, kor.

overhear/owvar-her/ (v) hang dhughunsythow (wal shaqytha ing haayny dheeghow).

overlap/owvar-laap/ (v) doboo-law.

overlook/owvar-luk/ (v) 1. ku ilduufow. *She overlooked my mistake.* 2. hoos ing fiiriyow. *Our house overlooks the lake.*

overnight/owvar-nayt/ (adv) hamiing-dha.

overseas/owvar-siiz/ (adj) maagnymoot, maagny-dhaaf (dal eed ing dheer maagny gedaalshe ky yaaly).

oversee/owvar-sii/ (v) dhoorow, ku warqabow.

oversight/owvar-sayt/ (n) il-duuf, gef.

overtake/owvar-teyk/ (v) 1. moothow, dhaafow (baabur baabur dhaafi).

overthrow/owvarthrow/ (v) inqilaab (rithow).

overtime/owvar-taym/ (n) suubis, waqty siyaathy eh (saa'athy siyaathy eh shaqeeyow).

overture/owvar-char/ (n) 1. sholol muusiky. 2. golol-qaat.

overwhelm/owvar-welm/ (v) 1. ku rooyow. 2. wal raad (saang) wiing kii reebaw. *He was overwhelmed by despair.*

owe/ow/ (v) 1. deeng-qaby 2. apaal ing haayow. *He owes his life to the man who pulled him out of the river.*

owl/awl/ (n) shimbir libee.

own/own/ (v) lahaang.

owner/ownar/ (n) maalik (qofky wala usku leh).

ox/oks/ (n) duby.

oxygen/oksajan/ (n) oksyjiin (howy).

oyster/oyster/ (n) hooly-maagny oo henjheleel ky dha nool, bershey ly aamaw, bersheyny dhalaw luul.

ozone/owzoon/ (n) owzoon (nammuung oo oksyjinky ku mid eh).

ozone layer/owzoon leeyar/ (n) rab-
dhy-howy oo dhulky iriithy ku
geeraw (ir-geer yeraayaw kalu-
ulky iriithy).

P

P,p/pii/ harafky tummung i lihaad
oo farty Ingriisky.

pace/peys/ (n) 1. teeg. 2. dereer teeg
lyky qiyaasaw.

pacemaker/peys maykar/ (n) aalat
hasaliyaasy wennaady boboo-
dshe.

pacify/paasafay/ (v) hasaliyow,
dijhiyow.

pack/paak/ (n) 1. aghal baaky ly
giliyi. 2. foof bah dugaag eh. *A
pack of wolves*. (v) 2. aghal-
qaathow (alaab hihirythow
marki geeddy amy jirmaad lyng
jeethy). 3. ky ithow.

package/paakij/ (n) alaab isky hir-
ing.

packet/paakit/ (n) baaky.

pact/paakt/ (n) hellis.

pad/paad/ (n) 1. faashy. 2. haan-
shiyaal isky tolyng. (v) 3. het-
haafow. 4. sar nughul.

paddle/paadal/ (n) 1. ully doonty
lyky wethaw. 2. madrabky lyky
dheelaw boloonyghy bing bong.

paddock/paadak/ (n) sakarty
hanaanothy fersa (meel feris
lyky hannanoyaw).

padlock/pad lak/ (n) quful.

pagan/peygan/ (n) qang diing ing
lahaayny (hooly hang eh).

page/peyj/ (n) 1. haanshy, bog, baal.
2. farmiing-qaathy.

pageant/paajant/ (n) hafly.

pagoda (n) dhismy dheer, dhabag-
dhabag eh lyky aabuthaw
Buuddha (tembal Buudy).

paid/peyd/ (v) 1. ly biyi (deeng ly
gudy). 2. *pay* oo fal laha moothi eh

pail/peyl/ (n) baaldy.

pain/peyn/ (n) lahaw, dhuury.

painful/peynful/ (adj) lahaw amy
dhuury bathang.

painstaking/peyns teyking/ (adj)
tahddir bathang.

paint/peynt/ (v)1. rinjiyeeyow. (n) 2.
rinjy.

painting/peynting/ (n) musawir-
galmeed.

pair/peer/ (n) lammy-lammy
(lammy sheey ing shal heraany).

pajamas (n) kar-jhiif, ibbeer-jhiif
(bijaamy).

pal/paal/ (n) withaay.

palace/paalis/ (n) qasry, deher.

palate/paalit/ (n) dheneg, dhadhang.

pale/peyl/ (adj) 1. muthub kafiif eh.
2. muthubky wijyghy oo door-
soomy.

palm/pam/ (n) 1. habshyng. 2. baar
(geed timir ing nak). *The historic
Baardheere Jama'ah*.

pamper/paampar/ (v) kol-kooliyow
(oby-koriyeeng dhaaysy kaathiy-
eeng).

pamphlet/paamphlit/ (n) joornaal
yer.

pan/paan/ (n) taawy (bir wal lyky
dubaw).

pancake/paan keyk/ (n) muufy-
Ameerikaang oo ku suubsyng
bur, ukung i wang lysky laby.

pancreas/paankreyas/ (n) beer
moddy, beer yery.

panda/panda/ (n) panda (hay-
waang eed ing hoog bathang,
muthubshey eddaang i

mithoow isky labang oo ky nool arly Shiiny).

pane/peyn/ (n) dhaly ly giliyaw shubbaakithy.

panel/paanal/ (n) 1. duul akkiyaar eh (duul hool liing diri). 2. billeybaar jing eh.

panic/paanik/ (n) 1. fiig (hoola marky aragaang wal luku nahaw). 2. isky dadaryng (argagah).

panorama/paanaraama/ (n) maathowky guud (inti il arygaasy).

pant/paant/ (n) 1. neef-tuur. (v) 2. neef-tuurow.

panther/paanthar/ (n) shibeel mithow.

panties/paantiis/ (n) matanty bilaameed.

pantry/paantri/ (n) maqaasyngky hung-guryghy.

pants/paants/ (n) 1. sirwaal, taargally. 2. matanty amy kastuumy.

paper/peypar/ (n) 1. haanshy. 2. joornaal 3. dukumenty.

paperback/peypar baak/ (n) buug haanshy ky salabaaysyng.

papyrus/papaayras/ (n) papaayras (haanshy luku suubiyaw hambally geethy papaayras oo ky bahaw webigy Niil jiinshey oo Masaaridy hory ing isti'maaly jereeng wal abtughow).

parable/paarabal/ (n) sheeky lyky waansy qaathythaw.

parachute/paarashuut/ (n) baarashuut (dayuury ku-bood).

parade/pareeyd/ (v) 1. dad i baabuur saf ky jeraang meel binnaang eh. 2. righy (askar saf ky jerty).

paragraph/paaragraaf/ (n) baaraagraaf (jumliyaal isly berko ing jeethy oo sathar jadiid eh ku bil-

laawithaw).

parallel/paaralel/ (adj) 1. baal yaaly. 2. ly jing eh. 3. jiittimo ekwatooraha gooyaw.

paralyze/paaralays/ (v) kor dereeng ku tabi.

parasite/paarasayt/ (n) dhuug (nooly oo nooly kely ky kor nool).

parasol/paarasool/ (n) irgeer.

parcel/paarsal/ (n) baaky amy bakshy hiryng.

parch (v) enjeg (kaluul abaar sheenaw).

pardon/paardan/ (n) 1. effis 2. may terry?

parent/parent/ (n) weelyd.

parish/parish/ (n) degmy hal kaniisy leh.

park (n) beer-neebsy.

parliament/parlament/ (n) baarlamaang.

parole/parowl/ (n) lang haɔbis lahaku furi, usy oo mudduntiis indhammaany, haddi usy weeldhytho ethyb i naamuus.

parrot/paarat/ (n) 1. babaghaa (shimbir wali ly erro erraasy). 2. dhadhaajhis.

part/part/ (n) 1. qiib. 2. bir amy aalat baabur. 3. doorky qof ky leyi hool. (v) 4. qiibiyow. 5. tinty jid liing biyi.

partial/paarshal/ (adj) 1. qiib (kaamil ing haayny). *A partial success.* 2. ly jerow (ly saffythow). 3. ilky rung ing haayny. 4. eed ing jeelaang.

partially/parshali/ (adv) qiib haɛng.

participate/partisapeyt/ (v) ku qiib qaathythow.

particle/partikal/ (n) 1. shey eed ing yer. 2. isky hiry (sithy *but, and, in* iwm.).

particular/partik yalar/ (adj) gothob hang, kaas hang (goony hang).

particulars/partik yalars/ (n) tafaasiil.

parting/parting/ (n) shal tabow.

partition/partishan/ (n) 1. shal goossyng, shal gohyng (sithy qol-qol). 2. shal qiibiyow (soohyng ing weelow).

partly/partli/ (adv) qiib hang.

partner/patnar/ (n) 1. shariik geddi-isley (dad shiraakowi). 2. with-aay (sithy harty i habyrtiis).

part of speech/part of spiich/ (n) qiibo hathalky (nahwy haang).

party/parti/ (n) 1. hafly. 2. hisby.

pass/paas/ (v) dhaafow, moothow, guthybow, baal marrow. *He passes the river on his way to school.* 2. ing dhiibow, ing gudbiyow (galang ing giliyow). *Please pass me the salt.* 3. ing baasow sithy bolooni ing gudbiyow. *Pass the ball.* 4. ing wereejiyow. *When he dies his money will pass to his children.* (n) 5. libyng, guul (imti-haang lyky faa'iso). 6. haanshy meel lyky maraw. 7. jid ly guthy-baw.

passage/paasij/ (n) 1. mary (meel ly marrow). 2. mawduu' gaabyng. 3. wakty luku guthybi.

passenger/paasanjar/ (n) rakaab, paasyjeeri.

passion/paashan/ (n) dereeng siyaady eh, dereeng doryng (sithy jeelaang, neebaang, dhyrif iwm).

passover/paas ovar/ (n) iid yahu-udeed oo lahaky towaw bogtaal-ly yahuuddy oo Masar.

passport/paasport/ (n) baasaboor (buuk yer oo eddaayaw jinsiy-athy qofky marki safar ky jery).

password/paas-word/ (n) meel-gal (nambar amy kelmy sir eh qofky gorythow meel ky galaw, sithy kumpiyuutar, hafiis iwm).

past/paast/ (adj) 1. wal taby, wal laha moothy. 2. wal dhammaathy. 3. fal hory. *"Found" is the past of "find."* (prep) 4. ly dhaafy, luku guthuby. 5. ku ba'dy. *Half past two.*

pasta (n) baasty.

paste/peyst/ (n) 1. isky qassyng (sithy ajiinty, daawythy ilko iwm). 2. habky (koolly).

pasteurize/paasjarays/ (v) karkari-yow si jeermighy ing dhimmithy.

pastime/paas-taym/ (n) wakty qaathishy, waqty dhumis.

pastor/paastar/ (n) baathiri.

pastry/peystri/ (n) 1. ajiing. 2. dool-shy ku suubsyng, bur, wang, sokor i biyi lysky qassy.

pasture/pasjar/ (n) harqaang, ubbur (meel daaq bathang leh).

pat/paat/ (n) dhabyng-silaahow, galang ky silaahow.

patch/paaj/ (n) 1. kab. 2. meel bogsyng oo ly ubi 3. karkarow.

patchwork/paaj-work/ (n) kakab eh (sithy kar lysky kakaby haang)

paternal (adj) aawly (dhinyghy aawky ha ku jeeddy).

path/path/ (n) tubaal.

pathetic/pathetic/ (adj) murug leh.

patience/payshans/ (n) sabar.

patient/peyshant/ (n) 1. qof jirryng. (adj) 2. sabyr bathang.

patio/paatiyow/ (n) daash amy bersy kor ku furyng.

patriot/peytriyat/ (n) dal-jeely (wad-dani).

patrol/patrowl/ (n) waardeyi.

patter/paatar/ (n) shanqar.

pattern/paatarn/ (n) 1. naqshy. *My shirt has a pattern of circles and squares on it.* 2. kooby. *A dress pattern.* 3. si wal ing dhiyaayang amy lyng suubiyaw. *Over the last few years their work pattern changed.*

pauper/poopar/ (n) faghiir.

pause/poos/ (v) hakyd.

pave/peyv/ (v) jid amy meel laamy saarow.

paw/poo/ (n) 1. lu hooly, kaab hooly.

pawn/poon/ (n) 1. reheng. 2. daba-dhilif.

pay/pey/ (v) biyow (beesy biyow). 2. siyow. *Please pay attention.* 3. iqaab mudnaang. *She'll pay for her rudness.* (n) 4. misheer.

payment/peymant/ (n) 1. beesy biyow. 2. inty beesy eh ly biyi.

pea/pii/ (n) tinjhir yeyer.

peace/piis/ (n) nebed.

peacock/piikak/ (n) daawuus.

peak/piik/ (n) 1. kugdy. 2. buurty fiintiye. 3. koofiyaathy fooddiye.

peal/piil/ (n) 1. weerowky gambaleelky. 2. qayly dheer.

peanut/piinat/ (n) loos, araaky.

pear/peer/ (n) tuffaah.

pearl/perl/ (n) luul.

peasant/pesant/ (n) beerrey.

peat/piit/ (n) hambal lyng etheegsythaw shidaal amy beero.

pebble/pebal/ (n) shiid yer oo koobabyng biyi dhatiyo lyky helaw.

peck/pek/ (v) 1. kowdhow (shimbir faantiye wal ki kowdhowaasy). 2. shumis faruugno lysky taabbythaw.

peculiar/bikyuul yar/ (adj) 1. ghariib eh. 2. goony ing eh.

pedal (n) shey haddi lutty lyky riyi wereegythaw, sithy bedalky bushkeleetyghy.

pedestrian/pades triyan/ (n) lug eh (dadky lugaayayaang oo baabuur ing fuulny).

pedigree/pedagrii/ (n) 1. fir (dad

amy duugny isirsho). 2. asal feyly amy nasab.

peel/piil/ (v) 1. fiighow 2. maghaar siibow.

peep/piip/ (v) bogsyng yer wɛl ku fiiriyow.

peer/piir/ (n) fil amy fa' (lammy qof jing eh).

peg (n) 1. takabbaang ɛmy tabakkaang karky ly surythaw.

pelican/pelican/ (n) shimbir-biveed oo malalaay aanty eh, waly hang heroony ky kaaysythaasy kolii (kiish) hoostiye ky yaaly.

pellet/pelit/ (n) wal kuusyng oo boloony ing nak.

pelt (n) maghaar hooly.

pen (n) 1. qalyng. 2. moory.

penalty/penalti/ (n) 1. ganaah. 2. rigoory (ganaah bollony).

pencil/pensal/ (n) laabis.

pendant (n) koory, katiiny.

penetrate/penatreyt/ (v) dha-galow.

penguin/penguwin/ (n) shimbir-maagny oo ing buuby korny, way lyky heleeyi Antaarktik.

penicillin/penasillin/ (n) pinishiliiny (daawy antibiyootiky eh).

peninsula/peninsula/ (n) jasiiry ing-yaal, dhul seddy dhyny biyi ku jeraang (dhul jasiiry ing nag).

penis/piinis/ (n) shuf, gus.

penknife/pen-nayf/ (n) toorithy lysky laabaw oo jeebky ly gallythaw.

penny/peni/ (n) dhuruurug.

pen pal/penpal/ (n) withay-haarshy (lang haanshyley lysky gorothaw).

pension/penshan/ (n) hag (beesy ly siyaw dadky shaqythy ku fedheethy).

pentagon (n) 1. shang-geesly. 2. hafiisky wasaariddy difaa'a Ameerika.

people/piipal/ (n) 1. dad. 2. ummut.

pepper/pepar/ (n) 1. besbaas (v) 2. besbaaseyow.

peppermint/pepar mint/ (n) geed isgoow naana' luku suubiyaw.

per (prep) kiiby, halkiiby. *The lunch cost $10 per person.*

percentage/persentij/ (n) boghol-kiiby.

perch/perj/ (n) meel shimbir ky neebsythasy (sithy laang geed iwm).

percussion/perkashan/ (n) 1. isky dhowyng (lammy sheey isky dhowynti). 2. gurbaang.

perennial/pereniyal/ (adj) wal ing dhammaathany (daa'im eh). *Perennial plants.*

perfect/perfikt/ (adj) 1. ku feyly, lyng arygaany. (v) 2. eed ing feyly, ku feylahaayow.

perforate/perforeyt/ (v) bubujhiyow.

perform/perform/ (v) 1. hool qobythow. 2. matilow masrahiyi.

perfume/parfyuum/ (n) barfuung.

perhaps/parhaaps/ (adv) suuro-waasy.

peril/peral/ (n) katar.

perilous/peralas/ (adj) katar eh.

perimeter/parimatar/ (n) boodky sakarty amy moorethy amy degaang.

period/pir yad/ (n) 1. muddung. 2. aathy (muddunty bilaanty dhiig qabty).

periodical/pir yaadikal/ (n) joornaal aathi hang bahaw (regolaary).

periscope/peraskowp/ (n) dhuung miraayi ky jerty wal kor jery lyky fiiriyaw.

perish (v) 1. deddeg ing dhimythow. *Many people perished in the flood.* 2. dhammaathow. *His records per-*

ished in the fire.

permanent/permanent/ (adj) daa'ing eh, ebyd.

permanence/permanens/ (n) daa'ing, ebyd.

permissible/permisabal/ (adj) ly oggoly (ethyng lyng qaby).

permission/permishan/ (n) ethyng.

permit (n) 1. dukumenty. (v) 2. ing oggolaathow.

perpendicular/perpandikyalar/ (adj) 1. haghyl 90 dereji surung. 2. toossyng, ing gogothynaayny.

perpetual/perpejual/ (adj) daa'ing eh.

persecute/persi kuut/ (v) dhibow amy olaathiyow (lang wal usy aamingsigny lyng diithy).

persecution/persi kyuushan/ (n) sahriiriyow, athaabow.

persevere/persavir/ (v) gegsy-thow, ing adkaaysithow.

persist/persist/ (v) gegsythow, ky adkaaysithow (ra'yi ky dheggy-naang).

person/persan/ (n) qof, lang, shaksi.

personal/personal/ (adj) shaksi haang.

personality/persanaliti/ (n) dhab'yghy langky amy qofky.

perspective/perspektiv/ (n) 1. ing nakkaang (sithy wal ing nakki-ing). 2. meel kasty ku fiiriyow. 3. ra'yi.

perspire/perspayar/ (v) dhithith-ow.

perspiration/perspareyshan/ (n) dhithy.

persuade/par sweyd/ (v) ky qalqaaliyow, qan'iyow, ky amariyow.

pessimist (n) wal hung rajeeyi, baas jeely, qof deery bathang.

pessimism/pesamisam/ (n) baas

rajeeyi, dhynyghy hung wal ku fiiriyi, deeris.

pessimistic/pesamistik/ (adj) buthaaly, baasly.

pest (n) qashyng-Ally (goony hang kang beero sithy kathylaang amy luddaay).

pester/pester/ (v) so'aal ly dhibsythaw.

pesticide/pestasayd/ (n) sun beereed.

pet (n) haywaang rabbaayi eh oo mingky ky nool.

petal (n) fiiddy meelly ingky muthub feyly.

petition/patishan/ (n) haanshy da'wy eh.

petrify/petrafay/ (v) obsiyow.

petty/peti/ (adj) 1. wal yer. 2. qof kasmy gaabyng.

pew/pyuu/ (n) korsy kaniisy (korsy dheer oo dad bathang qaathaw).

phantom/faantam/ (n) jinny.

pharaoh/feroow/ (n) fir'oong.

pharmacy/farmasi/ (n) farmashiyi (meelly daawathy lyky gathaw).

phase/feys/ (n) marhalyd. *Phase 2 of the building work is due to start soon.*

pheasant/fesant/ (n) tajhiiryng.

phenomenon/finomanon/ (n) ipaary.

philosophy/filosafi/ (n) ilmyghy falsafithy.

phobia/fowbiya/ (n) uqdy (obsy siyaady eh).

phone/fown/ (n) telefoong.

phony/fooni/ (adj) 1. beeng eh. 2. beenlow.

photo/fowtow/ (n) musawir.

photocopier/fowta kopiar/ (n) footokoobi (aalat wal guuriyaasy).

photograph/fowtagraf/ (n) musawir kamery lyky qaathy.

phrase/freys/ (n) jumly.

physical/fisikal/ (adj) wal maathy, ly

aryghy kory lyny taabithy kory.

physics/fisiks/ (n) ilmyghy fiisikythy.

pianist/piyanist/ (n) lang piyaany dhowaw (aalat muusiky eh).

piano/piyano/ (n) piyaany (aalat muusik oo fargna i luga lyky dhowaw).

pick/pik/ (v) 1. ly bahow (door-rithow). 2. gurow, gooyow sithy mery, fiid iwm. *We picked some flowers.*

pick on (v) qof dulmiyow. *Stop picking on me!*

pick up/pik ap/ (v) 1. ha qaathow. *I'll pick you up from your house at 6 o'clock.* 2. tartiib ing barythow. *She picked up a little Spanish on.*

picket/pikit/ (v) mudaaharaad, binaangbah shaqy.

pickle/pikal/ (n) qajaar.

pickpocket/pik pokit/ (n) tuug-eeb, fary-siib.

picnic/piknik/ (n) maalin-jooz oo hung-gury hor lyng qaathy-thaw.

picture/pikjar/ (n) 1. musawir. 2. filing 3. wal athy masqanta ky musawiryti.

picturesque/pikjaresk/ (adj) suurud bathang (musawir ky feyly).

pie/paay/ (n) bur-qudaar.

piece/piis/ (n) gabal.

pier/piyar/ (n) furdy yer.

pierce/pirs/ (v) durow, bujhiyow.

piercing/pirsin/ (adj) eed ing doryng (qayly luku nahaw amy qoboob lafa galaw).

pig (n) kerkerry.

pigeon/pijan/ (n) qolley.

piglet/piglet/ (n) kerkerry yer.

pigment (n) sheey wal lyky muthubiyaw.

pigmy/pigmi/ (n) heggaad kely oo *pygmy*. Jinsy Afrikaang eh oo bartiyo gagaabyngty, deghaw koofurty Afrika.

pigsty/pigs taay/ (n) moory kerkerry.

pigtail/pig teyl/ (n) timy titha-hyng, timy dabyng.

pike/payk/ (n) malalaay biyi may ky nool.

pile/payl/ (n) raar (is kor-kor saaryng). *A pile of files.*

pilgrim/pilgrim/ (n) haajy.

pilgrimage/pilgrimij/ (n) haj.

pill (n) kaniiny.

pillar (n) 1. tiir 2. hubung asaas eh (hubung lyng huraany).

pillow (n) bershyng.

pillowcase/pillow kays/ (n) gal-bershyng.

pilot/paylot/ (n) 1. dayuury-kiyi 2. sherryb (meel amy sheey wal lyky fiiriyaw), tijaaby.

pimp (n) fattaal.

pimple/pimpal/ (n) fyng-barbaar, fyng-qooq.

pin (n) biing.

pinafore/pinafoor/ (n) ibbeer galang laang eh lyky kor gallythaw ko galang dheery eh.

pincers/pinsars/ (v) biinsy (aalat masaamiirty lyng etheegsy-thaw).

pinch (n) 1. jirif. 2. walaagho (far i suul mujjo).

pine/payn/ (n) 1. geed eed ing dheer oo wilishey aghaar eh, hamballiis irbid ing nagty, mery sabuul hang ehny dhalaw. 2. bil-leybaarty geethung amy geed-kung. (v) 3. eed ing murughow, goony hang marky qof amy wal koo dhunsygniing.

pineapple/payn aapal/ (n) aanynaas.

pink (n) gathuud berahyng (gathu-ud kafiif eh).

pint (n) ibbir saa'il oo ly jyng eh 16 oowns.

pioneer/payaniir/ (n) 1. saaniyi. 2. qofky ingky horeey oo sanaahiyi.

pious/payas/ (adj) taqy eh (qof Ilaahey ku obsythaw)

pip (n) lafi-mery.

pipe/payp/ (n) 1. dhuung. 2. baay-bky tubaakydy lyky dhuughaw. 3. aalat muusik oo dhuummy bathang leh, ly weeriyaw amy piyaany hang lyng dhowaw.

pipeline/pay layn/ (n) dhuung dheer, qaathasy biyi amy bansi-ing.

piranha (n) malalaay biyi may ky nool, oo so ky nool eh, lyky helow Laatin Ameerika.

pirate/payrit/ (n) tuug-maagny (dadky maraakiibty booliyaa-yang).

piss (v) 1. kaathiyow. 2. kaathis.

pistol/pistal/ (n) bastooly.

pit (n) 1. god dheer. 2. god ma'dang luku qothaw.

pitch/pich/ (n) 1. derejy (heer). 2. qiyaasty edky (dheerang amy gaabynaang). 3. goob dhee-leed. (v) 4. teendhy dhisow. 5. gemow.

pitcher/pichar/ (n) 1. emmeel (weel dheg leh, wal qoboobyng ly dhamaw lyky shibaw). 2. langky booloonighy gemaw dheelly beeysbol.

pitchfork/pich fork/ (n) hung-gool.

pitfall/pit fool/ (n) katar dehyng.

pity/piti/ (n) 1. ing nahow (ky humaadow lang dhib deeri). 2. nasiib humaang. *What a pity?*

pizza/pitsa/ (n) bissy, biitsy.

placard/plaakard/ (n) boor wal ky dhikygniing amy ky musa-wirygniing.

place/pleys/ (n) 1. rug (meel). (v) 2. meel dhikow.

placid/plaasid/ (adj) deggyng (hasyllyng).

plagiarism/pley jarism/ (n) qish.

plague/pleyg/ (n) 1. uthur hung deddeg ing faafaw. 2. wal hung oo eed ing tiry bathang hal mar jug ha eraayang. *A plague of flies.*

plain/pleyn/ (adj) 1. ed (waadih eh). 2. muthub i naqshy ing lahaayny, aathi eh. *Plain white walls.* 3. si futhud lyng fahmy kory, waany lyng araghy kory. (n) 4. bang (dhul jing eh).

plainclothes/pleyn klooths/ (adj) tiftif (boliis kar burgeesy lebbesyng).

plan/plaan/ (n) 1. tely (qorshy). 2. khitty (takhtiit dyjhiyow). 3. kaarty amy naqshy ruung amy beer iwm. (v) 4. go'aamiyow wali athy suubiyi lahaayti i sithy ing suubiyi lahaayti.

plane/pleyn/ (n) 1. baaburbuuby (dayuury). 2. aalat billeybaarty lyky sakamaw 3. meel jing eh.

planet/plaanit/ (n) meery (meeri-yaalky iriithy ky wereegathaw, sithy dhulky amy maars).

plank/plank/ (n) billeybaar dheer.

plant/plaant/ (n) geed. (v) 2. abu-urow. 3. qariyow.

plaster/plaastar/ (n) 1. derby silaa-how. 2. shorooty.

plastic/plaastik/ (n) blaastiky.

plastic surgery/plaastik serjari/ (n) qalliing lyky suurythooyaw korky.

plate/pleyt/ (n) 1. sahang. 2. bir-taar-gy (nambarky baaburky birty lyky dhikaw).

plateau/plaatow/plaatow/ (n) jhiir (dhul jing eh oo fuur ku eh dhulky ky wereegsyng).

platform/plaat form/ (n) 1. manbar (meelly langky qudbeeyaw suru-maw). 2. meel teeghyn oo tari-ingky luku rahaw.

platinum/plaatinam/ (n) ma'dang qalyng ing nak, eed qaal ing eh.

platypus/plaatabus/ (n) haywaang Australi eh, ting leh, ukung dhalaw, dhalliisny naas nuu-jiyaw.

play/pley/ (n) 1. dheel. 2. dadaar. (v) 3. daar, shid (raadiyaaghy daar). 4. dheel ku qiibgalow. (v) 5. qisy ly matily (riwaayi).

playground/pley grawnd/ (n) meel-ly ariigno ki dhedheelayaang.

playing card/pleyin kard/ (n) turub.

playwright/pley rayt/ (n) qissy-qory (mu'allif-riwaayi).

plea/plii/ (n) 1. tuug (jiryng qob-sythow). 2. uthur-daaryshy.

plead/pliid/ (v) 1. tuughow. 2. uthur-daar.

pleasant/plesant/ (adj) 1. raahy leh. 2. lyky farahaw.

please/pliis/ (v) 1. fadlan. 2. raally giliyow.

pleasure/pleshar/ (n) 1. raahy. 2. farah.

pleat/pliit/ (v) biyeeghy ing weelow (sirwaal lalaab leh).

pledge/plej/ (n) 1. ballyng-qaad. 2. rehyng.

plenty/plenty/ (n) kifaayi eh.

pliable/playabal/ (adj) laabymi kory (sheey si sehlyng lyng laaby kory usy oo ing jhabny) 2. lang qoboobyng (mas'uul nugyl).

plight/playt/ (n) mihny, rafaad.

plod (v) 1. luuthow.

plot (n) 1. ay, mu'aamary. *A plot to assassinate the president.* 2. dhul ly beeraw amy ly dhisaw 3. qisy book, filyng amy riwaayi.

plow/plaw/ (n) 1. aghyl beereed (kordog) oo jiithaw hooly amy traktar lyky hammaaraw beerty.

(v) 2. haaghow (arry geddiyow). 3. berberow (jibaaxid).

pluck/plak/ (v) 1. rifow (sithy baal doory rifow). 2. siibow. *She plucked a gray hair from her head* 3. gurow (sithy mery amy fiid).

plug/plag/ (n) 1. shey lyky ubaw meel bogsyng. *A sink plug.* 2. faanis si lyng gathado. (v) 3. bogsyng ubow (fiily korynty giliyow bogsyntiye).

plum/pluum/ (n) noo' mery eh (muthubshey gathuud ii jaally isky labyng).

plumage/pluumij/ (n) baal shimbireed.

plumber/plamar/ (n) tubiisty.

plumbing/plaming/ (n) sanaathy biyi giliyowky i tuby ky shaqeeyowky.

plump/plamp/ (adj) kulus (moroogsyng).

plunder/plandar/ (v) furyshy (dha' amy boob, siiby ol dhattiis).

plunge/planj/ (v) isky gemow, ky dhiyow (biyi mathy-mathy lyngky dhiyo).

plural (adj) jama', tul.

plus/plas/ (n) ky dar (+).

P.M./pii em/ (abbr) ra'iisul wasaary (*Prime Minister* oo laha gaabiyi).

pneumatic/nuumaatik/ (adj) 1. ky shaqeeyaw neef lysky iijhiyi, sithy kamardaariyaha boolooni-ghy amy lutty baaburky 2. neefeeysyng (aariyi ky buuty).

pneumonia/nuumooniya/ (n) uthur hung oo mundhulufky galaw (hegeb hung).

poach/powj/ (v) 1. karkariyow. 2. dabow (iddood dilow).

pocket/pokit/ (n) jeeb.

pocket money/pokit mani/ (n) beessy (galang qobsy).

pod (n) illyng, il-misgy.

poem/pow am/ (n) gobi dhykyng.

poet/pow et/ (n) gobiity.

poetry/powatri/ (n) gobi.

point/pooynt/ (n) 1. aaryd (irbyd aariddiye). 2. bar amy dhybiisyng. 3. gar (hathal gar eh). 4. derejy imtihaang. 5. heerky kaluulky. (v) 6. tilmaamow. (far ky toosiyow). 7. ky eeddiyow.

poison/pooysan/ (n) waabay, mariid, sung.

poke/powk/ (v) ky durow.

poker/powkar/ (n) 1. turub-qamaar. 2. bir-qobyd.

polar/powlar/ (adj) uthubshe (arlaathy lammaathiye uthub).

pole/powl/ (n) 1. uthub (dhulky lammaadis uthub: uthubky waaqo i kang koofyr). 2. ul dheer. 3. isdiid (lammaady bir-lab oo shal rooraw, sithy + - iwm).

pole vault/powl volt/ (n) bootyng-ul.

police/paliis/ (n) boolis.

policy/polasi/ (n) 1. heer siyaasy, tafaagny siyaasy. 2. ballyngqaat aymishy. 3. qorshy hool-gal.

polish (v) 1. nuuriyow. 2. tirtirow.

polite/polayt/ (adj) ethebsyng.

politician/polatishan/ (n) siyaasi.

politics/politiks/ (n) siyaasy.

poll/powl/ (n) wal doorrythow.

pollen/powlen/ (n) hajhiing (busty ky dha jerty fiiddy).

pollution/palluushan/ (n) talawuth (howathy wasaghoowty).

polo (n) dheel ly dheelaw yeetho feris ly fuuly.

poltergeist/powltargayst/ (n) jinny lyng aryghaany, alaabty mingky shal biraw.

poly-/poli/ (prefix) bathang. *Polytheism* (Ilaahey bathing, Ilaaheyaal).

polyester/poliyestar/ (n) nammuung kar ku mid eh.

polygamy/paligami/ (n) habry bathang qaathyshy.

pompous/pompas/ (adj) isly wiinang (is qaqaad bathang).

pond (n) biyi galeeng.

pony/powni/ (n) feris yer.

poodle/puudal/ (n) eey dhoghyr bathang.

pool/puul/ (n) 1. war (meel biyi ky jeraang). 2. war-dabaaleed. 3. bilyaardi. 4. bakty-nassiib.

poor/puur/ (adj) faghiir.

poorly/puurli/ (adv) si hung. *The play was poorly written.*

pop/pap/ (v) 1. shanqar weeraw sithy buufyng boghi. (n) 2. muusiky kaluul (muusiky asri eh).

popcorn/papkoorn/ (n) bubukky, daangqy.

pope/powp/ (n) aaw (aawky diinty katoolikythy).

popular/popyalar/ (adj) aang eh.

populate/popyaleyt/ (v) dijhiyow, siiby dad bathang.

population/poyaleyshan/ (n) dad (sha'by)

porch/poorch/ (n) daash (dhismy yer mingky iriddiis ky yaally).

porcupine/porkubaayn/ (n) kashiid-dy.

pore/poor/ (n) korky bogsymo ku neefsithaw.

pork (n) so kerkerry.

porous/pooras/ (adj) bogsymy bathang oo biyo maraayang.

porridge/poorij/ (n) mishariyi.

port (n) 1. furdy 2. beled-furdy.

portable/poortabal/ (adj) ly qaathy kory

porter/poortar/ (n) hammaali.

porthole/poort howl/ (n) dariishad-dy dayuurythy amy markabky.

portion/poorshan/ (n) sed, qiib.

portrait/poortreyt/ (n) musawir qof.

pose/pows/ (v) 1. musawir inis toosis. 2. arryng ha jeethis.

position/posishan/ (n) 1. dar, meel. 2. mansab, boos.

positive/posativ/ (adj) 1. hubaal, haqiiqi. 2. tiry eber ku wiing (+).

possess/poses/ (v) qabow amy lahaathow.

possession/poseshan/ (n) lahaa-shy.

possessive/posesiv/ (adj) 1. walaashey eed ingky dheggyng (wali usy leyi lyng taabythy korny). (n) 2. lahaashy (nahwy hang kelmytho tusaw milkiyaty sithy: *my, our, his* iwm)

possible/posabal/ (adj) suurygal eh (wal dhiyi kory eh).

possibility/posabiliti/ (n) ihtimaal.

post/powst/ (n) 1. tiir (uthub toosyng meel ky teegyng). 2. mansab shaqy. (v) 3. boosty ky dirow amy ku helow. 4. ha dhe-jiyow (i'laang laha dhejiyi). 5. beddelow (meel kely shaqy ingky dirow). (prefix) 6. ku reed, ku ba'dy. *Postwar.*

postcard/powst kaard/ (n) kartolliin (kaar dhinygoony musawir ku leh kang keleeny farming lahanisky diraw).

poster/powstar/ (n) i'laang wiing derby ky dhegsyng.

postmark/powst mark/ (n) shaab-byd boostaaly, eddaayasy eme i meelme lahaku diri sheeyky.

postpone/powst pown/ (v) gethaal ing dhikow.

pot (n) 1. dhery. 2. hashiish (goony hang maarawaana)

potato/pateytow/ (n) bataaty.

potent/powtant/ (adj) tabar leh amy hoog bathang.

potter/potar/ (n) dhery-qory (lang dhery suubiyaw), dhery-qorty.

pottery/potari/ (n) sannaady dhery qorwky.

pouch/powj/ (n) qalqal amy boorsy yer. 2. kangaruugy jeebky dhalli-is ky qaathythaw.

poultry/powltri/ (n) doory.

pounce/pawns/ (v) 1. haky heethow. *The cat pounced on the mouse.*

pound/pownd/ (n) 1. ibbirky wali ulus. 2. geni (beesithy Ingriisky). (v) 3. tumow, hensheriyow.

pour/poor/ (v) shibow (wanty amy biyo ha iingky shib).

poverty/pavarti/ (n) hantiir, faqry.

powder/pawdar/ (n) 1. buthy 2. boolbary.

power/pawar/ (n) 1. tabar. *Nuclear power.* 2. awood. *The police have the power to arrest people.*

powerful/pawar ful/ (adj) hoog bathang leh.

power plant/pawar plant/ (n) warshiddy korontythy.

practical/praaktikal/ (adj) amali eh, fi'il eh.

practically/praaktikali/ (adv) sithy ingky dhow.

practice/praaktis/ (n) tab-bar.

praise/preys/ (v) 1. ammaanow. (n) 2. ammaang.

prawn/proon/ (n) gambari (haywaang-maagny oo lughy bathang, waany hanuung may).

pray/prey/ (v) 1. tukythow 2. do'aaysythow.

prayer/preyar/ (n) 1. salaad 2. do'aa.

pre-/prii/ (prefix) ku hor. *Prehistory.*

preach/priich/ (v) wa'thiyow (kutby diini eh akriyow).

precaution/prikooshan/ (n) is-jerow (tahaddir).

precious/preshas/ (adj) qaal eh.

precipice (n) gowky. *The very steep side of a mountain or cliff.*

precise/prisays/ (adj) juusty eh.

precision/prisishan/ (n) sah eh.

predator/predator/ (n) dugaag oo dugaag kely dilithaw si ing noolatho.

predecessor/predasesar/ (n) hortajery, ku horeeyi. (lang mansab lang kuky horeeyi)

predict/pridikt/ (v) faaliyow (saathiyow).

preface/prefas/ (n) 1. gololdhyg, goony hang hordhiggy qoraalky. 2. ararty hathylky.

prefer/prifer/ (v) ku fadilow.

preference/prefarans/ (n) door leh.

preferable/prefarabal/ (adj) ku feyly.

prefix/priifiks/ (n) horgaly amy hordhiyi (nahwy hang, harfy amy kelmithy ku hormarow kelmithy kely, sithy: *dislike, unwanted.*

pregnant (adj) uur (haamily).

prehistoric/prii histoorik/ (adj) taariikdy ku hor (inty wal lyng abtug-ny amy lyng dhig-ny).

prejudice/prijadis/ (n) neebang amy jeelang oo sabab laang eh.

premier/priimiyar/ (n) 1. marky koowad oo ly dhikaw filyng amy riwaayi. 2. ra'iisul wasaary.

premises/premises/ (n) meel amy dhismy oo bee'eshery lyng etheegsythaw.

premium/primiyam/ (n) beessy dereerty eh ly siyaw shirkytho aymisky.

prepare/pripeer/ (v) malliyow, darbiyow (diyaaring).

preparation/prepareyshan (n) malliyi, diyaar eh.

preposition/prepasishan/ (n) meeleeyi (nahwy hang, kelmy luku hormariyaw maghy amy maghy ing-yaal sithy: *from, out, of* iwm.)

prescription/pris kripshan/ (n) rishevuuty (haanshy taktar daawy ky qori).

presence/presans/ (n) rooghow.

present/present/ (n) 1. hatty. 2. haddiyi. (v) 3. hibeeyow. *The mayor presented the trophy to the winner.* 4. ha bandhikow. *She is presenting a new show on TV.* 5. is-barow. (adj) 6. rooghy (haadir eh).

presentation/presenteyshan/ (n) 1. ha binaangbiyow. 2. haalkung (waqtyghung).

presently/presantli/ (adv) 1. yow. 2. haddy, haalkung

preserve/priserv/ (v) dhoorow; hafithow. *The ancient Egyptians preserved their dead Pharaohs as mammies.* 2. goony ing dhikow.

president/presadant/ (n) 1. madywiiny, aaw, hergaanty.

press (v) 1. ri (hoos ing ri). 2. feereyow (kar kaawiyatheeyow). (n) 3. sahaafy. 4. daaba'ow. 5. qan'iyow. *They pressed him for an answer.*

pressing/presin/ (adj) amuur wal ku qobythow deddeg eh ing baahyng (amuur ulus).

pressure/preshar/ (n) 1. ulus (adaadis). 2. ky qasabow. 3. ky amariyow.

presume/prisuum/ (v) 1. sy ing qaathythow (siiby rung ing qaathythow). *I presume you want tea.* 2. ky dhiirythow.

presumption/prisampshan/ (n) ing meleeyow.

pretend/pritend/ (v) isky weweelow.

pretext/priitekst/ (n) marmarsiigny.

pretty/priti/ (adj) 1. suurud leh, hindho ing roong. (adv) 2. sithy

ingky dhow. *I'm pretty tired.* 3. eed.

prevent/privent/ (v) roojiyow, mamnuu'ow amy diithow.

prevention/privenshan/ (n) ku horseethow, hor surumow.

preview/prii vyuu/ (n) filyng amy riwaayi lahang bandhikaw dad goony eh, inty lyniing fasahny dadky dhong.

previous/priiviyas/ (adj) ku hor, mar hory.

prey (n) dugaag oo dugaag kely dilythaw.

price/prays/ (n) seer (qiimy).

priceless/prays lis/ (adj) lyng gooyi korny, eed qaal ing eh.

prick/prik/ (v) bujhis amy durow.

prickle/prikal/ (n) 1. qurung (goony hang tang ky kor bahaasy hambally). 2. amaamyd goony hang marky qiiroty.

prickly/prikli/ (adj) amaamyshy leh.

pride/prayd/ (n) 1. sharaf .2. ky faanow. 3. isly-wiiny.

priest/priest/ (n) withaad krishtaang amy masiihi eh.

prim (adj) dhaghynshey ky dheggyng.

primarily/praaymeerili/ (adv). Assal hang, billaaw haang, marky ing ky horeeyty.

primary/praaymeri/ (n) 1. asaasi. 2. billaaw (iskoolky billawky. *Primary school*).

primate/praaymeyt/ (n) naasley inisky jerty dad i daanjher.

Prime Minister/praaym minister/ (n) ra'iisul wasaary (dowlyddy madishe).

primitive/primativ/ (adj) 1. geakki mariithy (dhaghymeethi hory). *Primitive societies.* 2. dhaghyng dombooyi (meel hadaary ing jerny).

prince/ɔrins/ (n) amiir (boghyrky ariirshey).

princess/prinses/ (n) amiira (boghyrky ariirtis).

principal/prinsapal/ (n) 1. diritoor amy maamuly iskool. (adj) 2. ingky muhimsyng, asaasi eh.

principally/prinsipali/ (adv) mabda'iyyang.

principle/prinsapal/ (n) 1. mabda' . 2. heer (shar'i).

print (v) daaba'ow.

printer/printer/ (n) qof, aalat amy makiiny wal daaba'aasy.

printout/print awt/ (n) war daaba'yng oo kompiyuutar ha saaraw.

prior/prayer/ (adj) 1. hor (wal mar hor dhiyi). *I'm sorry I can't come, I have a prior engagement.* 2. ku muhimsyng.

priority/prayooriti/ (n) 1. muthunaarg. *Ambulances must have priority over other traffic.* 2. laasing.

priory/prayori/ (n) meel withaaddy gaaly ky noolying.

prison/prisan/ (n) habbis.

prisoner/prisanar/ (n) mahbuus (qof hirirg, qof habbis ky jery).

private/prayvit/ (adj) 1. kaas eh, gothob eh (goony liing leyi) 2. sir eh.

privilege/privalij/ (n) fursy dad goony eh qabaang.

prize/prayz/ (n) 1. jaa'sy (billid amy haddiyi ly siyaw qofki dethaal dheeraad eh gali). (v) 2. si'ir qaal eh. 3. eed ing qiimeyow.

probable/probabal (adj) dhiyi kory, ly fiiydaayi.

probation/prowbeyshan/ (n) 1. deymy (muddy lang ly fiiriyaw shaksiyadiis) 2. muddyng ly fiiriyaw dembiily ing usy is bed-

delaw i ing kely, muddyntaas dembiileghy way galang ky haayeyi sirkaal le eraw **probation officer** sirkaal deymy.

probe/prowb/ (n) eed ing fatashow, baaris.

problem (n) 1. dhibaaty. 2. mas'aly, hujjy, hirmaagny.

procedure/prasiijar/ (n) nithaamky ly rahaw marky wal ly sanaahiyaw.

proceed/prowsiid/ (v) wed (dereersi, dooga wethoy).

process/proses/ (n) hool dereerty (hool qabiyi eh).

procession/praseshan/ (n) is dabygal (isky hi-higy).

proclaim/prowkleym/ (v) dobool ku qaathow, eddaayow.

prod (v) ky dhiiris.

produce/prod yuus/ (v) wal ha hasiliyow (wal ha saarow).

product/prodakt/ (n) 1. mahsuul. 2. badii'i.

profession/profeshan/ (n) hirfy, sanaa (shaqy langky si goony eh in kasaw, waany ky shaqeeysythaw).

professional/profeshanaal/ (adj) hirfydly, sannaally.

professor/profesar/ (n) barfasoor (maallyng jaama'ad), buuni.

proficiency/profishensi/ (n) eed ing goryshy.

profile/prowfayl/ (n) 1. muughyd dhiny eh (goony hang wijyghy amy madighy langky). 2. lang muhim eh taariik nololeedshey oo gaabyng amy koobyng.

profit (n) faa'idy.

program/prowgraam/ (n) 1. barnaamij. 2. ajendy 3. buuk yer luku akriisythaw barnaamijky kunsheertithy. 4. ta'liimaat ly siyaw kompiyuutar.

programmer/programar/ (n) qofky dijhiyaw barnaamijky kompiyu-utarky.

progress/prog-gres/ (n) 1. hormar 2. ha-ku roonashy **in progress** wili dereery.

prohibit/prow hibit/ (v) mamnu-u'ow, reebyng (wal haaramee-yi), hiring (sakar hiring)

project/projekt/ (n) 1. mashruu'. 2. qorshy dijhiis.

projection/projekshan/ (n) qiyaas (si wal naghathy doonang, meegha waqti ii beesy ky bahy doonty).

projector/projektar/ (n) aalat fi-lyng amy musawir lyky fiirsythaw.

prolong (n) dheereyow (muddung dheer ky darsynti, inti lyngky tely gali).

promenade/prominaad/ (n) jid amy tubaal maagnady baal rahaasy.

prominent/promanant/ (adj) 'aang eh. *A prominent businesswoman.*

promise/promis/ (n) ballyng.

promising (adj) rajy feyly leh. *A promising young writer.*

promote/promowt/ (v) 1. dalla'siy-ow. *He was promoted to manager.* 2. di'aayi amy suuq ing suubiy-ow. *The author is promoting her new book.* 3. kaalmeyow.

promotion/promowshan/ (n) dal-la'aad.

prompt (adj) deddeg, isly markiiby.

prong/proong/ (n) far ku mit eh fargny fargeety.

pronoun/prownawn/ (n) maghy ing-yaal, sithy: *She, He,* iwm.

pronounce/pranawns/ (v) 1. erow; eethooyow. 2. dobool ku qaathow.

proof/pruuf/ (n) daliil, maryg.

prop (v) ky tiirsyng. *The ceiling was*

held up with wooden props.

propaganda (n) di'aayi (barbagaang).

propel/prapel/ (v) hor ing-dhagaa-jhiyow.

propeller/prapelar/ (n) marwahy (biry motoorky dayuurythy amy markabky shithaw).

proper/propar/ (adj) 1. munaasib. *Put your toys back in their proper place.* 2. rung eh.*We had a proper meal, not just a snack* 3. sharaf leh.

properly/proparli/ (adv) si sah eh.

proper noun/proper nawn/ (n) maghy qof, meel amy sheey.

property/proparti/ (n) milkiyi (wali athy lety) 2. milkiyi my-guurty eh, sithy dhul, beer iwm.

prophet/profit/ (n) naby (rasuul).

prophecy/profasi/ (n) faal, saathal.

proportion/prapoorshan/ (n) 1.qiib. *A large proportion of the Earth is covered with watetr.* 2. ing dhykkymy (marki lyng dhikky qiibo kely). *The proportion of girls to boys here is two to one.*

propose/propaws/ (v) 1. tely ha jeethiyow. 2. guur warsythow, dowhis.

proprietor/praprayatar/ (n) milkiily.

prosecute/prosakyuut/ (v) huku-mow (mahkamy saarow).

prospect/prospekt/ (n) rajy, mus-taqbal. *There is no prospect of the war ending just yet.*

prosper/prosper/ (v) dhurroovow, barwaaqowow, guuleeysythow.

prosperity/prosperity/ (n) aaryng, barwaaqi.

prosperous/prosparas/ (adj) aa-rynti, barwaaqi naghyti.

prostitute/prostatuut/ (n) 1. shar-muuty. 2. qof korshey gathaw.

protect/pratekt/ (v) dhoorow, difaa'ow.

protection/protekshan/ (n) ku horseethow, dhoormy.

protein/prowtiin/ (n) brootiing (nafaqithy hung-gurygy ky jerty, oo korky ing-roong)

protest/prowtest/ (v) 1. diithow (qaata'ow). 2. mudaaharaad.

protractor/prowtraktar/ (n) aalat lyky ibbiraw haglo.

proud/prawd/ (adj) faang, sharaf.

prove/pruuv/ (v) eddaayow, daliil.

proverb/prowverb/ (n) maag-maag.

provide/pravayd/ (v) 1. biyow, siyow. 2. malliyow.

province/provins/ (n) rejoony (gobol).

provision/pravishan/ (n) 1. ky tely gal. 2. shardy.

provisional/pravishanal/ (adj) ky meel deer eh (rasmy ing haayny).

provoke/pravowk/ (v) ku dhirifsiyow.

prowl/prawl/ (v) tubbyshy (gege-bbyshy).

prune/pruun/ (v) jherow (geed laamoshey ly jimaayaw).

pry/pray/ (v) dha galow lang kely arrimooshey.

p.s./pii-es/ (abbr) 1. fiiry goony eh. 2. lahaku gaabiyi *Post script*.

psalm/sam/ (n) qasiidy dikry gaaly eh.

psychiatrist/saykayatrist/ (n) taktar-naf (taktarky daaweyaw dadky miirsho wal galy).

psychic/saykik/ (adj) 1. nafsi. 2. faaliyi.

psychologist/saykalojist/ (n) maa-llyngky ilmi-nafsyghy.

psychology/saykalojy/ (n) ilmi-nafs.

puberty/pyuubarti/ (n) tabar-gal.

pubic/pyuubik/ (n) shuung.

public/pablik/ (adj) 1. madani (wal dadky dhong ku dhahooyi). 2. gung,dad (sha'by).

publication/pablakeyshan/ (n) 1. fithis. 2. daaba'ad.

publicity/pablisati/ (n) 1. di'aayi. 2. sum'i (magy weeldhithow).

publish/publish/ (v) 1. daaba'ow (buuk amy wal qoryng ha saarow). 2. fithiyow (war giliy-ow).

pudding (n) wal may, luku suu-biyaw biyi, bur i ukung lysky laby.

puddle/padal/ (n) sheeb, bally (biyi galeeng).

puff/paf/ (n) 1. neef amy debeel yer meel ha ku batty. (v) 2. uung ha dhiyow, neefsythow. 3. neef-tuur. *She was puffing out as she reached the top of the stairs.*

puff out/paf awt/ (v) buufiyow (neef ky buuyow).

puff up/paf ap/ (v) bararow (kor-barar).

puke/pyuuk/ (v) mandahow

pull/pul/ (v) 1. ha jiidow. 2. ha biyow

pull apart/pul apart/ (v) shal reebow

pull down/pul dawn/ (v) jhijhibiy-ow (ming ly jhijhibis)

pull out/pula wt/ (v) dereerow, bahow sithy tariinky amy baaburky. 2. ku bahow, ku nagathow (helliss ku bahow)

pull yourself together/pul yourself together/ (v) adkaaysyshy, gegsythow.

pulley/puli/ (n) geraanger hathag wereejiyaw lyky qaathaw wal ulus.

pullover/pul owver/ (n) funaany dhahameed.

pulpit (n) mimbar.

pulse/pals/ (n) kow-kowty amy jug-jugty wennathy.

puma/puma/ (n) mukulaal duur,

eed ing wiing ky nool Waaqo i Koofur Ameerika.

pump/pamp/ (n) bumby wal ha nuughasy.

pun/pan/ (n) hathal ma'ny bathang.

punch/panch/ (n) 1. feer. 2. aalat wal lyky bujhiyaw. 3. isky dadar (siiby kusaar amy biyi).

punctual/pank chuwal/ (adj) wagty-dhoory.

punctuate/pank chuweyt/ (v) shaghylow (summutho wal abtughowky etheegsythow).

punctuation/pank chuweyshan/ (n) shaghal giliyow, shaghal ing weelow (summutho wal abtughowky).

puncture/pank char/ (n) bogsyng, siiby lu baabur bogty.

punish/panish/ (v) iqaabow.

punishment/panishmant/ (n) iq-aab.

puny/pyuuni/ (adj) yer oo da'iif eh.

pupil/pyuupal/ (n) kitaab, dugsiilow (dugsiiley).

puppet/papit/ (n) 1. boomboly dhadhaghaaghy kory. 2. raj'i (daby dhilif).

puppy/papi/ (n) eey yer.

purchase/perchas/ (v) gathyshy.

purchaser/perchasar/ (n) 1. qofky wal gathythi. 2. wala amy sheeyky ly gathythi.

pure/pyuur/ (n) saafy eh.

purge/perj/ (v) ku safeeyow wali hung amy lining bahanaayny.

purify/pyuurifay/ (v) saafy ky dhikow.

purple/perpal/ (adj) muthub buluug eh, mithow ing-dhow.

purpose/perpas/ (n) 1.qesed. 2. hadaf, toog.

purr/per/ (n) ed gaabyng, mukulaalothy suubiyaasy marky farahsynty.

purse/pers/ (n) 1. boorsy. 2. kolii, kariirid.

pursue/parsuu/ (v) 1. raghythow. 2. wethow (lungku herny wali ly fathaw ing ly deery).

pursuit/parsuut/ (n) raghyshy, ky jerow wal athy dank ku letti.

pus/pas/ (n) maly.

push (v) 1. riyow. 2. darahow. 3. ky amariyow.

put (v) 1. meel dhikow. 2. ha jeethiyow (so'aal, tely iwm).

put aside/put asayd/ (v) meel ing dhikow, ing kaayow

put back/put bak/ (v) ha nag (meelliye ky nag)

put down/put dawn/ (v) 1. dhik (hoos ing dhik, usky dhik). 2. sharaf dhiyow. 3. arbuung, taqdiing (beesy hor mar eh dhikow).

put on/put on/ (v) 1. daarow, shithow (raadiyaaghy daar amy shid). 2. ky darow (siyaadiyow).

put out/put awt/ (v) damiyow (dab damis). 2. faafiyow (war ly deersiyi meel kasty).

put off/put of/ (v) 1. gethaal ingdhikow 2. niyi jhibiyow.

put up/put ap/ (v) hal hamiing marty giliyow.

put up with/put ap with/ (v) ky sabyrow, ky gegsythow amy ky adkaaysithow.

puzzle/pazal/ (n) hujjy.

pygmy/pigmi/ (n) sinjy Afrikaang eh, bartiyo yerty, amy gagaabyng, deghaw Koofur Afrika.

pylon/paylon/ (n) tiir wiing oo lyky hiraw fiilooyingky korontithy.

pyramid/pyramid/ (n) haram (chismooying hory Misir ky yaaly).

Q

Q,q/kyu/ harafky tummung i tothobaad oo farty Ingriisky.

quack/kwaak/ (n) ed boolybooly.

quad/kwod/ (n) affar-gaasly laha gaabiyi sithy *quadruplet, quadrangle.*

quadrangle/kwadrangal/ (n) affar-gaasly (murabba').

quadrant/kwodrant/ (n) goobty rubishe.

quadrilateral/kwodralaataral/ (adj) shey kuur i kallaay ing lahaayny oo affar-geesly eh.

quadruped/kwodrapid/ (n) affar-iddyngly (haywaang affar lugaadly eh).

quadruple/kwodrupal/ (v) 1. affar meelod. 2. affar laab.

quail/kwayl/ (n) shimbir yer.

quaint/kweynt/ (adj) hiisy leh (goony hang meel taariik leh). *A quaint little fishing village on the coast of Banadir.*

quake/kweyk/ (v) jiljilyng, gariirow.

qualify/kwolafay/ (v) muthyng (ing qalmow).

quality/kwoliti/ (n) tayi.

quantity/kwontati/ (n) tiry.

quarantine/kwoorantiin/ (adj) karantiil (si uthurky ingky fidny).

quarrel/kwooral/ (n) murung (ilaagtyng).

quarry/kwoori/ (n) 1. meel shiid luku jhafaw amy gooyaw (god-shiid). 2. howaal qothow (gothob hang meel dhedheeb eh lyky qothaw) 3. raathyng, weydis marky iddood ly geethaw (neef iddood eh ay lyky rithy ly fathaw oo la ha buriyaw).

quarter/kwoortar/ (n) 1. ruby (affar meelod meel). 2. ruby doollar (25 senti). 3. haafyd (beledky qiibto). 4. tummung ii shan daghiighy.

quarterfinal/kwoortar faynal/ (n) rubaaly (dheel ly dheelaw marki is rereebky roogy affar-koltyng).

quartz/kwoorts/ (n) ma'dang luku suubiyaw saa'ado

quaver/kweyvar/ (v) lang edshey gogohaw.

queasy/kwiisi/ (adj) qandhyng.

queen/kwiin/ (n) malikat (bogho-rid).

queer/kwir/ (adj) yaab leh.

quench/kwench/ (v) 1. damiyow (siiby dab biyi ky damiyow). 2. oong bahow.

query/kwiri/ (n) so'aal.

quest/kwest/ (n) baarow.

question/kwes shan/ (n) 1. so'aal 2. mas'aly.

question mark/kwes shan mark/ (n) summud so'aaleed (alaamatu so'aal), sithy.

questionnaire/kwes shaner/ (n) so'aaly ilmy weydiis.

quick/kwik/ (n) deddeg.

quicksand/kwik sand/ (n) dhiighy.

quiet/kwayat/ (adj) hassillyng, jhuug i jhaag ing lahaayny.

quill/kwil/ (n) baal shimbireed oo qalyng lyky dhikythy jeri.

quit/kwit/ (v) 1. ku tabow; ruk-seeysythow (shaqy ku bahow). 2. roojiyow; usku dhaafow.

quite/kwayat/ (adv) 1. rung hang. *You are quite right.* 2. ilaa had. *Umar can sing quite well.*

quiver/kwivar/ (n) goby (gammuung qaathy).

quiz/kwiz/ (n) kethis (so'aal amy imtihang kethis eh.)

quota/kwoota/ (n) 1. sed. 2. qiib.

quotation/kwooteyshan/ (n) marag (kilmy amy jumly lyng etheegsythaw marag hang).

quotation mark/kwooteyshan mark/ (n) summuddy amy alaamythy maragty (qowsysky iqtibaasky) sithy ("").

quote/kwowt/ (v) 1. ha ku etheegythow (hathal lang ery sithiis hang qaathythow) 2. qiimy sheey.

R

R,r/ar/ harafky tummung i siy-
eedaad oo farty Ingriisky.
rabbi/raabay/ (n) withaad yahuud
eh.
rabbit/raabit/ (n) bakayly.
rabble/raabal/ (n) kuusyng, bulaang
bathang.
rabies/reybiiz/ (n) uthur-eey (uthur
eed ing hung oo luku qaathaw
dhegmy eey).
raccoon/raakuun/ (n) karaaway.
race/reys/ (n) sinjy, reer (dad isky
sinjygho eh).
racial/reyshal/ (adj) sinjy ky saab-
syng, sithy sinjy muthubshey,
dhaghyngshey iwm.
racist/reysist/ (n) lang muthub-
tokoor aamingsyng.
racism/reysism/ (n) unsury, muthub-
tokoor.
rack/raak/ (n) kaanyd amy iskaffaal-
ly shabaq ku suubsyng oo wal ly
gallythaw amy ly saarythaw. *A
coatrack*. 2. aalat-iqaab oo hubno
lyky shal jiithaw.
racket/raakat/ (n) 1. madrabky lyky
dheelaw tenisky, baadmintanky i
skwaashky. 2. beessy haarang eh
taabow. *A drugs racket*.
radar/reydar/ (n) raadaar (aalat wal
lyky dhooraw).
radiant/reydi ant/ (adj) wal aftiing
kaluul haku bahaw.
radiate/reydi yet/ (v) aftiing kaluul
faafiyow amy dirow.
radiation/reydieyshan/ (n) huur,
(shu'aa').
radiator/reydieytar/ (n) siimbyggy
baaburty biyo liingky shibaw si
motoorky in qobooby.
radio/reydiyow/ (n) raadiyi.

radioactive/reydiyow-aktiv/ (adj)
huur aftiing kater eh biyaw.
radioactivity/reydiyowakt viti/
(n) tabarty huurky.
radiography/reydiyo-grafi/ (n) raajy
(aalat liky musawiraw gutha
korky).
radius/reydiyas/ (n) jiithyng toosyng
ku billawythaasy ukurky goobty.
raffle/raafal/ (n) bakty-nasiib bessy
lyky aruuriyaw.
raft/raft/ (n) billeybaarry lysky
hirhiri, doong haang lyky dhiki.
rafter/raaftar/ (n) ulbaang.
rag/raag/ (n) 1. istiraashy. 2. kar
gelyng eh.
rage/reyj/ (n) dhirif kaluul.
raid/reyd/ (n) 1. hujuum kethis eh.
2. fatash booliis.
rail/reyl/ (n) biro boodky lyky dhi-
saw.
railing/reyling/ (n) bood oo bir tari-
ing ku suubsyng.
railroad/reyl rowd/ (n) 1. hab
isdeersiing oo tariing ly
isti'maalaw. 2. jid tariing.
rain/reyn/ (n) roob, mandhar.
rainy/reyni/ (adj) roobly, roob
bathang..
rainbow/reynbow/ (n) daruur-jiid.
rainfall/reynfool/ (n) 1. deming
roobeed. 2. roobky mujjey
(qiyaas roobeed).
raise/reys/ (v) 1. kor ing-qaadow.
Raise your right hand. 2. aruuriy-
ow. *We raised $200 for the apneal*.
3. koriyow (barbaariyow). *She
has raised a large family*.
raisin/reysan/ (n) sabiib.
rake/reyk/ (n) faanley (aalat ilky
bathang qashyngky lyky
haaghaw, dhulkyny lyky
jimaayaw).
rally/raali/ (n) 1. urur. 2. isfeel

baabuur. 3. buunty ly dheliyi mar boloonighy wal bathang la hasky nanaghy (sithy tennis amy baadmington maddi ly dheelaw).

ram/raam/ (n) eleeng.

Ramadan/ramadaan/ (n) soong (billy saghaalaad oo sinnidky Islaanky).

ramble/raambal/ (v) 1. dedereer (dedereer hadaf ing lahaayny), waqty dhumis. 2. hathal saraay ing haayny (doo bathyng hikmy ingky jerny).

ramp/ramp/ (n) kuur i kallaay.

rampage/raampeyj/ (n) 1. duthow. *The elephants rampaged through the jungle.* 2. fiigow.

rampart/rampart/ (n) terreeg (derby amy kuur lyn dhisy geer amy difaa' odow).

ramshackle/raamshakal/ (adj) jhabyd (baabuur miriry amy burbury, lyng suubiyi korny).

ranch/ranch/ (n) beer wiing hooly lyky hanaanoyaw, way aang ky eta Ameerika (USA) i Kanada (Canada).

random/raandam/ (adj) shal doorryshy laang; **at random** qorshy laang. *She choose some numbers at random.*

range/reynj/ (n) 1. safyng, isky nunnuthyng. *Mountain range.* 2. bang daag leh. 3. namuung bathang. *The store sells a wide range of goods.* 4. goobty shiishky lyky barythaw. (v) 5. ing dhahooyow (inty ing-dhahooyty lammy tiry). *The prices for these clothes range from 50-70 dollars.*

ranger/reynjar/ (n) sakar dhoory, daaq dhoory (langky dhooraw ooty ii meelo iddooddy ky noolly).

rank/rank/ (n) 1. derejy. *General is a very high rank in the army* 2. saf. *Ranks of soldiers.* **rank and file** dadky inty mathy ing haayny.

ransack/raansaak/ (v) fatashow wany ly booliyaw. *Rioters ransacked the temple.*

ransom/raansam/ (n) mathyfur.

rap/raap/ (n) shangqar.

rape/reyp/ (v) 1. hoog (bilaang ly hooghy) 2. dheeboyow.

rapist/reypist (n) lang bilaang hoogi (lang bilaang fargni humaayi).

rapid/rapid/ (adj) deddeg bathang (deddeg leh). *Rabid forces.*

rare/reer/ (adj) 1. dhif eh (nadir) 2. eeryng ing dhow (so sy feyly lining kariiny).

rascal/raaskal/ (n) kaa'ing (kiyaanolow).

rash/rash/ (adj) 1. ky deddeghow. (n) 2. shabiig (fing bathang korky ha ku foofi).

raspberry/raasberi/ (n) mery muthub eed ing gathuuthyng leh.

rat/raat/ (n) jiir (doolly).

rate/reyt/ (n) 1. seer (goony haang qiimothy beesothy). 2. qedder. *First rate.* (v) 3. qiimy. *I don't rate this book very highly.*

rather (adj) ing ky dhowaang 2. door bithow 3. sithy sahy eh. *She agreed, or rather she didn't say no.*

ratio/reyshiyow/ (n) tiry oo tiry lyng dhikaw. *The ratio of men to women with the disease is eight to one.*

ration/raashan/ (n) raashyng.

rational/raashanaal/ (n) maang (mandhyq). *There must be a rational explanation for the noises you heard.*

rattle/raatal/ (v) 1. shanqar kaluul, sha-shal gohaw. *The coins rattled*

in the box. (n) 2. boomboly shan-
qaraasy marky ly shag-shaghy.

rattlesnake/raatal sneyk/ (n) dhejy-
mariid (dhejy dub shanqaraw
leh).

rave/reyv/ (v) 1. lang waalyng haang
ing hathylow. 2. ammaang.
Everyone is raving about her book.

raven/reyvan/ (n) shimbir wiing oo
kaghow ing nak.

ravenous/raavanas/ (adj) eed ing
baahyng.

ravine/raviin/ (n) 1. biyi mareeng
eed ing hooseyo, iig-ny eh. 2.
bohol amy kely.

raw/roo/ (adj) 1. eerang. *Raw meat*.
2. dabii'i eh, lyng warshy-
theeyny. *Raw materials*.

ray/rey/ (n) 1. liilyng aftiing, kaluul
iwm. 2. malalaay dub dheer leh.

razor/reysar/ (n) sakiiny.

re-/rii/ (prefix) 1. mar kely. 2. injeeddy.

reach/riich/ (v) deerow.

react/ri aakt/ (v) fi'iltyng (ku
jawaabow).

reactor/ri aaktar/ (n) meel suu-
biyaasy tabar nukliyaar eh.

read/riid/ (v) akriyow.

readily/redali/ (adv) darbyng, dhib
laang, diyaar ing eh.

ready/redi/ (adj) 1. darbyng. 2. mal-
lyng (diyaar eh).

real/ri al/ (adj) rung (haqiiqi amy
dhab eh).

real estate agent/ (n) dillaal ruung
amy dhul ly gathaw.

realistic/rii alistik/ (adj) waaqi'i eh.

reality/ri aaliti/ (n) rung eh, haqiiqy
eh, dhab eh.

realize/riialays/ (v) oghaathow,
rumaayow. *I suddenly realized I
was lost*.

really/riiali/ (adv) rung hang.

realm/relm/ (n) boghyrtooyi amy

umuury adduunky ky saabsyng.

reap/riip/ (v) mery goosythow.

rear/rir/ (n) 1. gethaal. (v) 2. hooly
hanaanoyow. 3. ariir koriycw. 4.
lugha demby kor ing teegow
amy ky surymow.

reason/riisan/ (n) 1. garaad. 2. sabab.

reasonable/riisanabal/ (adj) 1.
ma'quul. 2. ly fahamy kory.

reassure/riiashuur/ (v) shaki ku
biyow, ballang qaathow. *The doc-
tor reassured her that she would
soon feel better*.

rebel/ribel/ (n) 1. langky ly har-
biyaw maamulky dowlyddy. (v)
2. ly harbiyow maamul, ha ku
horjeesythow sistemky.

rebound/ribawnd/ (v) gethaal hang
boothow.

rebuke/rebyuuk/ (n) annaang.

recall/rikool/ (v) 1. ha towow. 2. ha
nagow.

recede/risiid/ (v) gethaal-gethaal ing
nagithow.

receipt/risiit/ (n) 1. haanshy
eddayasy beessy biyow. 2.
beessy qaathythow.

receive/risiiv/ (v) helow.

receiver/risiivar/ (n) 1. telefoonky
meelly dhegty ly saarow lykyny
hathalaw. 2. qiibty qobythaasy
edky raadiyaagy amy tiifiigy.

recent/riisant/ (adj) amyng dhow. *Is
this a recent photo*.

reception/risepshan/ (n) 1. marty-
qaat, marty-soor. 2. meel goony
eh dadky lahaky dhowaayaw
(sithy hotel amy isbitaal). 3.
qobyshithy edky, sithy raadiyi
amy TV. *The TV reception is very
bad*.

receptionist/risepshanist/ (n) ha
dhowaayi (qof hafiis amy hotel
dad haky dhowaayaw).

recipe/resapii/ (n) jid amy hannaang wal lyng suubiyaw (goony haang sithy hung-gury lyng kariyaw).

recital/risaytal/ (n) bandhig muusiky amy gobi.

recite/risayt/ (v) 1. ku bahow (esherky haku bah). 2. akriyow. 2. ku qisooyow, kor ku akriyow.

reckless/reklis/ (adj) tahaddir laang. *Reckless driver.*

reckon/rekan/ (v) hisaabiyow.

reclaim/rikleym/ (v) 1. reed ing helow. 2. dhul ly arry geddiyi.

recognize/rekagnays/ (v) 1. gorythow 2. qirishy amy i'tiraaf.

recollect/rikalekt/ (v) ha towow.

recommend/rekamend/ (v) ky teliyow; tilmaamow. *My friend recommended this book.*

record/rikoord/ (v) 1. diiwaang giliyow. 2. duubow (ajalyd iwm). (n) 2. heerky ingky feyly oo lang deery isport iwm. *He holds the world record for the long jump.* 3. sahang-hees (jiiry disky).

record player/ (n) rikoor (aalat ajalytho lyky dhughunsythaw).

recover/rikavar/ (v) 1. fiyaawathow. 2. helow. *The police have recovered the stolen property.*

recovery/rikavari/ (n) 1. wal dhunsynaayi ly hely. 2. tarang, aarang (dhaqaaleghy oo siyaady). 3. kabsyshy, ha faaysishy.

recreation/rekri eyshan/ (n) dhedheel (wal lyky dadaayaw sithy huullow, dhudhuumyshow, legdyng, baariqi iwm).

recruit/rikruut/ (n) 1. lang haky darymy urur, askar amy naady iwm. (v) 2. shaqy ing qorow (shaqy giliyow amy siyow).

rectangle/rektaangal/ (n) mustadhiil.

recuperate/rikuupareyt/ (v) fiyaawathow, rooysythow.

recuperation/rikupareyshan/ (n) fiyaawashy, rooysyshy.

recur/rikar/ (v) wal dhiyowsho ha nanaghythaw.

recurrent/rikarant/ (adj) ha nanaghyshy.

recycle/riisaykal/ (v) mar-kely sanaahiyow (alaab la haky dhaghythy sithy qaruury, haanshy mar lammat ly farsameeyi, si lyng isti'maaly)

red (n) gathuud.

reduce/ridyuus/ (v) dhymow, yeraayow. *If you reduce the price I will buy it.*

redundant/ridandant/ (adj) luku maarrimaw, lyniing baahanaayny.

redundancy/ridandansi/ (n) siyaa-dy.

reed/riid/ (n) dhuurur, ees-biyooly.

reef/riif/ (n) shiidolow-magny.

reek/riik/ (n) ur hung.

reel/riil/ (n) 1. bir amy alwaah wereegsyng lyky duubaw dun, filyng iwm. 2. dheel aang ky eh arly Ayrland i Skotland. (v) 3. qer-qerow.

refectory/rifaktari/ (n) meesythy amy qolky hung-guryghy iskoolky, jaama'iddy iwm.

refer/rifer/ (v) 1. husow. *The letter refers to your behavior in school.* 2. ing-naghyshy (sithy buuk athy war ha ku qaathity) 3. ing gudbiyow, ing dirow. *The case was referred to a higher court of law.*

referee/rifarii/ (n) aarbity (garnaghy dheeleed, gar-gooyi amy gar-qaathy dheeleed).

reference/rifarans/ (n) 1. huss. *There is a reference to our town in this book.* 2. qoraal wal ku sheeghaw qof. *Did your last boss give you a good reference?*

reference book (n) buuk luku helaw ma'luumaat.

referendum/refarendam/ (n) afty, ethooyow (arryng muhim eh ing ethooyow).

refine/rifayn/ (v) safeeyow (sithy nathiifinty bansiinky).

refinery/rifaynari/ (n) meel sokor amy saliid lyky safeeyaw.

reflect/riflekt/ (v) 1. in'ikaas (sithy ed, if amy kul ha nanaghathaw). *The white sand reflects the sun's heat* 2. mug ha naghow (sithy miraayaddy). *She saw her face relected in the mirror.* 3. ra'yi ky darsythow.

reflex/riifleks/ (n) fal otomaatik eh (fal lyng kontrooly korny).

reform/rifoorm/ (v) ku feylahaayow.

reformation/riformeyshan/ (n) lyky naghhythy, ly totoosiyi.

refraction/rifrakshan/ (n) shaljhabky shu'aa'ii, siiby marky dhah maraaw sheey ilaa sheey.

refrain/rifreyn/ (v) 1. ku aagynaang. (n) 2. hooris (meelly ky dhammaathaw heesky amy gobiiky)

refresh/refresh/ (v) fehmy helow (wal fehmy ky giliyaw, aajisky koo biyaw). *A glass of cool lemonade will refresh you after your walk.*

refreshing/rifreshin/ (adj) naf haky naghyshy (goony haang athy oo doomasy amy aajissynaayti).

refreshments/refreshments/ (n) dhamow i aamow kafiif eh.

refrigerator/rifrijareytar/ (n) firinjiteer (tallaji).

refrigerate/rifrijereyt/ (v) qoboojhiyow.

refrigeration/rifrijereyshan/ (n) qoboojhis.

refuel/rifyuul/ (v) mar kely shithaal dhaansythow (shithaal qaathythow mar kely)

refugee/rifyujii/ (n) kiinanty.

refund/rifand/ (v) beesy-nag (beesy hor athy ing biithi laha-kiing naghy)

refuse/rifyuus/ (v) 1. diidow. (n) 2. qashing.

regal/riigal/ (adj) ee boghoreed (wal eed ing-wiing).

regard/rigaard/ (n) qedderis (tixgelin). *He is regarded as one of the best novelists alive today.*

regarding (prep) lu ky leh, ky saabsyng, kuseeyasy.

regards/rigardis/ (n) raji feyly, tamanny. *Please send my regards to your parents.*

reggae/regeey/ (n) muusik asalshe eyi *West Indies* Hindiyathy Orsy.

regiment/rejamant/ (n) askar ku koobyng lammy battalyan.

region/riijan/ (n) gobyl (rejoony).

register/rejistar/ (n) 1. diiwaang. (v) 2. diiwaang giliyow.

registration/rejistreyshan/ (n) diiwaaniis, fedheesis. 2. qorow (askar amy iskoolley ly qoraw)

registrar/rejistrar/ (n) diiwaang haayi.

regret/regret/ (v) shillaay.

regular/regyular/ (n) 1. daa'im eh 2. aadi eh. *What are your regular working hours?* 3. qiyaas eh, meel dhahaat eh. *His pulse is regular.*

regulate/regyuleyt/ (v) 1. hukumow. 2. toosiyow.

regulation/regyuleyshan/ (n) heer i nithaam hukung.

rehearse/rihers/ (v) ky nanaghathow inty riwaayiddy lahang bandhygny.

reign/reyn/ (n) hukung amy maamul boghortooyi.

reindeer/reyndiyar/ (n) eely wiing ky nool meelo barafky amy qoboobky bathang.

reinforce/rii infoors/ (v) adkaayow, kakiyow.

reins/reyns/ (n) hakamy.

reject/rijekt/ (v) diithow.

rejoice/rijooys/ (v) ky farahow.

relate/rileyt/ (v) 1. hariiriyow 2. qissy ing sheeghow.

related/rileytid/ (adj) ly hariirty. *She's related to Batula, she's his cousin.*

relation/rileyshan/ (n) alaaqy, hariir.

relationship/rileyshanship/ (n) 1. hariir. *He has a good relationship with his parents.* 2. ku dhahooyi. *Is there any relationship between violence on TV and violent crime in society?*

relative (n) 1. ehel ii qaraaby. (adj) 2. lyng qiyaasy, ly dhiny dhiko. *She used to be very rich, but she now lives in relative poverty.* 3. kuseeyi (lu ky leh).

relax/rilaaks/ (v) 1. neebsythow. 2. nafisow. 3. nuglaayow.

relay/riley/ (n) 1. inis dhidhiib (ku billaawythaw meelly ki hory ky dhammathy ilaa tartynky ku dhammaathaw). 2. habky warky lyng laliyaw (sithy raadiyaaghy, TViighy, teleg-raamky iwm). (v) 3. helow haddyny gudbiyow farmiing.

release/riliis/ (v) ha dhiyow (fasahow).

relevant (adj) ly hariirty (lu ky leh arrimo luku hathalohaayi).

reliable/rilayabal/ (adj) lysky hallayi kory, lysky aaminy kory.

relief/riliif/ (n) rooysishy (ha fiyaawathow). *The doctor gave her some pills to relieve the pain.* 2. kaalmy, gergaar. *Famine relief.*

religion/rilijan/ (n) diing (aqiiddy).

religious/relijas/ (adj) diini eh, wal diing lug ky leh.

reluctant/rilaktant/ (adj) diiddyng (ing fathaany iny usy suubiyi). *Ali was reluctant to admit he was wrong.*

rely/rilay/ (v) isky hallayow, isky aaminow. *I'm relying on you to help me.*

remain/remeyn/ (v) 1. herow. 2. inys beddelny (sithiis eh).

remainder/remeyndar/ (n) heraay (sheey amy dad ha heri).

remains/remeyns/ (n)1. heraa (wal la ha reeby) 2. mijid (qof muddung dhimydsinaayi oo wili lyng duugny).

remark/remark/ (n) ta'liiq.

remarkable/rimarkabal/ (adj) ajiib eh, husow muthung.

remedy/remedi/ (n) 1. daawy. (v) 2. sahow, toosiyow.

remember/rimembar/ (v) towow.

remind/rimaynd/ (v) towiyow (hasuusiyow).

reminder/rimayndar/ (n) towiyi, hasuusiyi.

remnant/remnant/ (n) ittyng, baaqi (hamby).

remorse/rimoors/ (n) tiiraagny.

remote/rimowt/ (adj) meel dheer (meel ing dhowaayny).

remove/rimuuv/ (v) ku qaathow, ku birow.

removal (n) 1. alaab rorow, goony hang maddi ly guuraw. 2. ku qaathow, ku wereejiyow (mansab ku qaathow)

rendezvous/rondeyvuu/ (n) 1. ballang. 2. mathal (meelly i wagtyghy ly kulymaw). 3. goobty mathally.

renew/rinyuu/ (v) usboonayow.

renovate/renaveyt/ (v) usboonaysiyow (goony haang ming).

renowned/rinawnd/ (adj) aang eh.

rent (n) 1. ijaar. (v) 2. *rend* oo fal laha moothi eh. 3. shal gooyow amy shal tarriighow.

rental (n) 1. beesy ijaar lyky dhiibaw. 2. wal ijaar eh.

repair/ripeer/ (v) 1. suubiyow (wal jhajhabsynaayi suubiyow). 2. sahow (wal qaldynaayi sahow).

repay/ripey/ (v) 1. biyow. 2. ing guthow.

repayment/ripeyment/ (n) mar kely guthow, mar lammad biyow.

repeat/ripiit/ (v) ky nanaghow.

repel/ripel/ (v) 1. hoog ing sheeghythow. 2. neebathow.

repellant/ripelant/ (adj) 1. kiraahiyi eh. 2. qashyng-Ally raghyd (wal qashyn-Allaaghy dughythaasy amy ku fiigayaang).

repent/ripent/ (v) 1. toowby sheenow. 2. ku shillaayow.

repentance/repentans/ (n) towby, shillay, shillayty.

repetition/ripatishan/ (n) ha nanaghyd.

repetitive/repetativ/ (adj) ha nanaghythaw.

replace/ripleys/ (v) 1. beddelow (sheey sheey amy qof ky beddelow). 2. meellis ing naghow, meellis ky naghow. 3. qof boos shey qaathythow.

replacement/ripleysment/ (n) beddelshey (qofky amy walaaghy wal lyky beddeli).

replica/replica/ (n) eed inisky nag; mintaany oo kely (koobi orijinaalky ing nag).

reply/riplay/ (v) jawaabow, ing jawaabow.

report/ripoort/ (n) 1. war-biyi. 2. da'wy. 3. is haathiris. *Report for duty at 8 a.m.*

reporter/ripoortar/ (n) war fithiyi.

represent/represent/ (v) matlaw. *Your lawyer represents you in court.* 2. tilmaamasy; ing-dhykynty. *The black dots on the maps represent towns.*

representation/reprisenteyshan/ (n). wal ing teeghyng. 2. wakiil (wakiil ku eh amy wakiil ing eh)

representative/reprisentativ/ (adj) wakiil. 2. wakiil ing eh (afjho ky hathylaw).

reprieve/ripriiv/ (v) efis amy iqaab gethaal ing-dhikow.

reprimand/reprimand/ (v) anaanythow.

reproach/riprooch/ (v) eethow, dhaliilow.

reproduce/ripradyuus/ (v) 1. dhalow. 2. suubiyow no'shey oo kely.

reproduction/riprodakshan/ (n) tarang amy dhalmy bathang.

reptile/reptal/ (n) hammaaryty (haywaanky hepedky ky dereeraw).

republic/repablik/ (n) jamhuuriyi (dal maamulshey la ha doorrithy).

repulsive/ripalsiv/ (adj) kiraahiyi.

reputation/repyuteyshan/ (n) sum'y amy maghy. *This restaurant has a reputation of good service.*

request/rikwest/ (n) dalab, ammar.

require/rikwayar/ (v) ing baaharg.

requirement/rikwayarmant/ (n) wal lyng baahygni.

rescue/reskyuu/ (n) hoobow. ha fokiyow.

research/riserch/ (n) diraasy amy bahthy (goony haang diraasy ilmy).

resemble/risembal/ (v) ing nakkathow.

resent/risent/ (v) ku dhiryfow.

resentment/resentment/ (n) dhiryf
ing qabow.

reserve/riserv/ (v) 1. boos ing haay-
ow (sithy kuraasty baabuurty,
sheneemythy iwm). (n) 2. sakar.
3. kaay. *We kept reserve of food.*

reserved/riservd/ (adj) shiih, jheer.

reservoir/risarvuwar/ (n) berkyd
(meel biyi lyky kaayaw).

residence/resadans/ (n) 1. ming amy
meel lyky nooli. 2. ky noolathow.

resident/resadant/ (n) lang meel
deggyng.

resign/risayn/ (v) is asilow (shaqy
ku tabow), hool ku fedheethow.

resin/resan/ (n) habky.

resist/resist/ (v) 1. ku horseethow 2.
ky adkaaysithow.

resistance/resistans/ (n) gegsy-
thow.

resolute/resaluut/ (adj) maaggyng
(lang go'aanshey ky athyg).

resolution/resaluushan/ (n) qa-
raar amy hal.

resolve/risolv/ (v) mas'aly halliyow.
2. go'aansythow.

resort/risoort/ (n) meel neebsy lyng
seethaw. *A winter resort.*

resort to/risoort-tu/ (v) door bithow.
*She resorted to begging on the
streets*, **as a last resort**, ing ky
dembeeynty.

resources/risoorsis/ (n) ilydhaghaaly.
*The country is rich in natural
resources such as oil, coal and timber.*

respect/rispekt/ (v) hurmy, qed-
deriyow, sharyfow.

respectable/rispektabal/ (adj) hur-
my muthung.

respiration/respareyshan/ (n) neef-
sy. (v) 2. neefsythow.

respiratory/resparatori/ (adj) neefly
(hubno neefsyshythy).

respond/respond/ (v) ku jawaabow.

response/rispons/ (n) jawaab.

responsible/risponsibal/ (adj)
mas'uul (mas'uul eh). I am
responsible for checking the
equipment.

rest (n) neebsyshy.

restaurant/resta ront/ (n) muqaayi
amy baar.

restless (adj) ing neebsyny.

restore/ristoor/ (v) ha naghow
(sythiitiyo amy meellitiyo haky
naghow).

restrain/ristreyn/ (v) roojis
(naghow), is-reebow.

restrict/ristrikt/ (v) ha koobow
(hatheeyow). *My parents restrict
the amount of television I watch.*

result/risalt/ (n) natiijy.

resume/resyuum/ (v) 1. mar kely bil-
laawow. *The game will resume
after lunch.* 2. ha ky nagathow.

resurrection/resarekshan/ (n) ha
noolaathow dhimyshy ba'dishe.

retail/riiteyl/ (n) bee' jumly ing
haayny.

retailer/riteylar/ (n) lang tafaariiq
gathaw.

retain/riteyn/ (v) haayow.

retention/ritensha/ (n) hafithow,
dhoorow.

retaliate/ritaali yet/ (v) ku aargu-thyshy.

retaliation/ritalyeeshan/ (n)
aarsyshy.

retire/ritayar/ (v) 1. shaqy ku herow
da' dartiye. 2. kalwy galow. *She
retired to her room.* 3. jhiifythow. 4.
insihaabow.

retrace/ritreys/ (v) gethaal ing
nagashy. *Retrace your steps*

retreat/ritriit/ (v) insihaabow (geth-
aal ing nagathow).

retrieve/ritriiv/ (v) wal dhunsynaayi
helow.

return/ritern/ (v) 1. ha nagathow.
2. faa'ithy.

reunion/riyunyan/ (n) kulung (inis-
kooyow).

rev (v) sheellereeyow.

reveal/riviil/ (v) 1. kashyfaad,
dobool ku qaathow. 2. feethow;
tusow. *Your secret has been
revealed.* 3. ha dijhiyow (wahyi
diini eh ha dijhiyow).

revelation/revaleyshan/ (n) wahyi.

revenge/rivenj/ (v) aarsyshy, aar-
goosyshy.

revenue/revanyuu/ (n) dakhly.

reverse/rivers/ (n) 1. lid ky eh. 2.
marshy-gethaal (marshythy
baabuurky gethaal lyngky
wethaw). (v) 3. gethaal-gethaal
ing bahow. 4. dhiny kely (aksy)
ing beddelow.

review/rivyuu/ (n) faally luku biyaw
buuk, filyng amy maqaal usub
(ra'yi ku biyow).

revise/rivays/ (v) sahow, ky
naghythow.

revive/rivayv/ (v) 1. ha noolayow.
2. mar lammaad ky dhikow wal
ly ist'maaly kory.

revival/rivayval/ (n) ha noola-
thow, ha noolayow.

revolt/rivowlt/ (v) 1. ky kahow, ku
horkooyow. *The army revolt
against the king.* 2. ku dhiryfiyow.

revolting/rivowlting/ (adj) kirahiyi
eh, luku dhiryfaw.

revolutionary/rivolushaneri/ (adj)
jedbooysyng, kahyng.

revolution/rivaluushan/ (n) 1. isbed-
del siyaasy. 2. ky wereeghyd, ky
mardhowyd.

revolutionize/rivaluushanaaiz/ (v)
beddelow. *Computers have revolu-
tionized the way we work.*

revolve/rivolv/ (v) mardhowyshy,

ky wereeghyd. *The moon revolves
around the earth.*

reward/riwoord/ (n) 1. abaal-gud.

rheumatism/ruumatism/ (n) lafy-
dhuury (udur lafa galaw).

rhinoceros/raynosaras/ (n) weghel
(haywaang eed ing-wiing, hal
gaas amy lammy shal dheer
wijighy ku-ky yaalang).

rhyme/raym/ (n) 1. gobi gaabyng. 2.
(v) isky qaafiyi eh."*Pale" rhymes
with "Mail."*

rhythm/ritham/ (n) miisaang amy
qaafiyi gobi amy muusik iwm.

rib (n) feer.

rice/rays/ (n) bariid

rich (adj) 1. tanaad 2. ky buuhy.
Oranges are rich in vitamin C.

riches/richas/ (n) maal.

rickety/rikati/ (adj) sal feyly ing
lahaayny, yoow jhajhabaw. *A
rickety old furniture.*

rickshaw/rikshoow/ (n) baabuur
galang lyky jiithaw, taksy hang
lyng isti'maalaw waddammythy
Japan i India

rid (v) geng

rid of (v) ku huroowow (ku takhal-
lusow)

riddle/ridal/ (n) hirmaagny, diilley.

ride/rayd/ (v) korow (fuulow ferys
amy baabuur).

ridge/rij/ (n) kugdy, fiinty.

ridicule/ridikyuul/ (v) ky koothow
(lyky kokoothaw).

ridiculous/ridikyalas/ (adj) wal lyky
koothy (dhokot amy dhuungfoo-
thet).

rifle/rayfal/ (n) bantuug.

rift (n) 1. tarriighyng, jhyryng.
2. shal-jhab (is-gal).

right/rayt/ (n) 1. mithig. 2. sah eh. 3.
haq eh. *Everyone has the right to a
fair trail.* (adj) 4. sah, qummyng,

toossyng. 5. feyly, gar eh. (adv) 6.
mar ally. *I'll go right after lunch.* 7.
ilaa. *Go right to the end of the road.*

right angle/rayt angal/ (n) haggal
toosyng (90 darajy eh).

right handed/rayt handed/ (adj)
mithigly.

right-wing/rayt wing/ (n) garabky-
midgeed (hisby mu-
haafid eh).

rigid/rijid/ (adj) 1. kakyng. 2. ky
dheggyng.

rim (n) qer.

rind/raynd/ (n) qub, qolof amy
diirky meraaghy.

ring (n) 1. faraaty. 2. hilqyt (dad
wereeg ing suryng amy ing fid-
hiyi, sithy dikry amy suby). 4.
goobty feertyngky. 5. dirow tele-
foong. (v) 3. weerow (sithy gam-
baleelky).

ringleader/ring liidar/ (n) fisnooly,
fisny-wethy, baas abuur (baas
ing-horseethy).

rinse/rins/ (v) biyi-raasiyow (biyi ky
nadiifiyow).

riot/rayat/ (n) mudaaharaad.

riotous/rayatos/ (adj) rabshy i qas
bathang.

rip (v) tarriighow.

rip off/rip of/ (infl)kiyaany.

ripe/rayp/ (adj) karsyng. *Ripe
bananas.*

ripple/ripal/ (n) hir (dhadhaghaag-
gy biyo marki wal lyky rithy
amy debeel kor marty).

rise/rays/ (v) 1. ha bahow (sithy iri-
ithy). 2. kahow, surumow. *Rise up.*
3. siyaadow. *The prices are rising.*

risk (n) katar. *She risked her life to
save her child.*

ritual/richuwal/ (n) wal markasty
isky sitho lyng suubiyaw.

rival/rayval/ (n) tartamy.

river/rivar/ (n) weby.

road/rowd/ (n) jid.

roam/rowm/ (v) wewereeg, susu-
ryng.

roar/roor/ (n) ed libee.

roast/rowst/ (v) dubow amy solow.

rob (v) booliyow, hathow.

robbery/robari/ (n) booly, biliilyqy.

robe/rowb/ (n) qamiis, ibbeer.

robin/robin/ (n) shimbir hepitky ku
gathuuthyng.

robot/rowbot/ (n) aalat dad haang
ing shaqeeyasy.

robust/rowbast/ (adj) hoog i
fiyaawang qab.

rock/rpk/ (n) dhedheeb.

rocket/rokit/ (n) saaruuk.

rod (n) serby (ul bir amy geed ku
suubsyng).

rogue/rowj/ (n) kaa'ing.

role/rowl/ (n) door.

roll/rowl/ (n) 1. duub. 2. liisty
maghi. 3. geraang-ger. 4.
duubow. 5. weerdhyng-gur-
baang.

roller skates/rowlar skeyts/ (v) koby
geraanger leh, lyky rooraw.

rolling pin/rowling pin/ (n) kal
gaabyng, lyky duubaw burky.

ROM/ram/ *read-only memory* oo laha
gaabiyi, hasuus kompiyuutar.

romance/rowmaans/ (n) 1. hariir
jeel. 2. qissy jeel.

romantic/rowmaantik/ (adj) jeelang i
raahy kiyaali eh leh.

Roman numerals/rowman nume-
rals/ (n) Huruufty Rowmanky oo
matylaayang nambar, sithy: *I*
,koow, *II*, lammy, *III*, seddy, *IV*,
affar, *V*, shang iwm.

roof/ruuf/ (n) saqfy.

rook/ruuk/ (v) 1. dhaghyrow. 2.
shimbir mithoow, kaaghow ing
nag.

room/ruum/ (n) qol.

rooster/ruustar/ (n) diik.

root/ruut/ (n) hithyd. 2. sabab. *The root of the problem.*

rope/rowp/ (n) hathag.

rose/rows/ (n) 1. fiid. 2. gathuud kafiif eh.

Rosh Hashana/rosh ashana/ (n) bil-laawky sinnythy yahuuddy.

rosey/ rowsi/ (adj)1. muthub fiided leh. 2. mustaqbal feyly leh. *The future looks rosey.*

rot (v) bololow, qurumow.

rotary/rowtari/ (adj) wereegythaw sithy lu baabur.

rotate/rowteyt/ (v) 1. ky weree-gythow. 2. koltyng (lamby marshey, sythy wang lysly fuugsythaw amy suby lamby aayaddiis qaathythaw).

rotten/rotan/ (adj) uri (qurumi), bololy. *Rotten eggs.*

rough/raf/ (adj) 1. jing ing haayny. *Rough ground.* 2. ing deggy-naayny. *Rough seas.* 3. qiyaas. *Rough guess.*

round/rawnd/ (adj) 1. wereeg amy boloony hang ing suubsyng. 2. haghal ing lahaayny (adv) 3. muddung guthaashe. *All year round* (n) 4. derejy is-re-reeb. *Our team was knocked out in the first round.* 5. bulaang dhiirrygylis. *A round of applause.* 6. hal wereeg-dhamow oo hal qof biyaw.

round up/rawnd ap/ (v) inis sheenow.

round about/rawnd abawt/ (n) is gooys.

round trip/rawnd trip/ (adj) tikit hor ing-jeed i ha-naghyd eh.

rouse/raws/ (v) kiyow.

route/rauut/ (n) jid amy tubaal.

routine/ruutiin/ (n) wal sythoo-ley lyng suubiyaw mar kasty. *A daily routine.*

row (v) 1. tahyng amy safyng. 2. bathiilky doomo lyky wethaw. (n) 3. saf. *A row of houses.* 4. muryng (dood qayly bathang).

rowdy/rawdi/ (adj) qayly bathang.

royal (adj) wal shaqy ky leh boghor amy boghoryd.

royalty/royalty/ (n) 1. ly hariiry reer boghir. 2. beessothy ly siyaw qoraaghy amy lang ally langky wal usub sanaahiyi.

rub/rab/ (v) rurugow, hoghythow. *The cat rubbed its head against my leg.*

rub out/rab awt/ (v) tirtir.

rubber/rabar/ (n) goomy.

rubbish/rabish/ (n) 1. qashyng. 2. hathal hung.

rubble/rabal/ (n) jhajhab (shiid jha-jhabsyng).

rucksack/rak saak/ (n) boorsy-eryd.

rude/ruud/ (adj) etheb doryng.

ruffle/rafal/ (v) kiyow amy qassow wal degginaayi sithy ting ly kiyi.

rug/rag/ (n) kattify amy masally.

rugby/ragbi/ (n) dheel lyky dhelaw boloony ukkung ing nag, lu i galangby ly etheegsythow.

rugged/ragid/ (adj) kakkyng (kuur i kallaay).

ruin/ruu in/ (n) 1. burburis. 2. hal-laay (humaayow). 3. kassaary.

rule/ruul/ (n) qaanuung, shar'y. (v) 2. hukumow.

ruler/ruular/ (n) 1. haaking. 2. mas-tary.

rum/ram/ (n) kamry kaluul, luku suubiyaw sokor.

rumble/rambal/ (n) borood amy guuh.

rummage/ramij/ (v) fattashow siyaathy eh.

rumor/ruumar/ (n) war rasmy ing-haayny, doo ly wewethy.

rump/ramp/ (n) biry (dembeedky hoola).

run/ran/ (v) 1. roorow 2. safarow. *This bus doesn't run on Sunday.* 3. deethahow. *Tears run down her cheeks.* 4. maamulow. *Ali runs this agency.*

run out/ran awt/ (v) dhammaathi

run over/ran owvar/ (v) ky dhowyng, berberow, dardarow.

rung/rang/ (n) 1. hal teeg jerenjery. (v) 2. weerow. 3. *ring* oo fal laha moothi eh.

runner/ranar/ (n) roory (langky ku qiib galaw tartanky roorky).

runner-up/ranar ap/ (n) lammaad (tiimky galy bosky lammaad).

runway/ran weey/ (n) dayuury-degheeng (meel dayuurythy ku kahaasy waany ky deghaasy).

rural (adj) baadiyi.

rush/rash/ (v) deddeg.

rust/rast/ (n) mirir.

rusty/rasti/ (adj) maarowi mirir dar-tiis (maara ing nakkaathy).

rustle/rasal/ (v) 1. shanqariyow. 2. hathow (goony haang, lo amy feris hathow).

ruthless/ruuthlis/ (adj) lang-dor (lang naariis ing-lahaayny).

S

S, s/es/ harafky tummung i saghaalaad oo farty Ingriisky.

sabath/saabath/ (n) gee neebsy (sithy Sabty Yahuud amy Ehed Masiihi).

saber, Sabre/saybar/ (n) seef af gothyng.

sack/saak/ (n) 1. boorsy wiing (araar, hashing, ufteey, tiif). (v) 2. rugseeyow 3. booly.

sacred/saykred/ (adj) heryng, dhoorsyng.

sacrifice/saakr(y)ifaays/ (v) 1. mahi-ib, gothob haang hooly liing gor-riyaw waag-tuug. 2. quurow, hurow (nafty amy sheey qaal eh liing quuro si qof kely faa'ithy ing deero).

sacrificial/sakryifishal/ (adj) dhoorty.

sad/saad/ (adj) murug.

sadden/sadden/ (v) lang ly murjiyo.

saddle/saddal/ (n) 1. koorry (koor-ryghy ferisky amy gurbyghy). (v) 2. ing koorryghy ferisky ly saary.

SAE way ing dhikinta *stamped addressed envelope* buusty inwaan i frankaboolly leh.

safari/safari/ (n) jirmaad liing galaw iddood fiirsythow i ha dilow.

safe/seyf/ (adj) 1. asturyng, meel emaang eh. 2. kaznythy amy sanduuqqi kaayky.

safeguard/seyfgaard/ (v) bedbathiy-ow, ilaaliyow.

safety/seyfti/ (n) emaang, nebed.

safety pin/seyfti pin/ (n) biinka karky lyky gundythaw.

sag/saag/ (v) laabbymow, gothy-mow, nuglaathow.

sagacious/sageyshas/ (adj) mag-huuf.

sage/seeyj/ (adj) lang fehmy bathang, reegay.

said/seed/ (v) 1. erri, lahaayi 2. *say* oo fal laha moothi eh.

sail/seyil/ (v) 1. doong amy markab ky jirmaathow. (n) shiraa'.

sailor/seylor/ (n) magny-mary, markab amy doong fuul.

saint/seynt/ (n) wily, lang karaameysing.

sake/seyk/ (n) dartiye, heje, ajlishe.

salad (n) qudaar namuung bathang eerang lyky aamaw.

salary/saalari/ (n) misheer.

sale/seyl/ (n) 1. ganaa. 2. qiima jhab, haraash (waqty tukaamey alaabty raghiis ky gadaayang).

sales tax/seylz taaks/ (n) anshuur.

saliva/salayva/ (n) hunjhuf.

salmon/salmon/ (n) saalman (malalaay soshey muthub jaally berahyng leh).

salt/solt/ osby.

salute/saluut/ (v) salaang.

salvage/saalvej/ (n) hanty bedbaadis.

salvation/saalveyshan/ (n) bedbaady (demby ku dhighowky masiihiyiinty aamingsygniing ing naby Iisy dembysho ku dhighi).

same/seym/ (adj) isku hal eh.

sample/saampal/ (n) 1. ayyinat, kambiyoony. (v) 2. sherryb.

sanction/sank shan/ (n) 1. ething, jilib furunaang. 2. **sanctions** tokoor siyaasy i dhaghaaly.

sanctuary/sankshuwary/ (n) 1. meel baraky leh. 2. meel emaang eh shimbirty i hoola ky bedbaathayaang.

sand (n) arry, ba'aad, washaag.

sandal (n) saandaly, da'as (koby kor ku feeding).

sandwich/sandwich/ (n) sandwich (rooty dhattis hung-gury ly giliyi).

sane/seeyn/ (adj) miir qaby, ma'quul eh (mathyghy lung-kuky jerny).

sang/sang/ (v)1. hees. 2. *sing* oo fall aha moothi eh.

sanity/saaniti/ (n) miir-qab, fiyaawang.

sap (n) 1. geed dhiinshey. (v) 2. dheeboyow.

sapling (n) iirdig (geed iirding eh).

sapphire/saafaaya/ (n) shiid qaal eh muthubsheyna buluug eyi.

sarcasm/saarkaasm/ (n) kajhing (hathal sithy liing erri me si kely liing ly jeethy)

sarcastic/saarkaastik/ (adj) kajhing eh.

sardine/saardiin/ (n) malalaay yer yer.

sari/saari/ (n) kar bilaamed oo aan ky eh India.

sat (v) 1. fedheethi. 2. *sit* oo fal laha moothi eh.

satan/seytan/ (n) sheydhaang.

satchel/sajhal/ (n) tiif.

satellite/satellaayt/ (n) 1.bilgalameed. 2. kawaakib isly wereegasy. 3. waddang ky hoos jery waddan ku hoog bathang.

satellite dish/satellaayt dish/ (n) shey sahang ing nag oo ha ku qobythaw seegnaaly bil-galammeed hang laliyaw raadiyi ama telefishan.

satire/sataaya/ (n) di'aayi (kaftyng, ky dhedheelow oo tilmaamaw dhadhaang amy dhuunfeedad).

satirical/satiirikal/ (adj) lyky koothaw.

satisfaction/satisfakshan/ (n) 1. kifaayi. 2. raally.

satisfactory/satisfactory/ (adj) lyky raalyhaathy kory.

satisfy/satifaay/ (v) qof raally giliyow, qan'iyow.

saturate/sajhureet/ (v) eed ing quuying.

Saturday/saatadeey/ (n) Sabty (gee amy yoong Sabty).

sauce/soos/ (n) fuud (kusaarky soorty).

saucepan/soospaan/ (n) sufriyi

galangqobsy leh (sufriyaady
fuudky liky kariyaw).

saucer/soosar/ (n) seesar (sahan yer
oo ly saaraw koobky shaahighy
amy gahweethy).

sauna/soona/ (n) ming uung kaluul
oo lyky qobooysythaw amy lisky
huuriyaw.

saunter/soontar/ (v) gagaadiyow
(dereer ly galang rithaw).

sausage/soosajh/ (n) so shiithing
geethy-geethy leh oo ky duubing
maghaar nughul amy mindheer
uusty luku biyi.

savage/saafejh/ (adj) 1. hamaji amy
waalynaang. *A savage attack*. (v)
2. si hoolynimy qof liing huju-
umo. (n) 3. bothow (reer
baadiyi). *A member of primitive
tribe*.

savanna (n) dhul ees bathang geetho
wiwiing ky yeriing.

save/seyv/ (v) 1. bedbaathiyow
(emaang). 2. asturow. 3. wal
dhoorow.

savory/seyvari/ (adj) osbooly amy
hawaajy bathing leh (wal dhad-
hansho feyleyi many ing
mayaayny).

saw (v) 1. *see* oo fal laha moothi eh
(fal tabi, fi'il maadhi). (n) 2. min-
shaar.

say/seey/ (v) 1. dhe, hathal. 2. wal
ing sheeghow.

saying/seeyin/ (n) maagmaag.

saxophone/saksofoon/ (n) saksafoon
(aalat muusik oo afuufow ky
weerasy).

scab/skaab/ (adj) 1. qolofty beeti kor
ku fuulasy. 2. qofki diithy ku
qiibgalow mudaaharaat.

scaffolding (n) korkory amy jeren-
jery ly fuulaw marki sar dheer ly
dhisaw.

scald (v) ky gubyshy biyi amy uung.

scale/skeyl/ (n) 1. miisang. 2. ibbir. 3.
diirky malalaayky amy dhejighy.
4. ibbirky maabky.

scalene/skaleyn/ (n) seddy-gaasly
oo seddiithis dhiny jing ing
haayny.

scalp/skaalp/ (n) mathighy kugdiis,
maghaarky mathighy.

scalpel/skaalpel/ (n) maliindi liing
isti'maalaw goorryghy (goony
haang qalowky dadky).

scamper/skaampar/ (v) shukaayow.

scan/skaan/ (v) 1. fiiriyow. 2. kor-
marow (marki wal ly akriyaw).
3. raajy saarow.

scandal/skaandal/ (n) fa'shir (fathi-
ihy).

scandalous/skaandaloos/ (adj).
fa'shir eh, fathiihy eh.

scapegoat/skeyp gowt/ (n) qof ly
nabaw (beeng ku sheegow).

scar/skar/ (n) bee amy nibir
fiyaawathi summuddiis amy
alaamathiis.

scarce/skaars/ (adj) dhif eh, eed ing
yer. (wal lyky diimy). *Water is
scarce in Somalia because of the
drought*.

scarcity/skaarsiti/ (n) dhif eh, wal yer eh.

scarcely/skarsli/ (adv) si dhif eh.

scare/sker/ (v) obsy (ku nahiyow).

scary/skeri/ (adj) luku obsythaw,
obsy leh.

scarecrow/skeer krow/ (n) shimbir
obsiyi, shimbir dhoory (sheey
qof ing nag kar geleng eh liing
gundiyaw beerty lyky dhah
suraw shimbirty lyky obsiyaw).

scarf/skaarf/ (n) beed (karko yer
lughunty lyky hiraw).

scatter/skattar/ (v) shal farjhiyow
(shal deethahow amy shal
deghow, shal tabow).

scavenge/skaavenj/ (v) qashing feleghow (hung-gury ku wey-diyow qashing qub)

scavenger/skaavenja/ (n) hay-waangky bakty aangky eh amy qashing ky noolky eh.

scene/seen/ (n) 1. goob. 2. meel. 3. inty il aragaasy (muuqaal).

scenery/siinari/ (n) suuruddy dabi-i'idi sithy buuro, beero i geetho.

scenic/siinik/ (adj) meel dabi'iddiye suurud letty.

scent/sent/ (n) nuuh, isgoow (saa'il isgoow bathang sithy bar-fuungky).

scented/sented/ (v) uthughaasy, uunsy leh.

sceptic/skeptik/ (n) shakki leh.

schedule/skedjul/ (n) jadwal (bal-lang ly dijhiyi).

scheme/skiim/ (n) 1. khittah, qordhy. (v) 2. tely sir eh.

scholar/skoolar/ (n) 1. aalyng, ilmi-ily. 2. hir ta'allugsyng.

scholarship/skoolarshib/ (n) ta'allug, deeg ilmy, dhoorty ilmy.

school/skuul/ (n) 1. dugsy (iskool) wal goony eh liky barathaw. 2. malalaay amy hooly magni isly dabaalithaayang.

schooner/skuunar/ (n) markab lammy shiraa'ly eh ama ku bathang.

science/sayans/ (n) ilmy sithy ilmighy hisaabty, kiimikathy i feleggy.

science fiction/sayns fikshan/ (n) sheekooying kiyaali eh (rung ing haayny) ky saabsyng sithy liingky noolathy doony ifky.

scientist/sayantist/ (n) ilmiily.

scissors/sissors/ (n) manqas.

scoff/skoof/ (v) 1. jeesjeesow. 2. hung-gury wiinang (hung-gury boobow).

scold/skold/ (v) anaanythow.

scone/skown/ (n) buskud, doclshy Ingiriis.

scoop/skuup/ (n) 1. hanqaraf. 2. war muhim eh oo joornaal kuky hor-mary joornal tartyng kyly jeri.

scooter/skuutar/ (n) 1. mooty lammy lughoodly. 2. baabur ariireed oo leh lammy lughood i shukaang galang lyky riyaw.

scope/skowp/ (n) hadaf.

scorch/skoorj/ (v) gub kafiif eh.

score/skoor/ (n)1. buunty amy gool ly dheliyi. 2. muusiky qoryng (lahyng). 3.duul tirythiyow labaatung eh.

scorn/skoorn/ (n) yesow. *She dismissed my suggestion with scorn.*

scorpio/skoorpio/ (n) burjy daceed, burjighy qof dhalythy muddun-ty ing dhahooyti 23 Oktober ila 21 Nofembar.

scorpion/scorpion/ (n) hanraar, gaal-boorris, dub god.

scour/skawr/ (v) 1. weydiyow 2. tir-tirow, rughow.

scout/skawt/ (n) saang (qof amy duul lyng diry iny war ku sheenang meel lyng guury amy odow warshey).

scowl/skawl/ (v) wijy kathuuthow (wijy ma'buus).

scramble/skrambal/ (v) 1. fucdow amy garguurythow deddeg eh. 2. qasow (ukung dhowow). *scrambled eggs*. 3. ky shamuughow. *They all scrambled for the ball.*

scrambled eggs/scrambled eegs/ ukung lyky qasi wang i dhaaysy markaasny ly kariyi.

scrap/skraap/ (n) wal yer (v) wal ly gemmi.

scrapbook/skrap buug/ (n) buug musawir lyky dhedhejiyaw.

scrape/skreyp/ (v) hoghow, hoolow (lamy shey lisky hoghy sithy toorry geed lyky hoghy).

scratch/skraj/ (n) 1. jirif. (v) 2. ku tir-tirow (liis ku biyow). 2. hoghothow. from scratch, kow ha ku billawow. up to scratch, ilaa meelly lusku fathaw.

scrawl/skrool/ (v) far suurud ing lahaayny (far doory abtukti haang).

scream/skriim/ (v) ooyow, qayliyow.

screen/skriin/ (n) 1. afaaf raary (hijaab) gondoob 2. shaashy (muraayithy filingky luku fiirsythaw). (v) 3. qariyow, doboolow. 4. merythow (kang ingky feyly laha kully bahaw) 5. felyghow (baarow).

screw/skruu/ (n) 1. musmaar wereeg ky hirimaw. (v) 2. dhuujhiyow. 3. kiyaaneyow. 4. senaaysithow.

screwdriver/skruu-drayvar/ (n) kashawiity. (aalat musmaar wereegayaalky furaasy waany hiraasy.

scribble/scribal/ (v) wal abtughow dhedheeled.

scrimp/skrimp/ (v) bakiilnimy had dhaaf eh (beessy aruuriyow siyaathy eh).

script/script/ (n) 1. nuskhy qorong ky saabsyng filing, riwaayi amy war itha'y. 2. far (alifbeety).

scripture/skripja/ (n) 1. kitaab muqaddas eh (kitaab Ilaahey hejey ha ku deghi). 2. baaybal (kitaabky masiihiyiinty haysithaang).

scroll/skrool/ (n) haanshy amy shey duubyng wal ky qorygnyng.

scrounge/skrownj/ tuughow.

scrub/skrab/ (v) 1. hoghow (wal tir-tirow). 2. (n) meel osob eh oo geethy gagaabang.

scruff/skraf/ (n) qetheedky (qoorty gedaalshe, qoorjiidky).

scuba diving/skuuba daayving/ (n) tiimbyshy aalat lyky neefsythaw ly isti'maalaw.

scuffle/skafal/ (n) isgal.

sculptor/skalptar/ (n) sanaaly, wal qory (geed, shiid amy bir ku qoraw dad, duugny iwm.)

sculpture/skalpjar/ (n) dad i duugny lahaku qori geed, shiid amy bir.

scum/skam/ (n) 1. mirif (humby dhusug leh). 2. lang hung.

scurry/skarri/ (v) dereer kabaalow.

scythe/sayth/ (n) toorry gooymy.

sea/sii/ (n) maagny.

seagull/siigal/ (n) shimbir-maagny.

sea horse/sii hoors/ (n) feris-maagny (malalaay yer mathyshey feris ing naki).

seal/siil/ (n) 1. dughaag-maagny markooseyny dhulky ky noolathaw. 2. tiimbyry. 3. eed ing dhuujhising.

sea lion/sii laayon/ (n) libee-maagny.

seam/siim/ (n) jiithinty tolmythy.

seaman/simian/ (n) maagny-mary.

search/seerj/ (v) weeydiyow (baathy goobow).

seashell/siishel/ (n) eleel, henjheleel.

seashore/siishoor/ (n) maagny gow-she.

seaside/siisaayd/ (n) maagny baal-liye.

season/siison/ (n) 1. wesing, fasal (sithy gu haghaay). 2. osby i hawaajy ky darow hung-guryghy.

season ticket/siison tiket/ (n) tikit wesimeed (tikit mar bathang ly isti'maaly koro wesingko gudaashey).

seat/siit/(n) 1. gember. (v) 2. fedh-eesiyow. 3. meel ly fedheethaw.

seatbelt/siit belt/ (n) suung emaan (suungky lyki hirythaw baaburre amy dayuurytho maddi ly fuuly).

sea urchin/sii arjin/ (n) hiddigmaagny.

seaweed/siiwiid/ (n) jhaangmaa-gny.

secluded/sekluuded/ (adj) meel goony ing gohyng (gondoob oo kely), gamaas.

second/sekend/ (adj, adv) 1. lammaad. (n) 2. hal litumaad oo daqiiqy. 3. wal dhamaathy (kar geleng eh). (v) 4. lang ra'ishey amy broboosal ly ayyitho.

secondary/sekandery/ (adj) 1. kor eh (thaanawi, iskoolky kory). 2. wal muhim ing haayny.

secret/siikret/ (adj) 1. wal ly qariyi eh. (n) 2. sir.

secretary/sekreteri/ (n) 1. sir haayi. 2. wasiir sithy nithaamky Amerikaanky.

sect/sekt/ (n) dhariiqi, firqy (dad isku madhab eh).

section/sekshon/ (n) qiib, meel.

sector/sektar/ (n) ber, dhiny (deghyng).

secure/sekyuur/ (adj) emaang qab. (v) dhuugsing (sy feyly ing hiring).

seduce/sedyuus/ (v) dowhiis (qof lys jeelaysiyo marky ly shukaansithaw).

see/sii/ (v) 1. araghow (fiiriyow). 2. kasow (kasy wali athy ing ly jeeddi). 3. ha oghaathow (ani ha fiiriye wali meelly ky dereery). 4. hubsythow (fiiri ing usy wantiis dhamaaysithy).

seed/siid/ (n) abuur.

seedling/sidling/ (n) shibaal (boghondhow).

seek/siik/ (v) weydiyow.

seem/siim/ (v) ing nakaang.

seep/siip/ (v) tifighow (biyi amy wal saa'il eh qubythaw amy meel bogsing haku deethahaw).

seesaw/siisow/ (n) geed miisaang (alwaah lamaathy dhiny lukuky fedheethaw, dhinygho haddi hoos ing baho dhinighy kely kor ing kahaw).

seethe/siith/ (v) 1. burrow, badbathow (biyi ly karkariyi) 2. dhirif. 3. ky buuysymow.

segment (n) qiib, meel, dhiny.

segregate/segregeyt/ (v) shal dhoorow.

seize/siiz/ (v) qobsythow, galang galow.

seldom (adv) dhif (naadir).

select (v) merythow (doorrythow).

selective/selektiv/ (adj) laha meri.

self (n) naf.

self-confident/selfident/ (adj) naf aaming.

self-confidence/self konfidans/ (n) naftiis isky hallaay (aaming isky qaby).

self-conscious/self kanshas/ (adj) welwel (ku welwelsyng wali dadky ku qabaang, ku murugsyng sithy lyng haay-sytho).

self-difense/self difens/ (n) is difaa' (naf difaa'ow).

selfish (adj) naftiis amy naftiye ing roon (anaani).

self-service/self serfis/ (adj) naftamaamul (nafta-etheegoy), nafta-suubsoy.

self-sufficient/self saffishent/ (adj) isky filynaang.

sell (v) gathow.

sell out/sel awt/ (v) 1. haraashow, kullyshey gathow 2. kiyaany (kiyaaneyow withaayka amy dadka).

semaphore/semafoor/ (n) lamma galgnaat ky heethiyow (lamaathy galgnaat tiiby alang amy nambar ky heethiyow).

semen/siimen/(n) miny (biyi meghel).

semi/semaay/ (prefix) nus, ber. *Semidetached.*

semicircle/semi seerkal/ (n) wereeg nusjhey.

semicolon/semi kowlan/ (n) roogsy ing naky (nus roogsy) summuddiyeny ety (;).

semifinal/semi faynal/ (n) semi fiinaaly.

send (v) dirow.

send for (v) ing weerow.

senile/sinaayl/ (adj) qof isky dadarymi.

senior/siinyoor/ (adj) 1. dog 2. derejy wiing (lang martaby wiing).

sensation/senseeshan/ (n) dereeng (dereeng feyly).

sense (n) 1. dereemiyaal (sheeyghy wal lyky dereemaw). 2. ma'ny.

senseless (adj) ma'ny laang, miir laang, dereeng laang.

sensible/sensybal/ (adj) ma'quul.

sensibility/sensabiliti/ (adv) dereeng.

sensitive/sensatif/ (adj) dereeng bathang (hasaasi eh).

sensor (n) aalat dereeng (aalat lyky ibbiraw kaluul i qoboob, moghdy i aftiing).

sentence (n) 1. jumly (weer, sithy kutaab esher weerasy) 2. hukung

sentimental (adj) aatifi (qiiry), hamaasy.

sentry/sentry/ (n) ilaaly (askari ilaaly eh surung sar hortiye).

separate/separeet/ (adj) 1. orooshy, shal gohong (lang i habartiis

dhirif ky shal moqyng). (v) 2. shal horow, shal reebow (riya waarro ku reeb si ingky nuugny) 3. lamby jidko qaathow.

September/septembar/ (n) September (billy saghaalaad oo sinnidky miilaadigy).

septic (adj) bee baluulygti.

sequel/siikwal/ (n) sheeky ly dhimaatiraw (musalsal dhamaatshey).

sequence/siikwens/ (n) wal isky hihighy.

serene/seriin/ (adj) hasiling (meel nebed eh).

serf (n) boong dhulki usy ky shaqeeyayyi lyky gathythi.

sergeant/sergent/ (n) sergenty (lammy elifly).

serial/siiriyal/ (adj) isdabagalsyng, tahang (musalsal).

series/siriis/ (n) tahang (nambarry shal dombooyi).

serious/siiryas/ (adj) 1. dhab eh (kafting ing hayny). 2. katar eh 3. muhim eh.

sermon (n) wa'thy (kudby diineed)

serpent (n) dhejy.

servant (n) 1. booy amy booyasy (qof reer ing etheeghaw). 2. shaqaaly dowly.

serve/serv/ (v) 1. ing etheeghow. 2. hung-gury dhiibow. 3. kaalmyeyow qof wal gathythy fathaw. 4. billawow dheelly sithy teenisky amy bing-bong (boloonighy miisky).

service/servis/ (n) etheeg.

session/seshan/ (n) 1. kulung (fidhy koot amy gob). 2. wessyng wal barashy (*semester*).

set (n) 1. aalaat bathang oo is leh. (v) 2. dhikow (alaab meel saarow amy dhikow). *He set the tray* *down on the table.* 3. hadeeyow (sithy seer gooyow). 4. iry dhiyow. *The sunset.* 5. ky toosiyow (sithy saa'addy buraaryggy meeleyowshe).

set off/set of/ (v) qarahow.

set out/set awt/ (v) billaaw safar.

setting/settin/ (n) gun-dhikow (asaasky amy salky shay amy arryng).

settle/setel/ (v) 1. deghow (dad meel dijhiyow) 2. hasiliyow (dood qoboojhiyow). 3. maas biyow.

settlement/setelment/ (n) 1. degmy. 2. hellis.

sever/sevar/ (v) 1. jherow 2. shal gooyow.

several (adj) shal eh (hal i lammy ku bathang)

severe/seviir/ (adj) 1. dorong (eed ing dorong).

sew/soow/ (v) tolow.

sewing machine/sowing mashiin/ (n) sharqaang (makiinythy wal lyky tolaw).

sewage/suuwej/ (n) qashyng dereeriyi (goony hang kang itho i musqulo).

sex/seks/ (n) jinsy (lab i dhedy noo'y Weel Eedding amy hooly eh). 2. wassow (inis seethow lab i dheddy.

sexual intercourse/sekshuwal intarkors/ (adv) wasmy.

sexist/seksist/ (adj) jinsy tokoo-row.

sextet/sekstet/ (n) noo' muusiky oo li aalat ly isti'maalaw amy li ed leh 2. wal li ku koobyng.

shabby/shabby/ (adj) dog amy wal geleng naghathy (kar gelemoowi).

shack/shak/ (n) mindilly jhajhabsyng (mindilly ees liing saarny amy liing dhoobny).

shade/sheeyd/ (n) 1. hoos. 2. wal aftiingky amy iriithy koo geeraw. 3. sithy muthubky mogdy amy aftiing ing naghathow. *A darker shade.*

shadow/shadow/ (n) hoosynaaw.

shaft/shaft/ (n) 1. daab (daab yeemby amy misar). 2. birty wereejiyaasi motoorky amy lugty baabuurky. 3. aftiing yer.

shaggy/shaaggi/ (adj) wal ting bathang ky duduubing (sithy ey buul bathang leh).

shake/sheyk/ (v) ruhoow, lulow, jiljilow.

shallow/shaalow/ (adj) ing dheerayny, showly ing haayny, mool ling haayny.

shame/sheeym/ (n) shiih, jheer (aeb i fahshir), demby dereemow.

shampoo/shampuu/ (n) shaamby (saa'il mathy lyky dhighaw).

shamrock/shamrok/ (n) geed hamballiis seddy gaas leh oo summud ing e *Irland* Airland.

shape/sheyb/ (n) 1 qaab (sithy sheeyky ing yaaly amy ing muuqythy). 2. haalyd (haalyd feyle ky sugygny).

share/sheer/ (n) 1. sed, dhig, qiib. 2. isly lahaathow.

shark (n) libee badeed.

sharp (adj) 1. af leh. 2. jiiry deddeg eh. *A sharp bend in the road.* 3. sy feyly ling araghaw. *These photos are very sharp.* 4. dhinaaw. 5. dhirif (adv) 6. kaamil eh (li sa' juusty eh).

sharpen (v) affeeysyng, soofeysing.

shatter/shattar/ (v) yeyeraayow jhijhibiyow.

shave/sheyv/ (v) hiirow.

shawl/shool/ (n) garby saar, imaamy.

sheaf/shiif/ (n) hirmy.

shear/shiir/ (v) ithaaley ing hiirow.

shears/shiirz/ (n) manqas geetho liingky hiiraw.

sheath/shiith/ (n) billaawy amy seef galshe.

shed (n) 1. aarysh. (v) 2. deethahow (sithy dhiig).

sheen/shiin/ (n) nuur (wal afti-imaw).

sheer/shir/ (adj) 1. kafiif (sithy kar lusku araghaw) 2. wal ma'ny ing suubiyaany. *Sheer nonsense.*

sheet/shiit/ (n) haanshy (warqad). 2. mary sarir kor luku saaraw (dhi-insooly).

Sheikh/sheik/ (n) 1. dog arbeed (lang de'y wiing). 2. withaad (lang ilmy leh).

shelf (n) iskafaally (alwaah amy bir derby amy armaajy gudaashe lyky dhejiyo [dhejiyi] oo alaab ly saaraw).

shell (n) 1. qolyf. 2. kasnyddy rasaasty (bantuuggy kasnaddiis).

shelter/sheltar/ (n) 1. deghyng (ruung amy meel lyky noolathy). 2. geeryd (meel dhahanty amy iriithy lukuky gebbithy). 3. esheer (meel roobky luku esheeraw).

shepherd/sheperd/ (n) eryng-jer.

sheriff (n) sirkaal qaabilsyng heerky (qaaynuunky) i emaanky dalky.

sherry/sheri/ (n) noo' kamrythy ku mid eh.

shield/shild/ (n) 1. gaashang 2. geer (wal wal lyky geeraw amy doboolaw).

shift (v) 1. ku beddelow (n) 2. wakty shaqy.

shimmer/shimar/ (v) dhidhilaalaw (birighaw, nunuraw).

shin (n) kub, hooggy (luty amy hubynty ing dhahooyty jilibky i lutty).

shine/shayn/ (v) 1. nuuriyow. 2. dhi-laaliyow (buraashow si sheeyky ing dhilaaly amy ing nuury). (n) 3. aftiing

shingle/shingal/ (n) 1. sheey ming lyky doboolaw. 2. blukeety 3. shiid-maagny.

ship (n) 1. markab. (v) 2. markab rorow.

shipwreck/shiprek/ (n) burbur markab.

shipyard (n) meel markab lyky dhi-saw amy marki hallaawy lyky suubiyaw.

shirk (v) beedday, hool diithow.

shirt/shet/ (n) shaaty.

shiver/shivar/ (v) qerqerow (jeree-yow).

shoal/shool/ (n) 1. shaw-magny (maagny dhatiye meel teeg eh). 2. malalaay bathang isla dabaalathaw.

shock/shok/ (n) 1. obsy. (v) 2. nahow.

shoddy /shoodi/ (adj) 1. hool lyniing haghar banny. 2. wal eed ing hooseyo (liithythy).

shoe/shu/ (n) koby.

shoelace/shuleeys/ (n) koby-hir (mussaay amy meghyd dhu-ubyng kobo lyki hiraw).

shoot/shuut/ (v) 1. tooghyshy (hab-bad amy gammung ky gem-mow). 2. eed ing roorow. 3. musawir qaathow. 4. fiithow.

shop (n) 1. dukaang. (v) 2. wal gathathow.

shopkeeper/shopkiipar/ (n) dukaangly.

shoplift (v) dukaang hathow.

shoplifter/shopliftar/ (n) dukaang-hathy.

shore/shoor/ (n) heeb (maagny amy biyi gal, maagny yer).

short/shoort/ (adj) 1. gaabyng 2. wal ku dhimyng.

shortage/shoortej/ (n) qabiyi eh, gaasir eh (wal dhimyng, kifaayi ing haayny).

shortcoming/shoortkaming/ (n) eeb leh (gef).

shortcut/shoort kat/ (n) toobiyi (jid yoow meel dad jeeyaw).

shorthand/sohort hand/ (n) deddeg wal ling abtughaw (kabaal wal ing dhik).

shorts (n) taargally (sirwaaal daby gab eh).

shortsighted/short sayted/ (adj) 1. aryg gaabyng (meel dhow wal ku aragow). 2. fiiry gaabyng (lang agly yer, meel dheer wal ungku fiiriyaany).

short-tempered/short tempered/ (adj) yoow dhirifaw.

shoulder/shoowldar/ (n) 1. deg, garab. (v) 2. garab ky qaathow (hammaaliyow) (v) 3. garab ky riihow (berberow).

shout/shawt/ (n) qayly (hathal kor ing qaathow).

shove/shoov/ (v) ky amariyow (meel iig eh ky riyow).

shovel (n) bathiil.

show (v) 1. tusow (n) 2. bang-biyow, bang-dhikow (sithy filingky amy masrahiyaddy)

show off/show of/ (n) is tutusow.,

show up/show ap/ (v) 1. kooyow. 2. haky dhah maathy (luku dhah araghaw).

shower/shawar/ (n) 1. qobooysy, bil-bilishy 2. haghaayi, roob yer.

shrapnel/shaarpnal/ (n) farjhis (fatiir bumby qarahthi).

shred (n) tatariighyng (shey ly gogooyi).

shrewd/shruud/ (adj) maghuuf (ind-heer goryd).

shriek/shriik/ (v) 1. owaathow (edky kor ing qaathow) 2. ooyow.

shrill (adj) qayly eed ing dheer.

shrimp (n) shrimp (hooly-maagny yeyer lughy bathang i dub cheer leh sojhey ly aamaw).

shrine/shrayn/ (n) meel wily ky duughigny oo ly siyaarythaw.

shrink (v) shuughow.

shrivel/shrival/ (v) enjegnow (kathuuthythow).

shrub/shrab/ (n) jhaf (mush).

shrug/shrag/ (v) degty dhadhagaa-jhiyow (ignaw).

shudder/shaddar/ (v) gariirow, qerqerow, jereeyow.

shaffle/shaffal/ (v) shaandheyow (turub baandheyow).

shun/shan/ (v) ku dheerathow, ku dhoorythow.

shut/shat/ (v) hirow.

shuttle/shattal/ (n) 1. hor ing jeed i ha nagad. 2. baabuur lammy meelod ky dha dereeraw.

shy/shaay/ (adj) jheer.

sick/sik/ (adj) 1. jirryng. 2. manda-haw.

side/saayd/ (n) 1. dhiny.

side effect/saayd effect/ (n) raad hung, irrib hung (dhibaaty daawy sheenasy).

sidetrack/saayd trak/ (v) gefiyow (hilmaangsiyow).

sideway/saayd weey/ (adv) dhiny dhiny (gees gees).

siege/siij/ (n) meel lyky wereegsyg-ni, (hareereyow).

siesta/siyesta/ (v) hindhy gaduudiy-ow (kalawto).

sieve/siv/ (n) miiry (sithy baasty miir).

sift (v) shagshaghow.

sigh/saay/ (v) neef tuur.

sight/ sayt/ (n) arag.

sightseeing/sayt siiying/ (n) fiir-syshy (dalhiis).

sign/sayn/ (n) 1. summud (alaamy). 2. sahiih.

signal (n) 1. seegnaaly 2. alaamy.

signature/signi(tc)ar/ (n) sahiih, hoos ku-jiid.

significant/significant/ (adj) mu-him eh.

signify/signifaay/ (v) tusow, ed-daayow.

signpost/saayn post/ (n) alaamy (alaamy meel tilmaamasy, sithy jid).

Sikh (n) lang aamingsing diinty Sikhism oo ku mid eh diimo dalky India.

silent/saaylent/ (adj) shib eh (ing hathalaany)

silence/saaylans/ (n). shib.

silhouette/silhuuwet/ (n) baniikoly.

silk (n) hariir.

silkworm (n) qashyng Ally dhalaw dunty hariirty.

silly/sili/ (adj) dabbaal (doghyn).

silt (n) dhoobythy amy mirifty biyo sheenayaang.

silver/silvar/ (n) qalyng (ma'dang qaal eh lyky suubiyaw beesy amy alaabty lysky suurithooyaw sithy faraaty, jijing iwm).

similar (adj) ly mid eh.

simmer/simmar/ (v) dab yer ky kariyow.

simple/simpal/ (adj) futhud (sehel eh).

simply/simp li/ (adv) rung hang, sithy runty eh.

simplify/simplifay/ (v) futhuthaa-yow, sehel ky dhikow.

simulate/simyuleyt/ (v) isky we-weelow.

simultaneous/simul teniyos/ (adj) isku mar.

sin (n) demby (shar'ighy Ilaahey ly jhibiyi).

since/sins/ (adv) ilaa (ilaa-geekki).

sincere/sinsiir/ (adj) muklis eh.

sincerity/sinseeriti/ (n) lillahinnymy (walaaghi Allyshey ly oghy).

sing (v) heesow.

singe/sinj/ (v) gubow kafiif eh.

single/singal/ (adj) 1. shely. 2. doob.

singular (adj) mufrad (jama' amy tul ing haayny).

sinister/sinister/ (adj) sher leh.

sink (v) tiimbyshy.

sinus/saynas/ (n) sangqy (sangky gethaalshey), sangqoroor.

sip (v) kabbyshy, firig (biyo amy wang firig ly siyi).

siphon/sayfan/ (v) nuughow (tubby wal lahaky nuughaw).

sir/seer/ (n) sayyid (koofar qof wiing lyky sharafaw).

siren/sayran/ (n) firimby.

sister/sistar/ (n) walaalla (geber walaalla eh). 2. soory (koofarty liingky weeraw soorooyinky).

sit (v) 1. fedheew. 2. imtihaang galow. 3. meel yaalow.

site/sayt/ (n) 1. goob (meel). 2. meel wal ky dhisinaayen amy wal lyky dhisy doony.

situation/sijuweeshan/ (n) haalyd.

size/says/ (n) ibbiry (sheeyky yer-aantis i wiinantiis).

sizzle/sizal/ (v) shanqarky ku weer-aw soky marky ly dubaw.

skate/skeyt/ (n) koby bir hoos ky leh barafky korshey lyky rooraw amy lyky dheelaw.

skeleton/skelatan/ (n) lafy-lafy (lafo bani'aadanky i hoola is wethythy).

skeptic/skeptik/ (n) shakiilow.

ski (n) alwaah barafky korshey lyky maraw.

skid (v) tariimbyshy.

skill (n) sannaaly (hariif, lang mihnyd eed ing gorythaw).

skim (v) humby qaathow, lebeng qaathow.

skin (n) 1. gubul, maghaar hooly amy dad.2. qolof 3. milygh.

skip (v) ku boothow.

skirt (n) goonny (mary bilaameed).

skull/skal/ (n) lafty mathyghy.

sky/skaay/ (n) ir.

slab (n) shay fidsing isly markiiny kakyng.

slack/slak/ (adj) 1. ing dhuugsynaayny. 2. beeday eh. 3. mashquul ing haayny.

slam (v) hoog ing hirow (eed inysky dhowow sithy dariishyd, ilbeeb iwm.)

slang (n) af-suuq (afky rasmyghy ing haayny).

slap (v) dharbaang.

slapstick/slap stik/ (n) kokood (majaajily).

slash (v) tarriighow.

slaughter/slotar/ (v) 1. gooriyow (hooly gooriyow). 2. dad bathang dilow.

slave/sleyv/ (n) moddy, oddoong (qof ly leyi) (v) moddynnimy.

slay/sleey/ dilow (naf-gooyow).

sleek/sliik/ (adj) ting meer eh.

sleep/sliip/ (n) 1. hundurmy. (v) jhiif.

sleeping bag/sliiping baag/ (n) boorsy jhiif.

sleepless/sliip les/ (adj) hundurmy laang.

sleeping pill (n) kaniinighy hundurmeethy.

sleet/sliit/ (n) roob baraf leh.

slender/slendar/ (adj) haash.

slice/slays/ (n) gabal (soky gabal gabal ling gogooyi).

slim (adj) 1. dhuubyng. 2. yer.

slime/slaym/ (n) dhooby leh, dhedhereer leh.

sling (v) 1. gemow (n) 2. shakaal (mary amy geed lyky reebaw galang jhabti).

slingshot/sling shat/ (n) fur-geng, lammy-goonly.

slip (v) 1. tariibythow. 2. siibythow (dhuumythow). (n) 3. il-cuuf (gef yer) 4. ger hirky bilaanty.

slipper/slippar/ (n) da'as (kobming).

slippery/slipperi/ (adj) meel quuying amy dhiighy eh lyky tariimbothaw.

slit (v) tarrighow yer.

slog (v) eed ing shaqeeyow (ky feery jhabow).

slogan/slowgan/ shi'aar, mythaal (halkudheg).

slope/slowp/ (v) deghanceg, hoobyd.

sloppy (adj) 1. beedaynimy, aajis (hool sy feyly lining qobyny) 2. quuying.

slot (n) bogsing yer.

slouch/slawj/ (n) mathy hooriyow (mathluung).

slow (adj) qummaaty, tartiib (aayar).

sluggish/slagish/ (adj) tartiib ing dereerow.

slum/slam/ (n) gereery dan yerty degaasy (hafyd hantiir).

slump/slamp/ (n) 1. deddeg hoos ing dhiyow sithy seerky badii'athy. 2. kufow dedeg eh.

sly/slay/ (adj) dhaghyr bathang, lagdaby bathang (kiyaanalow).

smack/smak/ (v) dharbaang.

small/smool/ (adj) yer.

smart (adj) maghuuf.

smash (v) 1. jhijhibiyow. 2. ky dhowow.

smear/smiir/ (v) 1. dhusughooyow. 2. di'aayi.

smell (n) nuuh, ur.

smile/smayl/ (n) 1. muusy. 2. kood.

smog (n) uung i hungry is qobsythy.

smoke/smowk/ (n) 1. uung. (v) 2. sekereet dhuughow 3. so kerkery amy malalaay oo ly uumiyi.

smolder/smowldar/ (v) oog, gubow (hola') ing lahaayny. 2. qabiid (lang uurky neebang ky haayaw).

smooth/smuuth/ (adj) 1. simyng. 2. dhibaaty laang.

smother/smathar/ (v) 1. neef ky reebow. 2. eed ing doboolow.

smudge/smaj/ (n) 1. dhusug. (v) 2. wasaghooyow.

smug/smag/ (adj) is mahathiyi (isly wiing).

smuggle/smagal/ (v) kontrybaang, suuq midoow (alaab shar'i dorry dal ha giliyow amy luku biyow).

snack/snaak/ (n) hung-gury dadaay.

snag (n) dhib yer (dhibaaty yer).

snail/sneeyl/ (n) gugumy (qashyng-Ally eed ing yer qolof kakyng ky doboolyng).

snake/sneeyk/ (n) dhejy.

snap (v) 1. ky dheghow 2. dhiryf ing dowahow 3. musawir ku qaathow 4. dedeeg.

snare/sneer/ (n) ay.

snatch/snaj/ (v) dafow.

sneak/sniik/ (v) 1. dhakythow, dhaghyrow, tubbythow, dhuumythow 2. kiyaaneyow.

sneer/sniir/ (v) yesow (jeesjeesow).

sneeze/sniiz/ (v) hinjhysy.

sniff (v) nuusythow (tubaaky nuusythow).

snigger/snigar/ (v) ky koothow.

snip (v) manqas ky tariighow (hal mar tariighow).

sniper/snaypar/ (n) gemmy, my geffy, shiishy (lang habbaddi amy gamuungky usy gemo ing gefaany).

snob (n) isly wiiny.

snobbish/snobbish/ (adj) isly qab wiing, is mahathiyi..

snoop/snuup/ (v) fatashow (wal dathow fifiiriyow).

snooze/snuuz/ (v) kalawto.

snore/snoor/ (v) kaary.

snow (n) baraf.

snowball/snowbol/ (n) baraf ly kukuusy boloony liing nakaaysiyi.

snowboard/snowboord/ (n) alwaah barafky korshey liingky dereeraw.

snowplow (n) aalat barafky lyky haaghaw.

snug (adj) 1. fardiir. 2. jingshey (shaaty jingka eh).

snuggle/snagal/ (v) geer amy dughaal (qof ly jeelyi ly dugsythaw).

soak/soowk/ (v) quuying.

soap/soowp/ (n) saabuung.

soap opera (n) geeko-geeko oo telefisioonky geeku gee la ha saaraw.

soar/soor/ (v) buubow amy biithow.

sob (v) boroorythow.

sober (adj) miirqab (sakraang ing haayny).

soccer/sokar/ (n) bollonyghy luty.

social/sowshal/ (adj) 1. nolyl dadeed 2. dad-gal (bulshynimy).

socialism (n) nithaamky maalky lysly leyi (nithaamky hantywithaaggy).

social security/sowshal sikuuriti/ (n) nithaam dowlyddy ballyngqaathasy misheer dadky doghoowi amy shaqy ku fedheethi.

social worker/sowshl wokar/ (n) qof shaqythiis ety kaalmeyowky dadky tabarty haaysiti.

society/sosayeti/ (n) 1. bulshy, mujtama'. 2. urur (kulung).

soak (v) 1. quuyow, 2. rathiyow.

socket/soket/ (n) bogsyng (sithy bogsynty korontythy bareesythy).

soda/sowda/ (n) biyi karboong lyky dari (karbonaaty) sithy faantythy amy sprite.

sodium/sodiyum/ (n) sheey kimyaa'i eh luku dhah helaw meel bathang sithy osboothy.

sofa (n) gember nughul meel garbo ly saarythow leh dad bathang ky fedheethy koraang.

soft (adj) 1. nughul. 2. kafiif (sithy edky). 3. futhud (sehel eh). 4. if yer.

soft drink (n) wal ly dhamy oo kamry ingky jerny.

software/soft weer/ (n) barnaamijkompiyuutar.

soggy/soggi/ (adj) eed ing quuying.

soil/sooyl/ (n) arry.

solar (adj) 1. iriily (nithaam iriithy ly hariiry) 2. tabar ku helaw iriithy kaluulshe.

solar system (n) nithaam iriily.

soldier/soljar/ (n) askari.

sole (n) 1. sheleethiye, feddis. 2. luty hoostiye, dhul daartothy (luty inty dhulky taabythaasy). 3. noo' malalaay eh.

solemn (adj) 1. dhab eh (rasmy eh).

solid (adj) kakyng (shey biyi amy debeel ingky jerny). 2. shely eh (wal kely ingky labynaayny).

solo (n) muusikathy amy heesky hal qof ley tumaw amy qaathaw.

soluble/solyubal/ (adj) qassymy kory.

solution/saluushan/ (n) 1. hal

(jowaab amy fury liing hely mas'aly amy hirmaagny). 2. saa'il amy dereery wal lyky qassy.

solve/solv/ (v) halliyow (jowaab ing weydiyow).

somber/somber/ (adj) eed ing mithow.

somebody/sam badhy/ (pron) lang (langko, lang lyng gorythaary).

somehow/sam haaw/ (adv) syley (si haatoby, si naghytooby kooye).

somersault/somar soolt/ (n) (v) booting nirygheed (bayting eely, lammy goddoong).

something/samthing/ (pron) wal (sheey, wal muhim eh).

sometime/sam taim/ (adv) amyng (amyng-Ally amyngki nagyty).

somewhere/sam-weer/ (adv) meel (meel ally meelli nagyty)

son (n) alyng (ighaar, unug athy dhalli, ariirka).

sonar (n) nithaamky lyky weydiyaw wal biyi ky dhumi.

song (n) hees.

sonnet (n) gobi tummyng i affar beeyt eh.

soon/suun/ (adv) deddeg.

soot/suut/ (n) bembed mithow.

soothe/south/ (v) 1. dijhiyow, qoboojhiyow 2. dhuury yeraayow (lahaw dejhiyow).

sophisticated/sofistikeyted/ (adj) saraay amy reer belednymi. 2. wal dhedheel lyngky fahamy korny.

sorcerer/soorsyrer/ (n) sihirooly (jiny dhaawy).

sore/soor/ (adj) lahaw, dhuury.

sorrow/soorow/ (adj) murug (olooly humy).

sorry (adj) 1. ku murughow. 2. raally haaw.

sort/soort/ (n) 1. nammuung. (v) 2. shal merow (nammuung nammuung ing shal dhikow).

sort out/soort awt/ (v) 1. nithaamiyow 2. tely ing helow.

SOS/e sow es/ (n) *save our souls,* oo la ha gaabiyi, qayly gergaar lyky weydiyaw, amy qayly lyky dighaw ol.

soul/sowl/ (n) naf (qiibty sheleethiye jeraasy marki lang dhimithy).

sound/sawnd/ (n) 1. ed (jhabaang). (adj) 2. fiyaaw. 3. wal ly huby.

sour/sawar/ (adj) 1. dhinaaw. (v) 2. goroorow. (n) 3. mugny.

source/soors/ (n) 1. asal (marja'). 2. bilaawky webighy amy illy biyo afjhe.

south/swath/ (n) koofyr.

southern/sathan/ (adj) koofyreed (reer koofyr).

souvenir/suuvaniir/ (n) shay wal la haky towaw.

sovereign/sovren/ (n) 1. malaak amy boghir. 2. dowly hur eh.

sow (n) 1. kerkerry dheddy eh. (v) 2. tillaalow (geed tillaalow).

space/speeys/ (n) 1. meel, binaang. 2. wali ku dombooyi moorethy dhulky (meelly ky sughygniing hiddighe, billy, iriithy iwm). (v) 3. meel dhatty eh.

spacious/spashas/ (adj) nafis leh (meel dad bathang deeghasy).

spade/speeyd/ (n) 1. bathiil. 2. isbig (turub alaamathiis).

spaghetti/isbageetti/ (n) baasty.

span (n) 1. muddyng (shyng). 2. dhiirir. 3. taaky (suulky i far yereey inty dhatiyo eh).

spaniel (n) eey dheghy wiwiing oo raarahaang leh.

spank (v) dharbaang dhowow, dharbaagniyow (dharbaang biriithy ly dhowaw).

spanner/spanner/ (n) kiyaaby (aalat lyky furaw masaamiirty moroogsyng).

spare/speer/ (adj) 1. siyady eh. 2. quurow (hurow, ku maarrymow). 3. kaay. (v) 4. ing naarisow. *They begged the king to spare them.*

spark (n) 1. dhimbil. 2. dabky ku dhalythaw korontithy. 3. huriyow (sabab ing nagha-thow).

sparse/spars/ (adj) shal deedsyng.

spawn (n) malalaay amy rakky ukuntiis.

speak/spiik/ (v) hathylow (wal errow amy sheeghow).

speaker/spiikar/ (n) 1. lang kudbeeyaw 2. sammaa'ad. 3. ky hathalow (af ky hathalow).

spear/spiir/ (n) waryng.

special/speshal/ (adj) goony eh, gaar eh, kaas eh. 2. wal gheer 'aady eh (eed ing feyly).

specialist/speshalist/ (n) mutakassis eh (mihynnitho ky takassusi).

specialty/speshalti/ (n) takassus.

species/spiisis/ (n) nammuung (nafleeyty isky jinsygho eh).

specific/ispisifik/ (adj) si goony eh, si ed.

specify/spesifaay/ (v) ed (mu'ay-yan eh).

specimen/spesiman/ (n) kambiyoony.

speck/spek/ bar (dhybiisyng).

spectacles/spektakals/ (n) okiyaa-ly.

spectacular/spektakyular/ (adj) eed ing feyly.

spectator/spekteytar/ (n) fiirsythy (siiby dheel fiirsythow sithy boloonyghy lutty).

speculate/spekyuleyt/ (v) qiyaasow.

speech/spiij/ (n) kudby (hathal dad bathang liing jeethiyaw).

speed/spiid/ (n) 1. roor, sur'y. (v) 2. baabuur lyky roorsiyo ku bathang inty shar'ighi oggolyi.

speedometer/spiidomitar/ (n) aalat tiriyaasy roorky baabuurky.

spell/spel/ (v) 1. heggaathiyow. 2. muddung. *A spell of fine weathr.*

spend (v) 1. beessy ly giliyi alaab gathashy 2. wagty is dhaafiyow.

sperm (n) miny (kaathy meghel).

sphere/sfiyer/ (n) wereeg (sheey kuusyng sithy boloonyghy).

sphinx/sfinks/ (n) aash mathy bilaamed leh inty keleeny libee ungku nag Masar ky yaaly.

spice/spays/ (n) geed kaluul.

spider/spaydar/ (n) aary-aary.

spike/spaayk/ (n) muthy.

spill (v) deethahow.

spin (v) 1. wereejiyow. 2. suuf dhowow.

spinal/spaynal/ (adj) laf-doong (lafty erytty wal shaqi ky leh).

spine/spayn/ (n) laf-doong, laf-eryt.

spiral/spayral/ (n) moroogsyng (kor ing wereegsyng).

spire/spayar/ (n) kug (minaaryddy fiintiye).

spirit (n) 1. nafty. 2. lang hamaasy bathang. 3. hethy. 4. kamry eed ing kaluul.

spiritual/spirijuwal/ (adj) wal naf ly hariiry amy diing.

spit (v) tufow.

spite/spayt/ (n) neeb. **in spite of**, inkasty.

splash (v) farjhis, faniiniyow.

splendid (adj) suurud bathang.

splinter (n) jhiryng.

split (v) shal gooyow (dad wal ing shal qiibiyow), shal jhibiyow, shal dhig.

spoil/spooyal/ (v) 1. hallawow. 2. ariir kibriyow, koolkooliyow (magna').

sponge/spanj/ (n) isbuugny.

sponsor (n) lamiinyshy (kafaaly gaathyshy).

spontaneous/sponteyniyas/ (adj) kethis.

spoon/spuun/ (n) qaatty (maalqy).

sport (n) dheel (sithy boloonyghy lutty).

spot (n) 1. bar, meel. (v) 2. gorythow, aryghaw (sithy qof dadky dhati-is luku gorythy).

spotless (adj) nathiif eh (bartoony ing lahaayny).

spotlight/spotlayt (n) nuurky barty (nal ifiyaw bar gaabyng).

spouse/spaws/ (n) aw reer (harty amy habar).

spout/spawt/ (v) afky jelmedky amy qulaathy, biyo haku deeda-haayaang.

sprain/spreyn/ (v) murug go (jug koo deerty lafa isgalsho, dhee-by).

sprawl/sprol/ (v) is shal werow.

spray/spey/ (v) 1. buufiyow (wal sa'il eh meel lyky buufiyawi. (n) 2. aalat wal lyky buufiyaw).

spread/spred/ (v) fithiyow, faafiyow, qiibiyow.

spring (v) 1. boothow. (n) 2. gu. 3. moolly.

sprinkle/sprinkal/ (v) bilbilow, rusheeyow.

sprint (v) 1. roor, fokyshy. 2. bether-ting.

spur/spar/ (v) 1. oohiyow, boorriy-ow. (n) 2. bir afle ky rakabang kobo ferysleeygi si ferysky eed ingky roory.

spy/spay/ (n) tiftif.

squabble/skwobal/ (v) 1. murumow. (v) 2. daldalymow.

squad/skwad/ (n) hiring (duul wal isly qobythaw).

squalid/skuwaalid/ (adj) dhusug.

squander/skwandar/ (v) kassaary (maal ky fattaalow, maal ky dhedheelow).

square/skewer/ (n) 1. affar gaas. 2. affar gaasly.

squash/skwash/ (v) 1. buusbuusow. (n) 2. dheel boloonishe derby lyky dhowaw raketny ly isti'maalaw. 3. quthaar ly aamaw.

squat/skwat/ (v) 1. kotholoobsy. 2. doonfuul (meel shar'y laang deghow).

squawk/skwook/ (n) qayly.

squeamish/skwiimish/ (adj) qalby nughul, naaris bathang (qof yoow nahaw, goony hang maddy ly dhymmythy).

squeeze/skwiis/ (v) majhujhis.

squid/skwid/ (n) haywaang maagny.

squirrel/skwiral/ (n) tukully.

St. 1. wily qorowshey ly gaabiyi. *St. Patrick*. 2. jid abtugowshey ly gaabiyi. *64th St.*

stab/stab/ (v) tooriyaayow (toorry ama billaawy ky dheebayow).

stability/stability/ (n) deggynaang.

stack/staak/ (n) ror, wal raseey-syng.

stadium/steediyum/ (n) binaang dheeleed (goob dheeleed).

staff/staaf/ (n) 1. shaqaaly. 2. ul.

stage/steyj/ (n) 1. marhaly. 2. goob amy masrah.

stagger/staagar/ (v) 1. dereer sakraan. 2. nahow. 3. waqtighy ly shal beddely (marky wal muhim eh dhiyaayang waqtysho ing ly shal beddelo si isku mar ing billaawyny). *The staff were asked to stagger their holidays.*

staggering/stagaring/ (adj) yaab.

stagnant/stagnant/ (adj) fidhiyi (biyi fidhiyi).

stain/steyn/ (n) dhusug, mirir.

stainless/steynless/ (adj) mirirly, my mirirty (ing miriraany).

stair/steer/ (n) jerenjery.

stake/steyk/ (n) 1. tiir. 2. qamaar. 3. maal dhaghow.

stale/steyl/ (adj) hallawi, hung-gury bariyi.

stalemate/steylmeyt/ (n) bed hiring (dheel dhammaati, meelby liing guury dhimishy).

stalk/stook/ (adj) 1. laang (geethi laanty hambally leh). 2. geethow, ing gebbithow. 3. gagaadiyow.

stall/stool/ (n) 1. moory. 2. firshy. (v) 3. baabur kethis ing dami.

stallion/staaliyon/ (n) lab feris (feris dog eh).

stamina (n) gegsishy, tabar, adkaysishy hool kakyng amy tamaariin riyaadhi eh.

stammer/staamar/ (v) shishighow.

stamp/stamp/ (n) 1. frankaboolly. 2. tiimbyry. 3. tikid. (v) 4. luty dhulky ky dhowow. 5. frankaboolly amy tikid ky dhejiyow.

stand (v) 1. surumow (n) 2. reebow (difaa') 3. mawqif. 4. ky atkaaysythow. *I can't stand rudeness!*

stand by/stand baay/ (v) sughow.

stand for (v) ing dhiking, sithy haraf ing suryng kelmyd.

stand off (n) is marrow laang, jinjing.

stand out (v) ha ku dha jeetho.

stand up for (v) difaa', danaany.

standard (n) qiyaas (ungku beddelynaayny sithy aathythy eh)

staple/steybol/ (n) bir haanshy lyky tolaw.

star (n) hiddig.

stare/steer/ (v) hindhy fukaayow.

starfish (n) malalaay hiddig ing nag.

start (v) billaaw.

startle/startal/ (v) nahow, obsiyow.

starvation/starveyshan/ (n) baahy ing dhimyshy.

state/steyt/ (n) 1. haal. (n) 2. dal, waddang. (n) 3. wilaayi dal ku tirsyng, maamulsheny goony ing eyi (sithy wilaayithy *Georgia* oo Amerika, U.S.A.). (n) 4. sheeghow, errow.

statement/steytment/ (n) 1. bayaang. (n) haanshy hisaa-beed.

static/staatik/ (adj) wal inis beddelaany.

station/steyshan/ (n) 1. boosteejy. 2. deghaang.

stationary/steyshaneri/ (n) alaab hafiis lyng isti'maalaw wal abtughow (sithy qalyng, haanshy, hanqaas).

statistics/statistics/ (n) nambarry tirikoob.

statue/statchu/ (n) aash.

status/steytas/ (n) 1. muthunaang. 2. derjy.

stay/stey/ (v) rooghow.

steady/stidi/ (adj) 1. kakyng, athyg; ing dhadhagaagany 2. inis beddelaany.

steak/steyk/ (n) bisteek (so lo amy malaalaay si goony lahang jheraw).

steal/stiil/ (v) hathow.

steam/stiim/ (n) uung (bukaar).

steel/stiil/ (n) bir.

steep/stiip/ (adj) 1. kallaay. 2. nuglaathow

steeple/stiipal/ (n) food dheer lyky suraw qubbytho misajithe i kani-isytho.

steer/stiir/ (v) 1. wethow (baabur shukaanty haayow). (n) 2. dhuffaang eh.

stem (n) geedky jiryddiis.

stench/stench/ (n) ur (wal eed ing uraw).

stencil/stensil/ (n) koobi (wal abtughowky lyky kaalmeyaw).

step (n) 1. teeg. 2. jerenjery.

stepbrother/step brathar/ (n) ariirky isky aawky amy isky aathy etiing.

stepdaughter/step dootar/ (n) ariirty lamaathy isqabty koosho dhali.

stepfather/step fatha/ (n) atheerka aatha qaby.

stepmother/step matha/ (n) inaa-tha aawka qaby.

stepson/step-san/ (n) ariirky lammathy is qabty koosho dhali.

stereo/steryo/ (n) sammaa'ad.

stereotype/steryo taayp/ (n) fikryd hung oo luku qabo qof amy dad amy wal dadow.

sterile/steril/ (adj) 1. eed nathiii ing eh (jermi ing lahaayny). 2. my dhally.

stethoscope/stethoskoop/ (n) aalat taktarky ky dhugunsythaw qofky jirring.

stew/stuu/ (n) hilib i quthaar lysky kariyi, muddung dheerny dab gaabyng saarynaayi.

steward/stuwad/ (n) hostess lab eh, **stewardess** hostess dheddy eh (qof kaalmeyaw dadky saaryng dayuurytho amy maraakiibty).

stick/stik/ (n) 1. ul. (v) 2. ky durow. (v) 3. ky dhejiyow. (wal meel ky dhegging ing dhadhagaagany).

sticker/stikar/ (n) haanshy koolly leh (musawir amy haanshy wal ky qorygniing meel lyky dhejiyaw).

sticky/stikki/ (adj) dhedheg eh.

stiff (adj) kakyng (dhedheel lyngky jhibiyi korny).

still (adj) wili (ilaa i marki).

stimulant (n) buraaryjhiyi (daawy amy wal nashaad ky giliyaw).

sting (n) mii amy qurung mariid leh.

stingy/stinji/ (adj) bakiil.

stink (v) hanuung uraw.

stir (v) hurbiyow, qasow, labow.

stitch/stij/ (v) tolow.

stock/stok/ (n) 1. badee'y. 2. rasumaal. 3. asal, isir.

stockings/stokings/ (n) iskaalsy bilaameed.

stodgy/stoji/ (adj) hung-gury eed ing ulus. 2. fehemy ing lahaayny, suurud-doryng.

stomack/stomak/ (n) olooly.

stone/stown/ (n) shiid.

stool/stuul/ (n) 1. gember. 2. haar.

stoop/stuup/ (v) 1. dughow. (n) 2. ha gothyng, lang tuur leh (goobby).

stop (v) surung.

store/stoor/ (n) dukaang, bakaar, kaay.

storm/stoom/ (n) 1. debeel roob bathang wethito, hury i biriq bathang. (v) 2. hujuung ly qaathy.

story/stori/ (n) sheeky.

stout/staut/ (adj) kulus.

stove/stowv/ (n) foorny, makiinythy hung-gurighy lyky kariyaw.

straight/steyt/ (adj) toosyng. 2. qumung (lillahi eh).

straightaway/streytawey/ (adj) haalkung, deddeg.

straightforward/streyt-forwad/ (adv) 1. dhiblaang (wal sehellyng). 2. hathal amy qof laqdaby ingky jerny. A straight-forward person.

strain/streyn/ (v) ky dethaalow.

strait/streyt/ (n) biyi mary (lamy dhul dhatiyo biyi marayang).

strange/streynj/ (adj) wal hor lyng aragny, wal aathy ing haayny.

stranger/streynjer/ (n) lang da-thow (ajnabi), kooyty.

strangle/strangal/ (v) merjiyow.

strap (n) suung.

strategic/stratijik/ (adj) istratiiji eh.

strategy/stratiji/ (n) tab.

straw/stro/ 1. (n) dhuung. 2. ees enjeghi.

strawberry/stroberi/ (n) mery gathu-uuthyng.

stray/strey/ (v) dhumow.

stream/striim/ (n) 1. weby yer. 2. il.

street/striit/ (n) jid beled ky yaaly.

strength (n) tabar, hoog.

strenuous/strenyos/ (adj) dethaal bathang.

stress (n) 1. murug. (v) 2. ky adkaay-ow, ky kakiyow.

stretch/strech/ (v) dhydhiingsythow, is shal biyow.

stretcher/stretcher/ (n) sariirty qofky jiryng lyky qaathaw.

strict/strikt/ (adj) gorgortyng ing lahaayny (heer eed ing kakyng).

stride/strayd/ (v) tillaabsythow, (teeg dheer qaathow).

strident/straydent/ (adj) ed dheer oo fiighyng.

strife/stayf/ (n) is gal (hellis laang).

strike/strayk/ (v) haraaty dho-wow.

striker/straykar/ (n) lang weeryr ku dheelaw boloonyghy lutty.

striking/strayking/ (adj) yaab leh.

string (n) 1. hathag. 2. musaay.

strip (n) 1. jiithyng 2.dharraang.

stripe/straayp/ (n) jiityng.

strive/straayv/ (v) dethaalow.

stroke/strowk/ (v) 1. dhudhuujhiy-ow (daliighow, silaahow). (n) 2. qalyng ky jiithow (n) 3. jug kethis eh masqanty deerty hubny kely naafy amy baraalisy ky dhigty. (n) 4. edky sa'addy. (n) 5. nammuung dabaal ku mid eh.

stroll/strowl/ (v) gagaadiyow, ded-ereer (dereer tartiib eh lyky raa-hooysithaw).

strong (adj) hoog bathang.

structure/strakchar/ (n) dhismy.

struggle/stragal/ (n) nidaal (de-thaal, halgyng).

strut/strat/ (v) isly wiiny (dereer isly wiiny, dereer kibir leh).

stub/stab/ (n) 1. gumud (sekereet amy qalyng dubshey). (v) 2. kuthaankud.

stubborn/staban/ (adj) mathy kaky-naang.

student (n) kutaab (hir), iskoolley.

studio (n) qol fannaang ky shaqeeyaw.

study/staid/ (n) 1. wal barathow. 2. bahthy suubiyow. (n) 3. qol wal lyky barathaw.

stuff (n) 1. sheey (v) 2. ky aruuriyow.

stumble/stamble/ (v) 1. kuthaan-gkud. 2. hathyl gegefow, shigshighow.

stump (n) kurtung.

stun/stan/ (v) jug heje (daraadiye) miir lyng waayo.

stunt/stant/ (n) 1. wal dadky lahaka jiithythaw. 2. boothow katar eh.

stupid (adj) dhokod, dhadhaang, dhuungfeeded, dabbaal.

sturdy/sterdi/ (adj) hoog bathang.

stutter/statar/ shishighow.

style/stayl/ (n) moothy, hab (sithy kar liing qaathythaw, sithy wal lyng suubiyaw).

sub/sab/ (kelmyt hortiye) hoos. *Sub-Saharan* (Afrikythy ku hooseyto Saharaha).

subdue/sab duu/ (v) amar ky qob-sythow.

subject/sabjekt/ (n) 1. mowduu' (shey lang ku hathalaw amy wal ku qoraw) 2. dhoorow amarky dalky lyky noolyi. *He was subject to U.S. jurisdiction.* 3. faa'il nahwy (kang wal fali).

subscribe/sabskraayb/ (v) ruku-mythow (rukung wang, journal).

subscription/sabskripshan/ (n) beessothy rukungky lyky bi-yaw.

subside/sabsaayd/ (v) hoos ing dhiy-ow. *The flood gradually subsided.*

subsidy/sabsadi/ (n) kab beesy dow-lytheed si seerky kor inniingky kanny.

substance/sabstans/ (n) wal ly taab-bythy kory.

substantial/sabstanshal/ (adj) 1. bathang, billeeryng. 2. kakyrg.

substitute/sabstituut/ (n) beddel (wal wal lyky beddelaw).

subterranean/sabtareyniyan/ (adj) dhulky hoostis eh.

subtle/satal/ (adj) wal yow lyng dereemy korny. *There is a subtle difference between the two flavors.*

subtract/sabtrakt/ (v) ku gooyow (tiry tiry luku gooyo).

subtraction/sabstrakshan/ (n) ku gooy (hisaabty ku gooyky eh).

suburb/saberb/ (n) beledky baa-loshey.

subway/sabweey/ (n) jid tariing dhulky hoos maraw.

succeed/saksiid/ (v) 1. rooyow. 2. ky highoow (qof qof beddeli).

success/sakses/ (n) guul, libyng.

successful/saksesful/ (adj) guul amy libyng deery.

suck/sak/ (v) nuughow.

sudden/saddan/ (adj) kethis.

suddenly/sadanli/ (adv) si kethis eh.

sue/suu/ (v) koot ly korow (da'weeyow).

suffer/saffar/ (v) dhibboothow, dhibqaathyshy.

sufficient/saffishant/ (adj) ky filyng, bes.

suffix/saffiks/ (n) nuthy (haraf amy huruuf lyky nuthaw kelmyd si ma'ny kely ing weeldhyty amy kelmyd kely ing naghyty), mathalang "-ness" lyky nuthy "good" si ing naghyty "goodness" amy "-ly" lyky nuthy "quick" si ing naghyty "quickly".

suffocate/saffokeeyt/ (v) neef ky reebow amy ky hirymow (neef ky dheghow lyng dhymy-thaw).

sugar/ shugar/ (n) sokkor.

sugary/shugari/ (adj) sokor leh, sokor bathang.

suggest/sajest/ (v) iqtiraah (ra'yi ha jethiyow).

suggestion/sajeshan/ (n) tely amy fikryd sheenow.

suicide/suwisaayd/ (n) isdilow, maag naf ing gooyow (is dilow, intihaar).

suicidal/suwisaaydal/ (adj) taalluky, naf katar giliyow.

suit/suut/ (n) 1. kar isky jog eh (sirwaal i jaaky isky nammuung eh). 2. turubky affartiis nammuung to ku mid eh, sithy: karwal, hadhiing, ispik amy dheemang. 3. koot. (v) 4. ky feyly.*Would Friday suit you for a meeting*.

suitable/suutabal/ (adj) ky roong amy ky feyly.

suitcase/suutkeys/ (n) boorsy, sanduuq.

suite/swiit/ (n) 1. alaab-ming is leh 2. ming gondoob bathang leh oo hotel ky dha yaaly.

sulk/salk/ (v) dhirif ly shib erow.

sullen/sallen/ (adj) wiji kathuud (wiji ma'buus).

sultan/saltan/ suldhaang (langky hukumaw dal Muslung).

sum/sam/ (n) jumly (tiry lisky dadary).

sum up/sam ab/ (v) 1. isky darow. 2. ha koobow.

summary/samari/ gaabyng, khulaasy amy koobyng.

summarize/samarayz/ (v) ha gaabiyow, ha koobow.

summer/samar/ (n) haghaay waqtyghy inky kaluul.

summit/samit/ (n) buurty kug-diye. 2. kulung muhiim eh inisky kooyayaang mathiyaal dawly sithy boghirry amy mathywiiniyaal masilaayang waddansho.

summon/sammon/ (v) ing wee-row, kulmiyow.

sun/san/ (n) iry.

sunbathe/san beyth/ (v) iry inys dhikow sy korky ky mithoowatho.

sunburn/san bern/ (n) kor iry gubti.

Sunday/sandeey/ (n) Ehed.

sunflower/san flaawar/ (n) iry-guulud (fiid huruud eh iriithy ly dereerasy).

sunglasses/san glasis/ (n) okiyaalky iriithy.

sunny/sanni/ (adj) iriily, iry bathang.

sunrise/san raais/ (n) iry-guung.

sunset/san set/ (n) iry-dhiimy.

sunshine/san shaayn/ (n) iriithy aftiinshe.

super/supar/ (adj) eed ing feyly.

superb (adj) mumtaaz, ajaa'ib leh (heer kory, heyby leh).

superficial/super fishal/ (adj) saathis, daahiri (wal korsho i hoostiyo shal eyiing), wal kor suurud ku leh hoosny eper ku eh. *The cut is only superficial – it will soon heal.*

superhighway/super hayweey/ (n) jid eed ing wiing.

superior/supiirior/ (adj) 1. ku feyly. 2. ku derjy (garaaddy) wiing. 3. isly qab wiing. 4. gob (gung ing haayny).

superiority/superiority/ (n) isly-
wiiny.

supermarket/super market/ (n)
dukkaang wiing oo lyky gathaw
badee'y shal eh.

supernatural/supernachural/ (adj)
aathi ing haayny (wal qaanu-
ungky dabii'ighy ku korreeyi
amy haku horjeethy).

supersonic/supersoonik/ (adj) wal
edky ku roorbathang.

superstition/super stishan/ (n)
quraafaad (aaminow wal lyng
gorothaany oo keer i kassary
sheeny kory).

superstitious/superstishas/ (adj)
quraafaad eh.

supervise/supervays/ (v) ku war-
qabow (kor kuly dereerow)

supper/sappar/ (n) ashy (hung-gury
hamiined).

supple/sappal/ (adj) nughul (yow
jhabaw amy laabymaw).

supplement/saplement/ (n) shey
shey lyky dari, siyaady.

supplementary/saplamentari/ (adj)
siyaady eh, ly jery

supply/saplaay/ (v) 1. siyow (beesy
ing dirow arlaadi) 2. qiibiyow
(dad kiinang eh hung-gury ing
qiibiyow). 3. badee'y.

suppliersaplaayar/ (n) qiibiyi
(shirky amy qof badee'y
qiibiyaw amy gathaw).

support/sappoort/ (v) 1. haayow,
isky haayow, isky reebow (sithy
tiirky mingky). 2. kaalmy amy
kab. *Financial support.* 3.
ayyithow (ra'yi ka rahow),
taageerow.

supporter/sapoortar/ (n) ayyithy, ly
jery.

suppose/supows/ (v) 1. ing malee-
yow. (conj) 2. wal lyng hubny.

suppress/sapres/ (v) 1. burburiyow,
hoog ing sheeghythow 2. qariy-
ow sir amy dereeng. 3. roojiyow,
tirtirow, mamnuu'ow. *To suppress
all opposition parties.*

supreme/supriim/ (adj) ingky wiing,
ingky muhimsyng amy ingky
feyly.

supremacy/suprimasy/ ingky der-ji
wiing.

sure/shur/ (adj) hubow (shaky laang).

surface/sarfas/ (n) kor (kor ha marrow).

surgeon/sarjan/ (n) taktarky
qaloowky fiyaawanty.

surgery/surjeri/ (n) qaloow fiyaa-
waneed.

surgical/serjikal/ (adj) qalow ly hariiry.

surly/serly/ (adj) uur mariid (amal
hung).

surname/sernrym/ (n) maghaaghy
reerky (ummutho bersho way
ing etheegsythaayana maghaa-
ghy obooghy amy maghaaghy
seddahaad).

surplus/surplus/ (n) siyaady eh.

surprise/sarprays/ (n) yaab.

surrender/sarendar/ (v) is dhiibow,
ku tanaasulow.

surround/sarawnd/ (v) gooby-
goobayow.

surrounding/sarawndin/ (adj)
nagaarty (nawaahithy).

survey/sarvey/ (v) 1. saang. 2.
feleghow (bahthy). 3. hisaabow.
4. dhul ibbirow markaasny map
amy kariity ing suubiyow.

survive/sarvayv/ (v) 1. bedbaathow
(duufaang ku bedbaathow). 2.
umry dheeraathow.

survival/sarvayval/ (n) ku bed-
baathy (lang ku fokkythy amy
ku bedbaathi katar wiing).

suspect/saspekt/ (v) ku shakiyow,
tuhumow.

suspend/suspend/ (v) 1. ha raariyow 2. ku roojiyow, gethaal ing dhikow.

suspension/sapenshan/ (n) luku biyi, luku dughythy amy fedheesiyi shaqy amy iskool.

swallow (v) dhunjhiyow.

swam (v) 1. dabaal. 2. *swim* oo fall aha moothi eh.

swamp (n) dhul quuying oo eed ing nughul.

swan (n) shimbir magny ed oo lughung dheer.

swap (v) wal is dhaaafsythow, wal shal beddelethow (shal dooris).

swarm/swam/ (n) duul (tiry bang isly buubasy amy isly dereerasy sithy dhuury, shinny, shimbir amy dad). *Swarms of people.*

sway/swey/ (v) jiljilow, ruhow.

swear/sweer/ (v) 1. dhaarrythow 2. ballyngqaathow 3. etheb dory amy aaytymow.

sweat/swet/ (n) dhithy.

sweaty/sweti/ (adj) dhithid leh.

sweater/swetar/ (n) funaany dhahang.

sweep/swiip/ (v) 1. haaghow 2. deddeg ing birow. *The boat was swept out to sea.*

sweet/swiit/ (adj) 1. mayaang (wal may). 2. wal feyly, suurud bathang. *A sweet smell.*

swell (v) 1. barar. 2. bathythow, siyaadow.

sweltering (adj) eed ing kaluul.

swerve/swerve/ (v) ku birymow deddeg eh. *The driver swerved to avoid the goat.*

swift (adj) deddeg.

swim (v) dabaal.

swindle/swindal/ dhaghyrow, kiyaneyow, sirow.

swing (v) duufow, lalmythow (yoow laabymow).

switch/swich/ (n) 1. furaaghy korontythy luku daaraw amy luku damiyaw 2. isbeddel deddeg eh.

switchboard/swich boord/ (n) meelly leeminky telefoonnythy inisky kooyayaang.

swoop/swuup/ (v) hoos ing buubow (deghow) deddeg eh, hoos hang biithow. *The eagle swooped on its prey.*

sword/soord/ (n) seef.

syllable/sillabal/ (n) wal heggaath ly hariiry sithy kelmyd amy qiib kelmytheed hal mar lyng heggathiyaw. misaal *ambulance* way leta seddy heggaathood: *am – bu – lance.*

syllabus/sillabas/ (n) manhaj.

symbol (n) summud, alaamy. *The crescent is a symbol of Islam.*

symmetrical/simmetrikal/ (adj) inis nag, jing eh.

syringe/sirinj/ (n) aalat tubby i irbid wethyty, lyng isti'maalaw dhiig qaathow amy duroow.

syrup/siirap/ (n) shoroobby (saa'il wal may luku suubiyaw).

system/sistam/ (n) qaab, hab, nithaam.

T

T,t/tii/ harafky labaatynaad oo farty Ingriisky

tab/taab/ (n) haanshy, kar amy bir yer meel lyky dhejiyaw.

tabby/tabbi/ (n) mukulaal bary leh

table/teybal/ (n) 1. miis. 2. jadwal.

tablet/tablet/ (n) 1. kaniiny. 2. shiid wal ky qorygniing.

tabloid (n) journal yer, sheekooyiing hiisy bathang ha dhikaw.

taboo/tabuu/ (n) haarang (wal reeb-byng).

tack/taak/ (n) 1. musmaar mathy wiing. 2. (v) musmaarow.

tackle/takal/ (v) halliyow (wal ku qobothow) 2. aghal spoort. *fishing tackle.*

tactic/taktik/ (n) taatiky, tafaagny.

tactical/taaktikal/ (adj) tafaagn-oysyng, taatikeysyng, taatiky eh.

tag/tag/ (n) summud (sheey wal ky qorygniing meel lyky dhejiyaw).

tail/teyl/ (n) 1. dub (haywaang dub-shey). 2. mathy, giir (beesothy birty eh dhinyghy mathighy ingky yaalny).

tailor/teylar/ (n) 1. sharqaanly. 2. jiithymow (ibbirow).

take/teyk/ (v) 1. qaathow. 2. oggolaathow. *Do you take Credit Cards?* 3. ing baahang. *It takes a long time to learn Qur'an.*

take after/teyk aftar/ (v) ing nakathow (unug awshey ing nag),

take over/teyk owvar/ (v) ly wereeghow tely amy milkiyad.

take-out/teyk awt/ (n) sheew (hung-gury sheew eh).

tale/teyl/ (n) 1. sheeky (geeko-geeko), 2. beeng.

talent (n) maghuuf.

talk/tok/ (v) hathal.

talkative/tokatiiv/ (adj) hathal bathang.

tall/tol/ (adj) dheer (dhiirir bathang).

tamarind (n) raqey.

tame/teym/ (adj) aliif (hoola dadky ky dhaghamaayang).

tampon (n) tambooni (suuf amy tubby dhiig bilaamedky reebaw).

tandem (n) bushkeleety lamy lyky wethaw (bushkeleety lammy qaad eh).

tangle/tangal/ (v) isky labyng, is dhahgalsyng.

tank (n) 1. haang (barmiil amy fusty). 2. baabuur hubeeysyng (maliindeysyng).

tantrum/tantram/ (n) dhirif.

tap/taap/ (n) 1. fur (furaaghy kon-troolky biyo amy gaasky). 2. aghal telefoongky lyky dhu-ghunsythaw. (v) 3. kowdhowow. (v) 4. etheegsythow (ist'i-maalow).

tape/teyp/ (n) 1. shorooty. 2. ajaly. (v) 3. dhuujhiyow.

tape measure/teyp meesha/ (n) mitir (aalat wal lyky mitiri-yaw).

tape recorder/teyp rikordar/ (n) naastry (aalat ajaly lyky duubaw waany lyky dhu-ghungsythaw).

tapestry/taapastri/ (n) kar here-ring (kar daaba').

tar (n) laamy.

tarantula/taranchula/ (n) aaryaary mariidle.

target (n) 1. toog, hadaf, shish, ibbir (qof amy shey alaamy lyky dhikithaw marky wal ly gemaw amy hujuum ly qaathaw). 2. natiijy athy deerty fathaasy.

tarpaulin/tarbolan/ (n) kar biyi reeb eh.

tart (n) 1. muufy furung, qudaar may lyky buuyaw (adj) 2. dhinaaw.

task (n) hool amy waajib.

tassel (n) faraq (wal haku raarahy sunnaady).

taste/teyst/ (n) 1. dhadhang. *This cheese has a salty taste.* 2. dooq (gorothow wali feyly, suurud bathang). *He has good taste in clothes.* 3. (v) dhadhamiyow. *Taste this and tell me if it's too salty.*

tattoo/taatuu/ (n) musawir korky lyky daba'aw oo ing tirymaany.

taunt/toont/ (v) kajing, foorjy.

taut/toot/ (adj) isky mashquulsing (nerfoos eh).

tavern/taavan/ (n) baar (meel kamry lyky gathaw).

tax/taaks/ (v) 1. anshuurow. 2. kallifaad.

taxi/taksi/ (n) 1. taksy (baabuur ly ijaarathaw). 2. dereerky dayuurady inty ing buubny.

tea/tii/ (n) 1. shaahi 2. aleeng shaahi.

teach/tiich/ (v) wal barow.

teacher/tiicha/ (n) maalling amy maallyng.

team/tiim/ (n) duul hool isly galaw, fariiq.

tear/tiar/ (n) 1. ilyng (v) 2. tarrighow.

tease/tiis/ (v) dhibow, foorjeyow, aayow.

teaspoon/tii spuun/ (n) maalqy, hanqaryf.

teat/tiit/ (n) ib (naasky hoola ibtiis).

technical/teknikal/ (adj) 1. wal sanaa ly hariiry. (n) 2. baabuur bantuug wiing saarigni.

technique/tekniik/ (n) tab.

technology/teknooloji/ (n) tiknoolojiyi (ilmyghy si dhab eh liing etheegsythy).

tedious/tiidiyas/ (adj) garaaw leh, fehemy laang (wal lyky aajisaw muddung qaathathaw).

teem/tiim/ (v) 1. buuhow. 2. roob bathang.

teenage/tiin eej/ (adj) labaatung jer, wasaq (barbaar ing naghyny).

teenager/tiin eejar/ (n) lang de'diis ing dhaheeyto 13 ilaa 19 sinni.

tee-shirt/tii-shert/ (n) 1. funaany galgny gaab eh 2. hegaady T-Shirt.

teeth/tiith/ (n) 1. ilky. 2. tooth oo tul eh amy jama' eh.

teetotal/tiitotal/ (adj) wilyshey kamry ing dhang-ny.

telecommunication/telekamyunikeyshan/ (n) war is deersiyow (war lyky diraw telefoong, raadiyi, telefisiyoon, satallaayt iwm).

telegram (n) telegraang.

telegraph/telegraf/ (n) farming dirow ly edeegsythaw fiily korynty.

telephone/telefoong/ (n) aalat lyskyly dowahaw yeedo meel dheer ly shal roogy.

telescope/teleskoop/ (n) aalat lyky araghaw wal meel dheel jery.

television/telefishan/ (n) telefisiyoon.

telex/teleks/ (n) telekis (aalat war qoryng diraasy).

tell (v) sheeghow, war siyow. *Tell me about your school.* 2. amar siyow. 3. shal gorythow, shal saarow. *I can't tell the difference between the twins.*

temper/tempar/ (n) 1. dhab'y. 2. dhirif.

temperamental/temperamental/ (adj) lang ammal hung (lang dhab'ishey is bebeddelaw).

temperate/tempereeyt/ (adj) jawwy dhadhahaat eh (jawwy kaluulny ing haayny qoboobny ing haayny).

temperature/temprichar/ (n) beegkaluul (qiyaasty sheeyghy kaluulshey i qoboobshey).

tempest (n) hanfar (debeel hoog leh).

template/templeyt/ (n) wal guuris lyng etheegsythaw.

temple/tempal/ (n) 1. ming ibaady (goony hang diimo Hin-duughy amy Buudighy). 2. dhabyng.

temporary (adj) daa'ing ing haayny (wal waqty koobyng jeraw).

tempt (v) duufsythow (wal ky qalqaaliyow).

tenant (n) qof ming ijaar ingky jery (doongfuul).

tend (v) ing iilinaathow, ing dhow. *She tends to get angry easily.*

tendency/tendensii/ (n) 1. ing iilynaan (sithy wal ing dhiyi koraang). 2. hadaf amy qesed.

tender/tender/ (adj) nughul. 2. hassaas amy meel dhimaasy. *My leg still feels tender where I banged it.* 3. jeelang amy ha jiithythow. *Tender looks.* 4. binaang ha dhikow amy weryty.

tendon (n) seed.

tennis (n) 1. teenis (booloonighy madrabky). 2. bing-bong, booloonighy miisky.

tense/tens/ (adj) 1. murugsynaang, welwelsynanng. 2. dhuugsyng (teegyng). *Tense muscle.* (n) 3. falky sy ing dhiyaw.

tent (n) teendhy.

tepid (adj) iirsyng (fardiir).

term (n) 1. muddyng. 2. fasal wal baryshy. 3. shardy. 4. kelmyd. 5. hariir (alaaqy).

terms/teermis/ (n) hellis shuruudoshey.

terminal (n) 1. terminal (dhismy dayuury degeeng). (adj) 2. jirry lyng dhimythaw. 3. leethow.

terminate/termieyt/ (n) 1. ekashy. *The train terminates here.* (v) 2. leeyow, dhammaayow.

terrace/terras/ (n) 1. gamaas (bersy). 2. minity saf-saf ing dhysyng. 3. binnang muqaayi.

terracotta/terrakota/ (n) heyby (dhoob gathuuthyng dhery luku suubiyaw).

terrain/tereyn/ (n) dhul.

terrestrial/terestriyal/ (adj) wal dhul ky saabsyng.

terrible/terribol/ (adj) eed ing qaab-doryng.

terrific/terrific/ (adj) eed ing fey̱y.

terrify/terrifay/ (v) obsiyow (ku nahiyow).

territory/territory/ (n) dhul amy degaan maamul leh.

terror (n) obsy bathang.

terrorism (n) obsiyiyaal.

terrorist (n) qof dadky obsiyaw (qof etheegsythaw handidaad, wal burburiyow, maag wal ing dilow). *The bomb was planted by a terrorists.*

test (v) 1. sherrybow. (n) 2. imtiha̱ang.

testicles/testikals/ (n) (pl) raay.

testify/testifaay/ (v) marag (marag ku nagathow, marag furow).

tether/tetha/ (n) hathag hooly ḻyky hiraw.

text/tekst/ (n) 1. matny (nasky kitaabky haamish luku reeby). 2. daliil quraang. 3. ma'luumat salsho.

textbook/tekst buuk/ (n) buug muqarrar eh.

textile/tekstayal/ (n) kar dhowow (kar gury).

texture/tekschar/ (n) dereengky marky sheey ly daary (sithy nuglaanty, kaluulky kakkynaan-ty).

thank (v) mahad-nag, megh̠yng-Ally.

thanksgiving (n) waaq-tuug, rabby-tuug.

Thanksgiving Day (n) iid Ameerika i Kanada oo Ilaahey (waaq) liingky mahad naghaw.

that/that/ (cnj) kaas, taas.

thatch/thach/ (n) dobool ming oo ees eh.

thatched/thacht/ (adj) ees ky doboolyng.

thaw/thoo/ (v) 1. dhilaalow 2. ha nuglaathow.

theater/thiyatar/ (n) 1. masrah (tiyaatar) 2. goob oleed 3. myngqal (qolky qaloowky).

theft (n) tuugnymy, wal hathow.

their/theer/ (adj) wal yo leyiing. *This is their house.*

theirs/theers/ (pron) walaasho.

theme/thiim/ (n) mawduu' asaas eh.

then (adv) 1. markaas. 2. ba'dyshe. 3. kang kely (kang ky highy).

theology/thiyolojy/ (n) baryshothy Ilaahey (ilmighy barashythy diimo).

theory/thiyori/ (n) 1. nathariyyi. 2. ra'yi, fikryd.

therapy/therapy/ (n) daaweyow dabii'i eh.

there/theer/ (adv) meellas.

therefore/theerfoo/ (adv) saas daraadiye, saas heje.

thermal (adj) kaluul eh.

thermometer (n) kaluulbeegy (aalat lyky ibbiraw kaluulky).

thermos (n) tarmuus.

thermostat (n) aalat sheegasy kaluulky.

thick/thik/ (adj) 1. wiing 2. kakyng. *Thick wall.* 3. jhig. *Thick forest.* 4. saa'il ing dereerany. *Thick soup.* 5. dabbaal.

thief/thiif/ (n) tuug.

thieve/thiiv/ (v) 1. hathow. 2. *thief* oo tul eh.

thigh/thaay/ (n) jiir.

thin (adj) 1. dhuubyng. 2. haash. 3. jhig ing haayny. *His hair is getting quite thin.* 4. biyibiyi (bashagbashag). *Thin soup.*

thing (n) shey (wal) wal naf ing lahayny.

think (v) 1. fikirow (masqan isti'maalow) 2. aamingsynaathow, ra'yi ku qabow.

third/theerd/ (adj) seddahaad.

thirst/theest/ (n) oong. 2. fathow siyaady eh. *The thirst for knowledge.*

thirsty/thersti/ (adj) oomyng.

thorn (n) qurung.

thorough/thorow/ (adj) tahaddir, sy feyly (dhimaatiring).

thoroughly/thorowli/ (adv) dhommaang, kulli.

though/thow/ (cnj) 1. inkasty. (adv) 2. si kasty haato. *I bought it. It was expensive, though.*

thought/thoot/ (n) 1. fikryd. 2. wal ku fikirow.

thoughtful/thootful/ (adj) meel dheer wal ku araghaw.

thrash (v) 1. tumow (jheedaliyow, ulooyow). 2. ku rooyow (olky dedeg ing jhibiyow).

thread/thred/ (n) liilyng, dung.

threat/thret/ (n) 1. haddidaad (hanjymaad), goody. 2. wal dhibaaty sheenaw.

thresh (v) 1. shukulow, tumow (misgy shukulow amy tumow). 2. boonshy biyow.

threshold/threshowld/ (n) 1. ataby, teeggy koowaad (jerenjerydy ilbeebky). 2. billaaw. *She is on the threshold of a brilliant career.*

thrifty/thrifti/ (adj) wal dhurow bathang, fattaal ing haayny.

thrill (n) farah siyaady eh.

thriller/thriller/ (n) wal eed liingky faraho (goony haang wal ky kiyaw, filing amy riwaayat).

thrive/thrayv/ (v) siyaadow, ko-row. *The business is thriving.*

throat/throwt/ (n) hung-gurigy (dhuunty).

throb (v) boboothow, dikaamow (wennathy boboodowshe).

throne/thrown/ (n) gemberky bogyrky

throng (n) shiimy.
throttle/throtol/ (v) merjiyow.
through/thru/ (adv) 1. ku dhah bahow (dhah marrow). *The train went through the tunnel*. 2. ilaa. 3. sababtiye. (prep) 4. dhaafow, guthubow 5. ky hirow.
throughout/thru-awt/ (prep) meel kasty. *The band is known through-out America*.
throw (v) gemow.
throw up/throw ap/ (v) mandahow.
thrust/thrast/ (v) durow.
thud/thad/ (n) shangqar, jug.
thug/thag/ (n) jid gooyi (dhi-igdhang).
thumb/thamb/ (n) 1. suul (v) 2. baal geddiyow (marki buug ly akriyaw).
thunderstorm/thandarstorm/ (n) roob birig i jhajhahy leh.
thus/thas/ (conj) saas daraadiye.
tic/tik/ (n) boboodky muruggy.
tick/tik/ (n) 1. tiktikty sa'addy 2. hasharaat yeryer oo dhiiggy nuugayaang. 3. summuddy sah eh ky dhowow.
ticket/tiket/ (n) tikit (haanshy eddaayasy ing athy beessy biithy, kiing oggolaathasy in athy wal ky suubitho: tikit dayu-ury, tariing, bas iwm).
tickle/tikal/ (v) kitkitooyow, kitki-tothow.
tide/tayd/ (n) hir. *"Time and tide wait for no man."*
tidy/taydi/ (adj) isky toosyng. 2. eed ing bathang.
tie/taay/ (n) dhuugsyng. 2. jing jing. *The two teams tied in first place*.
tiger/taygar/ (n) shibeel.
tight/tayt/ (adj) eed ing dhuugsyng.
tile/tayal/ (n) dhoob ly duby liingky tely gali ing dhullaawt, kugdy amy derby lyky dhejiyo.

till (conj) 1. ilaa. (n) 2. sanduug beesy amy wal qiimy bathang lyky asturaw. 3. hammaarow (beerty liing diyaariyaw abu-ur).
tilt (v) kallaay.
timber/timbar/ (n) alwah dhismy.
time/taym/ (n) wesing, demeng, ammyng, waqty.
times/taymis/ (prep) lyky dhowi (hal hal lyky dhowi).
timetable/taym teybal/ (n) jadwal.
timid (adj) biig, fuly.
tingle/tingal/ (v) darjiighothow (jiri-iroco).
tinkle/tinkal/ (v) edky jarasky.
tiny/tayni/ (adj) eed ing yer.
tip (n) 1. kugdy. 2. baqshiish. 3. waany (il ing biyow).
tip off (n) ing dighow, sir fokyti.
tiptoe/tiptow/ (v) tataagsythow (fargna lugha ky dereerow).
tire/tayar/ (v) nooghow.
tireless/tayar less/ (adj) ing noo-ghany.
tiresome/tayarsam/ (adj) dhib bathang.
tissue/tishu/ (n) haanshy kafiif eh.
title/taytal/ (n) 1. derjy amy koofar sithy Prof., Dr., inj. 2. lahaashy (haanshy eddayasy ing athy lety ming, baabuur iwm.)
to/tu/ (prep) ky, ilaa.
toast/towst/ (n) 1. rooty ly kaluulayi. 2. wal dhamow qof liingky do'aayaw (manuunathy kor liing qaathy, qof liing do'aayo, markaas firig ly siyi).
tobacco (n) tubaaky.
today/tudeey/ (adv) geekky.
toddler/todlar/ (n) dereer-baryd (unug dereer-baryd eh).
toe/to/ (n) fargny-lughaad.
together/tugetha/ (adv) isly jer.
toil/toyil/ (n) hekaar.

toilet (n) musqul.
token (n) beessy beddelshy (sheey beesy hang liing etheegsy-thaw).
told (v) 1. sheeg, err. 2. *tell* oo fal laha moothi eh.
tolerate/toleret/ (v) in gegsythow, ky sabarow (ing atkaaysi-thow).
tolerance/tolerans/ (n) atkaaysy leh.
toll (n) anshuur-jid amy buundy. 2. **take its toll** ~ kassary.
tomato (n) gnaagny.
tomb/tuum/ (n) qabry.
tombstone/tuum stown/ (n) shiid qabry (shied sheegaw qabrighy qofky ky duughyng)..
tomorrow/tumarow/ (n) 1. barriyey. 2. mustaqbal.
ton/tan/ (n) miisaang ibbiraw sheeyky uleesjhey (ly mid eh 2000 bawnd Ameerikaang eh, qiyaas 907 kiily Ingriis eh).
tone/town/ (n) 1. misaangky edky. 2. hoosynaawty muthubky.
tongs (n) bir-qobyd.
tongue/tang/ (n) 1. abryng, angrab. 2. af, lughy (sithy Af-Maay).
tongue-twister/tang twister/ (n) kelmet amy jumly abringky ky kakkyng. *Betty Boota bought some butter, but said she, this butter is bitter.*
tonight/tunayt/ (n) oowky.
tonsillitis/tonsalaytis/ (n) jirry dangqaly.
tonsils/tonsalys/ dangqaly.
too/tuu/ (adj) 1. eed. *This coat is too small.* 2. hattaa.
took/tuuk/ (v) 1. qaad. 2. *take* oo fal laha moothi eh.
tool/tuul/ (n) 1. aghal (sithy min-shaarky, biinsythy). 2. qof lyky shaqeeysythaw.
tooth/tuuth/ (n) ilik.
toothache/tuuth eyk/ (n) ilky amy ilik dhuury.

toothbrush/tuuth brash/ (n) rummy.
toothpaste/tuuth peyst/ (n) daawathy rumyghy.
top/tap/ (n) kor (kugdy).
topic/topic/ (n) mowduu'.
topless/toples/ (adj) horaadky ku dharraamyng.
topping/topin/ (n) kor-saar (wal hung-gury kor luku saaraw si ing sii mayaathy). *Pizza topping.*
topple/topal/ (v) rithow.
top-secret/top siikret/ (adj) malsheegdy (sir eed ing ulus), wal ly qariyaw.
torch/torch/ (n) karbuuny.
tore/toor/ (v) 1. tarriig. 2. *tear* oo fal laha moothi eh.
torment/torment/ (n) saarir (sahriir).
tornado/torneeydo/ (n) debeel hoog bathang (daluuliyi).
torrent (n) biyi hoog bathang.
torrid (adj) eed ing kaluul.
tortoise/tortas/ (n) didiing.
torture/toorchar/ (n) iqaab, sil'iyow, rafaad.
toss (v) harysh i mathy amy giir i gaal gemow.
total/towtal/ (n) isky-darky, jumly (wadyr).
totalitarian/totaaliteerian/ (adj) diktatoor, sheleethis teliyi (qof ammarsheyley jery).
totally/totali/ (adv) foolby, aslant.
tote/towt/ (v) boorow, ooyow.
totter/totar/ (v) duulduulow, luluudow.
toucan/towkan/ (n) shimbir muthub bathang leh.
touch/tach/ (v) taabbyshy, daarow, dadaarow.
touchy/tachi/ (adj) yoow deree-maw.
tough/taf/ (adj) kakyng (ing nuglaayny).

tour/tuur/ (n) wereegow (dhul bary-thow).

tourism/tourism/ (n) dhul baryd, dhul-hiis.

tournament/tournament/ (n) isfeel, tartyng, dhaktyng.

tow (n) baabur-jiidow.

towtruck/tow traak/ (n) baabur lyky jiidaw babuur.

toward/tuword/ (prep) dhinnighy, heggy. *The car was coming toward us.*

towel/tawal/ (n) shukumaang.

tower/tawar/ (n) 1. sar dhuubyng oo eed ing dheer. 2. minaary. 3. aash.

town/tawn/ (n) beled.

toxic/toksik/ (adj) sung leh.

toxicology/toksikoolaji/ (n) ilmyghy sunty amy baryshoo-thy sunty.

toy/tooy/ (n) boomboly (wal ariir ky dheelasy).

trace/treys/ (v) 1. kob amy raad rahow, saang rahow. 2. helow (wal dhunsynaayi oo ly heli). 3. wal sheeghaw fal hor ing dhiyi.

track/trak/ (n) 1. saang, raad, kob. 2. jidky tariingky. 3. binaang tar-tyng. 4. raad amy kob rahow. 5. ku war haayow. **right track** (v) jidky toosyng. 6. hees ky duubyng CD amy ajalyd.

tractor/traktar/ (n) baabur hoog bathang lyngky tely gali iny jiithy makiinooyinky beero lyn-gky shaqeeyaw (agaf-agaf).

trade/treed/ (n) 1. tijaary (geddiis-ley). 2. mihny amy hirfy.

trademark/treyd mark/ (n) summud tijaary (summud bee'eshery).

trade union/treyd yunyon/ (n) urur amy kulung shaqaaly.

tradition/tradishan/ (n) dhaghyn laha shal dhahaly

traditional/tradishanal/ (adj) dhaghyn eh.

traditionally/tradishanali/ (adv) dhaghyn haang.

traffic/trafik/ (n) 1. dereerky baabur-ty. 2. tijaary haarang eh.

tragedy/traajedi/ (n) 1. musiiby. 2. masrahiyi murugheed.

tragic/trajik/ (adj) murug leh.

trail/treyl/ (v) 1. jiithow. 2. luuthow. (n) 3. tubaal. 4. bus amy uung wal dereeraw geeraw. 5. raad rahow.

trailer/treylar/ (n) 1. rimoor. 2. goo-goos filing dhowaang lis tusy doony.

train/treyn/ (n) 1. tariing. 2. fikrithy amy dha'dooying tahany eh. 3. shaariyow, tab barrow.

trainer/treynar/ (n) qof haywaanky amy dadky shaariyaw amy tab baraw.

traitor/treytor/ (n) kaa'ing (qof dal-shey kiyaaneyaw).

tranquil/trankwil/ (adj) deggyng, hasillyng.

transaction/transakshan/ (n) wal shal gathathow.

transfer (v) 1. beddelow. 2. wereejiy-ow. 3. tikit gaadid amy muwaasalaat kely lyky rahi kory.

transform (v) doorsoomow, is-bed-delow (qaab is-beddely).

transfusion/transfuushan/ (n) dhiig ky shibow.

transgress/trans gres/ (v) 1. had dhaafow. 2. heer jhibiyow.

transgression/trans greshan/ (n) 1. had dhaaf. 2. heer jhibis.

transit (n) 1. neebsy (meel geed-dyghy ky neebsythaw). 2. meel lyky dhahaw.

transition/transishan/ (n) shal ba (muddung lyng moothaw marhaly kely). *The transition from high school to college can be troumtic.*

transitional/transishanal/ (adj) lyky deeraw, lyky sughaw. *Transitional administration.*

translate/transleyt/ (v) laqbeeyow (tarjumow), af-naghow.

translation/transleyshan/ (n) laq-by, tarjamy.

translator/trans leytar/ (n) turju-maang.

transmit (v) gudbiyow, dirow.

transparent (adj) ku dhah araghow.

transparency/transparansi/ (n) aryg-mary (wal ku dhah arag).

transplant (v) tillaal.

transport (v) guuriyow (dad amy hooly rorow). 2. sheey meel koo qaathaw meel kely ky jeeyaw (gaadiid).

trap (n) 1. ay haywaanky lyky dabaw. 2. wal lyky sabymaw.

trash (n) qashyng.

travel (n) jirmaad.

trawler/trooler/ (n) markab jii-thaw shabaq lyky dabow malalaay.

tray/trey/ (n) sahang wiing oo fidsyng.

treacherous/trecharoos/ (adj) 1. kaa'ing. 2. katar.

tread/tred/ (v) 1. ky roogsyshy. 2. lughaayow.

treason/triisan/ (n) kaa'inul-wad-dang, jariimy waddaneed.

treasure/treshar/ (n) kaay (kansy).

treasury/treshari/ (n) wasiirka kaayty.

treat/triit/ (v) 1. ly dhaghymow. 2. marty-soorow. 3. daaweyow. 4. ku doothow (munaaqashy).

treatment/triitmant/ (n) 1. ly daaweyi. 2. galyn-saar. 3. dhaghaleyow. *This frajile box needs careful treatment.*

treaty/tritii/ (n) hellis (goony haang lamy dowly dhatiyo).

treble/trebal/ (n) seddy jibbaar.

tree/trii/ (n) geed.

trek (n) jirmaad dheer.

tremble/trembal/ (v) qerqerow, jereeyow.

tremendous/tremendas/ (adj) 1. yaab leh, ajaa'ib leh (haa'il eh). 2. eed ing wiing.

trench (n) howaal-geer (dhufeeys amy khandaq).

trend (n) 1. ittijaah. 2. moody.

trespass (v) 1. dhul-dathow galow (sakar heeryng galow). 2. had-guthubow (heer-jhibiyow).

trespasser/trespasser/ (n) qof dhul dathow gali.

trial/trayal/ (n) 1. golol-qaad. (n) 2. sherrybow.

triangle/traayangal/ (n) seddy-haglood.

triangular/trayangular/ (adj) seddy-hagloodly.

tribe/traayb/ (n) qabiil.

tribal/traaybal/ (adj) qabali.

tribute/tribiyut/ (n) abaal.

trick/trik/ (n) 1. tafaagny. 2. kiyaany.

tricky/triki/ (adj) kiyaany bathang.

trickle/trikal/ (v) 1. titifyghow. 2. tar-tiib ing dereerow.

trigger/trigar/ (n) booddy (meelly ayty ku furymaasy amy ku boothasy, saas oo kely bantuug-gy keebshey).

trim (v) 1. jherow. 2. totoosiyow. 3. nithaamiyow.

trip (n) 1. safar. 2. tariimby. 3. dhu-miyow (qof jidky luku dhumiyi).

triple/tripal/ (adj) seddy-jibbaar (seddy-laab), seddy goor siyaadiyow.

triplet/triplet/ (n) seddy mintaanod koosho.

tripod/traypod/ (n) seddy-lugaadly (gember seddy-lugaadly eh, amy shey kaamerydy lyky suru-miyaw).

triumph/trayamf/ (n) libyng, guul.

trivial/triviyal/ (n) wal ma'ni ing suubiyaany.

trod (v) ky roogsythow. 2. *tread* oo fal laha moothi eh.

trolly/troli/ (n) 1. baabuur koronty ky shaqeeyaw. 2. baabuur galgna lyky riyaw oo affar lughaat eh, dukkaame lahangky ethee-ghythaw.

troops/truups/ (n) askar (jeeysh).

trophy/trowfi/ (n) abaal-gud ly helaw marki lyky guuleeysitho tartyng. 2. ghaniimy lukuly heri marky odowky olshey jhaby.

tropics/trpiks/ (n) dhulky kaluulky eh ky dhow dhul-dhahaagy.

trot (n) shukaay.

trouble/tribal/ (n) 1. rabshy. 2. dhib.

trough/troof/ (n) suur (weel geed luku qoraw, haywaangky lyky waraabiyaw).

trout/trawt/ (n) malalaay weby amy biyi may.

trowel/trawal/ (n) bathiil.

truant/truwant/ (n) 1. dugsiilow dugsy ing gooyi. 2. iskool ku dhuumyshy.

truce/truus/ (n) ol qoboojiyow (hellis gaabyng oo olky shal heraw).

truck/trak/ (n) baabuur mug-wiing qaad eh.

trudge/traj/ (v) luuthow.

true/truu/ (adj) 1. rung eh. 2. sah eh. 3. dhab eh.

trumpet (n) aalat muusik.

truncheon/tranchan/ (n) bud (ul gaabyng buliisky ist'imaa-layaang)

trunk/trank/ (n) 1.geedy jiriddis. 2.

moroothy faantis. 3. waliinjy. 4. baabuurky waliinjythis amy san-duujhey.

trust/trast/ (n) aaming.

trustworthy/trastwerthi/ (adj) lang ly aaminy kory (lang aaming eh).

truth/truth/ (n) rung.

truthful/truthful/ (adj) runlow (beeng my sheeghy).

try/tray/ (v) 1. isky fiiri (tijaaby). 2. sherryb. 3. hukung.

tsar/zaar/ (n) koofar lynky weery jeri boghyrky Ruushky.

tub/tab/ (n) 1. weel biyi-qaad eh. 2. suur-qobooymy. *A bathtub*.

tubby/tabbi/ (adj) butac (qof gaa-bang waany kulus).

tuberculosis/tuberkyulowsis/ (n) urug.

tuck/tak/ (v) 1. haluuliyow. 2. ky ithow.

tuft/taft/ (n) hiring-ees eh amy ting (sithy baraar).

tug/tag/ (v) 2. hoog ing-siibow. 2. saydhowow.

tuition/tuwiishan/ (n) fedheesis (maal wal barashy liing biyaw)

tulip (n) nammuung fiid eh.

tumble/tambal/ (v) kuthaangkud.

tumbler/tamblar/ (n) bikeery.

tummy/tammi/ (n) olooly.

tumor (n) fing, bury amy barar katar eh. *Brain tumor*.

tundra/tandra/ (n) dhul simyng, geed-laang eh oo ky yaaly qaariddy Artika.

tuna (n) tuuny (nammuung malalaay, lyky helaw magnathy Indiya).

tune/tuun/ (n) talhiin (ed i muusiky lysky dhafy).

tunnel/tanal/ (n) 1. jid ly hoos maraw. 2. jid dhulky amy buuro hoos maraw.

turban/terban/ (n) duub wiing (imaamy eed ing dheer mathyghy lyky duubaw).

turbulence/terbylans/ (n) qas, kahyng, labyng.

turmoil/termooyl/ jehy wereer (wal isky qassymy).

turn/tern/ (v) 1. geddiyow. 2. beddelow. *Water turns into ice.* 3. diithow. *She turned down the offer.* (n) 4. kol. *It's your turn to do the dishes.*

turnip/ternap/ noo' qudaarty ku mid eh.

turquoise/terkoois/ (n) ma'dang qaal eh, muthubshey aghaar-buluug eh.

turtle/tertal/ (n) quby (diddiingbiyi).

tusk/task/ (n) faang moroothy.

tutor/tuutar/ (n) tab-bary, maallynggoony (maallyng kaas eh).

TV/tii vii/ (n) (abbr) telefisyoong (*television* oo laha gaabiyi)

twilight/tuwaaylaayt/ (n) if-gaabky ing dhahooyi iridhiingky i hamiingky.

twin (n) mintaany.

twist (v) 1. wereejiyow. 2. moroojiyow. 3. gothow.

twitch/twij/ (v) deddeg hang siibow.

tycoon/taykuun/ (n) tanaad.

type/tayp/ (n) 1. noo', nammuung. 2. huruufty daaba'aaddy, huruufty makiinythy.

typewriter/tay raytar/ (n) makiinythy wal abtuggy.

typhoon/tayfuun/ (n) debeel kaluul oo roob bathang wethyty.

typical/tibikal/ (adj) ly mid eh (mithaalshey).

tyrannosaurus/tayrenoseroos/ (n) bah-dughaag oo eed ing wiing ku mid eh bah-daynasoor.

tyrant/tayrant/ (n) haaking naaris ing lahaayny.

tyre/tayar/ (n) lu baabur (shag).

U

U,u/yuu/ harafky labaatung i koowaad oo farty Ingriisky.

ubiquitous/ubikwitas/ (adj) meel kasty rooghy.

udder/addar/ (n) laby (hubynty dheddighy haywaanky luku maalaw amy luku nuughaw).

UFO/yu ef oo/ (n) (abbr) hoorybuubty (kelmethy lahuku gaabiyi *unidentified flying object*).

ugly/agli/ (adj) suurud doryng.

U.K./yu keey/ (n) (abbr) maghaaghy dalky Ingriisky *United Kingdom* oo laha gaabiyi.

ulcer/alsar/ (n) bee, sithy beety gaastrikythy.

ultimate/altamit/ (adj) ingky dombooy

ultimatum/altameytam/ (n) digniing ingky dombooy eh (sithy marky ol ly galaw).

umbilical cord/ambiilikal kord/ (n) hathuung (uur ky jerky habky nafaqy ing helaw).

umbrella/ambrela/ (n) ir-geer amy iry-geer.

umpire/ampayar/ (n) haakingky tartymeethy (aarbitry).

U.N./yu en/ (n) (abbr) dalalky mithoowy amy toloowy. *United Nation* oo laha gaabiyi.

un/an/ (prefix) 1. ing haayny sithy *unequal* "jing ing haayny", *unlucky* "nassiib ing lahaayny". 2. tilmaang isky horjeed eh sithy *undo* "usku dhaaf" *unfasten* "suungky usku fur".

unable/aneybal/ (adj) tabar iniing hayny.

unaccountable/anakawntabal/ (adv) 1. lyng tiriyi korny. 2. lyng sheeghy korny.

unaccustomed/anakastamd/ (adj) lyng aadeysynny, lyniing barany.

unacquainted/anakweynted/ (ad) walby ungku gorythaany, walny ungku kassaany.

unanimous/yunanimas/ (adj) lysky wathy rahy. *A unanimous decision.*

unapproachable/anaprowjabal/ (adj) lyniing dhowaathy korny, lyniing galy korny.

unattractive/anatraktiv/ (adj) suu-rid ing lahaayny.

unauthorized/anothoraaysd/ (adj) lyng oggolaayny.

unavoidable/anavooydabal/ (adj) lyng dhaafy korny, my hu-raang eh.

unaware/anaweer/ (adj) ing oghaayny, lyng aghaayny.

unbalanced/anbaalanst/ (adj) 1. miir ing lahaayny. 2. kallay-syng (ing miisaamynaayny).

unbearable/anberabal/ (adj) lyniing adkaaysythy korny.

unbelievable/anbiliivabal/ (adj) agly ing galaany, ma'quul ing haayny.

uncalled-for/an-koold-for/ (adj) 1. sah ing haayny. 2. lyniing baahy-naayny.

uncanny/ankani/ (adj) wal lyly yaaby (gheyr aadi eh).

uncertain/ansertan/ (adj) lyng hubny.

uncle/ankal/ (n) etheer, abty.

Uncle Sam/ankal saam/ (n) (infl) Ameerika (koofar amy dhadha-jhis haang maghy lynky weeraw Ameerika).

Uncle Tom/ankal tom/ (n) (infl) eddaang isky-dhyky (midowky Ameerika oo isky dhidhikaw eddan-eddang, koofar lyky dhadhajhiyaw dadky mi-dow oo Ameerika).

unconscious/ankonshas/ (adj) 1. miir-beel. 2. suuhsyng

uncouth/ankuuth/ (adj) e:heb doryng.

uncover/ankavar/ (v) 1. dobool ku qaathow. 2. wal usub helow.

under/andar/ (adv) lessy, hoos.

undercarriage/andar karrij/ (n) lughy baabur-buuby.

underclothes/andar klowthis/ (n) taar-gally (lebbes karky ku hoos ly gallythaw) sithy matanty, funaany, rajabeety iwm.

undercover/andar kavar/ (adj) sir eh (hool sy sir eh lyng galaw).

underdog/andar dog/ (n) qof amy duul lyng maleeyaw in luku rooyaw.

underestimate/andar estameyt/ (v) liithow (yeraaysythow).

undergo/andargow/ (v) marrow (ha marrow dhib i dheef).

underground/andar grawnd/ (adj) dhulky hoostis (wal sir eh amy ly qariyaw).

undergrowth/andar growth/ (n) geed-hooseed (ees amy geethy yer yer oo ky dhah bahaayang geed wiwiingky dhatito.

underline/andar layn/ (v) hoos ku jiithow. 2. ky adkaayow amy edday-ow ahammiyaddy sheeyky leyi.

undermine/andar maayn/ (v) da'i-ifiyow (wal ing dhimow).

underneath/andar niith/ (n) lessy, hoos.

underpants/andarpants/ (n) matanty.

underprivileged/andar-privlijd/ (adj) 1. faghiir. 2. fursyd lyng diidaw.

understand/andarstand/ (v) gorythow, kasow.

understudy/andarstadi/ (n) attory barythaw qiib attory kely, si haddi lyng baahathy usy diyaar ing haathy.

undertake/andarteyk/ (v) ly wereegow mas'uuliyi.

underwater/andarwootar/ (adj) biyi hoostiyo.

undo/anduu/ (v) furrow shey suubsynaayi amy hirynaayi.

undress/Andres/ (v) dharaamiyow (karky ku dhikow).

undue/andyuu/ (adj) had-dhaaf eh (siyaady eh).

unearth/anerth/ (v) feleghow.

uneasy/aniisi/ (adj) wel-wel (murugsyng).

unemployed/anemplooyd/ (adj) hool laang eh.

unemployment/anemployment/ (n) shaqi laang.

unfold/anfold/ (v) 1. fithiyow. 2. tartiib tartiib ing faafow.

unfounded/anfaawnded/ (adj) beeng eh.

unicorn/yunikoon/ (n) haywaang feris ing nag hal gaas leyny leh.

uniform/yunifoom/ (n) 1. lebbes inis nag dadko isly qaathythaayang, sithy iskoolley amy askar. 2. (adj) isky sitho eh amy isbeddel ing lahaayny. *The sky was uniform gray.*

unify/yunifaay/ (v) mithooyow, tuloyow, toleeyow.

union/yunyan/ (n) urur (urur shaqaaly).

unique/yuniik/ (adj) 1. fariid (wal ly mid eh my leh). 2. aadi ing haayny.

unisex/uniseks/ (adj) meghel-bilaangly (shey lammathy jinsy isti'-maalayaang).

unison/yunisan/ (n) 1. kullysho (isly-jer). 2. hellis lyng dhogny.

unit/yunit/ (n) 1. sheli eh. 2. hal beeg (sithy mitirky i kiilythy)

unite/yunaayt/ (v) isly jerow (ul i diirshe naghythow)

universal/yuniversal/ (adj) aalami eh (wal saameyaw qof kasty amy shey kasty).

universe/yunivers/ (n) ifky.

university/yuniversiti/ (n) ja-ma'ad.

unkempt/ankempt/ (adj) qassyng, inysky toosynaayny.

unleaded/anleded/ (adj) bansiin led ing lahaayny.

unless/anles/ (conj) ilaa-i. *I'm not going unless you come too.*

unload/anlowd/ (v) furow (hamuul ku dijhiyow baaburky amy gurbigy iwm.).

unravel/anraval/ (v) furfurow (dung isky duduubynaayty shal biyowshe).

unruly/anruuli/ (adj) heer ku-bood, mathy-kakanaang.

unscathed/an-skeythid/ (adj) dhib ing-deerny.

unscrupulous/an-skrupalos/ (adj) sarriig-laang (lang ing shiihany).

unsightly/ansaytli/ (adj) suuruddoryng.

untie/antay/ (v) wal ing-dhuugsynaayny.

until/antil/ (prep) ilaa-i.

unusual/anyushwal/ (adj) aathi inghaayny.

unwieldy/anwiidli/ (adj) qaabdoryng.

unwind/anwaynd/ (v) 1. furfurow. 2. neebsythow.

unwrap/anrap/ (v) furfurow (duub ku qaadow).

up/ap/ (adv) kor.

upbringing/ap-bringing/ (n) koris (barbaaris).

update/apdeyt/ (v) wakty ly-dereer-siyow (roojiyow).

upheaval/aphiival/ (n) isbeddel hung (sithy ingqilaab).

uphill/aphil/ (adv) korongkory.

upholstery/apholstari/ (v) sa-naathy dhoor-giliyowky (ku-rsy foothary amy isbuugny lyky suubiyi).

upkeep/apkiip/ (n) hanaany, galang ky-haay (siyaany).

upper/apar/ (adj) kor eh.

upright/aprayt/ (adj) 1. qummyng. 2. lillahi eh.

uprising/apraysing/ (n) mudaa-haraad.

uproar/aproor/ (n) bulaang (qay-ly)

upset/apset/ (n) 1. olooly-hummy. (adj) 2. murugsyng.

upside down/apsayd dawn/ (adv) gembiisyng, gedgeddy.

uptight/aptayt/ (adj) murugsyng.

up-to-date/ap-tu-deyt/ (adj) warki ingky dombooyi (waqtyghy ly dereeriyow).

uranium/yureyniyum/ (n) urani-yum (ma'dangky yureniyum oo luku helaw tabarty atoo-mikathy).

urban/erban/ (adj) beled.

urbane/erbeyn/ (adj) reer beled.

urge/erj/ (v) 1. ky qalqaaliyow, dhiir-rygiliyow. 2. farow (ing-shee-gow). 3. fathow.

urgent/ergent/ (adj) deddeg eh.

urine/yurin/ (n) kaathy.

USA/yu-es-ey/ (abbr) Ameerika. *United States of America* oo laha gaabiyi.

usage/yusej/ (n) sithy wal lyng etheegsythaw.

use/yuus/ (v) 1. etheegsythow. 2. isti'maalow.

used/yuusd/ (adj) geleng eh, duug eh (ly-ist'maali).

used to/yuusd-tu/ (adj) ing-barythy (aadeysithy).

useful/yuusful/ (adj) wal tar leh.

useless/yuusless/ (adj) wal tar ing-lahayny (wal my tary).

user/yusar/ (n) etheeghythy.

user-friendly/yuusar-frendli/ (adj) fehemow i etheegsythow sehlyng.

usher/ashar/ (n) qofky qaabilsyng dad ha dhowaayow i fedheesiyow.

usual/yushwal/ (adj) aady.

usually/yushwali/ (adv) aady eh.

utensil/yuutensal/ (n) maa'uun (aghal hung-gury i dhamowi

utter/attar/ (adj) kaamil eh (dhomaang). *There was utter silence.* (v) 2. errow amy sheeghow. *She uttered a sigh of relief.*

U-turn/yu-tarn/ (n) laabymow sithy haryfky yuuthy (U) ing-nag, si baaburky ingky jeesithy meelli ku kooyi.

V

V,v/vii/ harafky labaatung i lam-maad oo farty Ingriisky.

vacant/veykant/ (adj) binaang (shaqy meel ku binaw).

vacate/vekeyt/ (v) binaayow (fi-raaqeyow, sithy ming luku bahy).

vacation/vakeyshan/ (n) aftah amy neebsyshy (fasah).

vaccinate/vakseneyt/ (v) tillaalow.

vacuum/vaakyum/ (n) 1. howy-laang (meel howy i gaas ing-lahaayny). 2. aalat lyky nathi-ifiyaw kaarbetky oo koronty ky shaqeeyasy.

vacuum cleaner/vaakyum kliinar/ (n) aaladdy nathiifysky oo korynty ky shaqeeyasy.

vagina/vejayna/ (n) shitty (meelly bilaanty ku dhalaasy amy meghylky ku isti'maalaw).

vague/veyg/ (adj) ing eddaayny, mogdy ky jery.

vagueness/veygness/ (n) mogdy eh.

vain/veyn/ (adj) 1. is mejjerrythow, is ajibiyow (is-jeelathow). 2. fashal (taab shiidly).

vale/veyl/ (n) bohol (waady).

valentine/vaalentaayn/ (n) 1. gashaang. 2. kartolliiny lyng diraw withaay amy gashaang gee ly hussaw *St. Valantine* oo ky toosyng billy Febraayo 14. *St. Valantine's Day*.

valiant/vaalyant/ (adj) geessy.

valid/valid/ (adj) 1. ansah eh, binaaw. 2. heerky waafaqsyng.

valley/vaali/ (n) meel hooseyto buury ing-dhahooyty, bathynaa webi maraw.

valuable/vaalyuabal/ (adj) qiimy bathang leh.

valuables/vaalyuables/ (n) alaab qaal eh.

value/vaalyuu/ (n) 1. faa'idithy shey leyi. *His experience is of great value to the company*. 2. qiimothy shey ky fidhiyi amy roogy. *The jewels have a value of over $6 million*.

valve/vaalv/ (n) aalat kontroolasy dereerky sa'ilky (qulqulky), debeelly i gaasky, oo oggo-laadasy ing jehedo ley ing-dereerang.

vampire/vaampayar/ (n) hethy (mijid hamiingky qabrygy ha ku bahaw, dadky dhiiggy ku nuughaw).

van/vaan/ (n) baabuur yer oo gebaanggebyng.

vandal/vandal/ (n) lang maag wal ing jhyjhybiyaw.

vanilla (n) shey lyky daraw jel-laatythty.

vanish/vanish/ (v) dhub-erow.

vanity/vaaniti/ (n) is-mejjeryshy.

vanquish/vaankwish/ (v) jhibiyow (ku rooyow).

vapor/veypar/ (n) uung-biyi (bu-khaar).

variable/vaariyabal/ (adj) isbebe-ddelaw.

varied/veriyed/ (adj) shal na-muung eh.

variety/varaayety/ (n) sheeyyaal shal geddiising. *The store sells variety of toys*. 2. hal nammuung. *A variety of aple*.

various/vaariyas/ (adj) sha-shal eh.

varnish (n) warniish amy asal (wal aghal-geed lyky assalaw amy liinky dhaaysiyaw).

vary/vaari/ (v) 1. shal geddiisyng. 2. shal eh.

vase/veys/ (n) kuud-fiitheed.

vast/vast/ (adj) billeeryng (eed ing-bathang).

vat/vaat/ (n) haang wiing (jiiri-gaang).

vault/volt/ (v) 1. ul ky-boothow. (n) 2. gondoob kaay eh. 3. ming dhulky hoostis ky yaaly, lyky duughaw dad muhim eh.

VCR/vii sii aar/ (n) (abbr) laha ku gaabiyi *Videocassette Recorder*, oo eh Rikoor ii Fidiyo isky-jery.

VDU/vii dii yuu/ (n) (abbr) laha ku gaabiyi *Visual Display Unit*, oo eh shaashyd luku fiirsythow ma'lu-umaat kompiyuutar ha gudbiyaw.

veal/viil/ (n) so-weelgni (weel sojhe).

veer/viir/ (v) jehy-beddelow deddeg eh.

vegan/vegan/ (n) qof ing-aamany shey haywaang ha ku jeedy.

vegetable/vejatabal/ (n) quthaar.

vegetarian/vegeteeriyan/ (adj) quthaar aamy (qof so ku aaggyng).

vegetation/vejateyshan/ (n) gee-thy.

vehicle/vihakal/ (n) baabuur amy fattury.

veil/veyl/ (n) 1. shukky. 2. hijaab (dobool).

vein/veyn/ (n) 1. hididky dhiiggy jeeyaw wennaathy.

velvet (n) kar ber-islaang eh.

vendetta (n) is-neebaang (olaad taariikhi eh).

vending machine (n) makiiny wal luku gathythaw.

veneer/vaniir/ (n) wal kor ku suu-rud bathang.

vengeance/venjans/ (n) aargudy-shy.

venison/venasan/ (n) so-dardiired.

venom/viinam/ (n) 1. waabay, mari-id. 2. othow.

vent (n) meel bogsyng oo debeel haku galaasy.

ventilate/ventaleyt/ (v) babiyow, debeeliyow, afuufow.

venture/venjar/ (n) bakty-nassiib (biimy).

venue/venyu/ (n) meel lyky mathylaw.

veranda (n) gamaas.

verb (n) fal (fi'il).

verbal (adj) wal af-luku sheeghi (wal ing-qorynaayny).

verdict/verdict/ (n) 1. hukung. 2. qof ra'ishey.

verge/verj/ (n) qer ing-roogow (ky sighythow).

versatile/versatayl/ (adj) si shal eh liing etheegsythy-kory. A versatile tool.

verse/vers/ (n) 1. beyd (goby amy hees). 2. aayid (aayid quraang).

vernacular/varnakyular/ (n) lah y.

version/vershan/ (n) sheegtal (war shal geddiisyng), riwaayi (sithy qof war unku biyaw haajy).

versus/versas/ (prep) haku-horjeedy, lid ky eh. The final game was Atlanta versus Seattle.

vertebra (n) laf sarareed.

vertebrate/vertabrit/ (adj) hay-waangky sararty leh (sithy naasleeythy, shimbirty iwm).

vertical/vertical/ (adj) teegyng, toosyng, qummyng.

vessel/vesal/ (n) markab amy doong. 2. weel (sithy bikeery, jelmed iwm).

vest (n) jaaky galgni gaab eh oo jaakythy luku hoos gallythaw.

veteran (n) 1. lang kibry leh. 2. qof muddung bathang askar haayi.

veterinary/vetarineri/ (adj) daa-wathy hoola.

veto/viitow/ (n) diidmy mal-ha-kunaghyt eh.

vex/veks/ (n) dhibow (ku dhirifsiyow).

via/iiya/ (prep) jidjhe eyi (biwaa-sitah).

viable/vayable/ (adj) wal suury gal eh (wal ansahaw).

vibrate/vaybreyt/ (v) gariirow, jiljilow.

vicar/vikar/ (n) 1. wakiil. 2. crajy withaad ee kaniisythy Ingri-sky.

vice/vays/ (n) 1. eeb, fesaad (aady hung). 2. ky higy. Vice-president.

vice versa/vays versa/ (adj) aksyjhy ly-mid-eh. (sithy kely). I needed his help and vice versa = he needed mine.

vicinity/visiniti/ (n) dhiniya, nawaahi (agagaar).

vicious/vishas/ (adj) sherly, naaris laawy eh.

victim/viktam/ (n) dhibbyny.
victor/viktar/ (n) libyngly, guully.
victory/viktori/ (n) libyng (guul).
video/vidyow/ (adj) fidiyow.
videotape/vidiyow teyp/ (n) ajal-fidiyow eh.
vie/vay/ (v) tartyng. (loollyng).
view/vyuu/ (n) ra'yi. *What are your views*. 2. muughaal. *A wonderful view of the sea.*
viewer/vyuwar/ (n) fiirsythy (qo-fky wala fiirsythaw)
vigilant/vijalant/ (adj) digtoong.
vigor/vigar/ (n) tabar, hoog.
vigorous/vigaras/ (adj) hoog leh.
vile/vayal/ (adj) kiraahiyi.
villa (n) ming meel goony eh ky yaaly jardiiny leh.
village/vilij/ (n) gereery, uddur.
villain/vilan/ (n) qof amal hung.
vindictive/vindiktive/ (adj) aarsy-thy (aarguthythaw).
vine/vayn/ (n) geed saar-saarky inabky ky bahaw.
vinegar/vinegar/ (n) khal, finigar.
vineyard/vineyard/ (n) beer-inab.
vintage/vintij/ (n) 1. kamrygy sinny goony eh ly suubiyi (kamry kaas eh). 2. wal amyng hory ly suubiyi.
vinyl/vaynal/ (n) blaastik kakyng.
viola/viyola/ (n) kitaar (gitaar).
violent/vayalant/ (adj) rabshy leh.
VIP/vi aay pii/ (abbr) (n) qof eed muhim ing-eh, way la-ha ku-gaabiyey *Very Iimportant Person.*
virgin/verjin/ (n) 1. bikry. 2. ughub.
virtually/verjuali/ (adj) sithy dhabty eh.
virtue/verju/ (n) sammaang (fally amy fadly).
virus/vayras/ (n) jermi oo bushy hung sheenaw.
visa/visa/ (n) fiisy.
vise/vays/ (n) aalat sheyghy kiing hayasy inty athy ky shaqee-yasy.

visible/visabal/ (adj) ly aragy kory.
vision/vishan/ (n) 1. aryg. 2. hillimy. 3. lang meel dheer wal ku araghaw.
visionary/vishaneri/ (adj) kiyaaly eh.
visit (v) siyaary, salaang, qaraaby salaang.
visor/vaysar/ (n) wal hindho iriithy ku geeraw.
visual/vishuwal/ (adj) wal aryg ky saabsyng.
visualize/vishuwalayz/ (v) musa-wirythow aqliyeed, maanky ky haayow.
vital/vaytal/ (adj) laantiyo lyng lahaayny, mal-kumaarmaang eh (asaasi eh), muhim eh.
vitality/vaytaliti/ (n) nashaad leh.
vitamin/vaytamin/ (n) fiitamiin.
vivid (adv) bayaang (waadih eh)
vivisection/vivisekshan/ (n) hay-waang nool oo ilmy barashy liing etheegsythaw.
vixen/viksan/ (n) dowy dheddy eh.
vocabulary/vookaabyuleri/ (n) mufradaad.
vocal/vookal/ (adj) ed ly-hariiry.
vocalist/vookalist/ (n) heesy.
vocation/vookeyshan/ (n) sanaa (hirfy).
vogue/vowg/ (n) moody.
voice/voys/ (n) ed.
void/voyd/ (n) eber eh (faaruq eh). 2. burow (wal ansah ing hayny), wal jey ing haayny.
volcano/volkeyno/ (n) butaang-buur (buur qarathy kaluul dhatty kuky jey dartiis).
volley/voli/ (n) boloonigy oo ly dhowo inti dhulky ing-dhiiny (goony hang, tennis, voli amy boloonigy luty).
volleyball/volibol/ (n) volibool, boloonyghy bithaw (boloony luku bootiyaw shabag).

volt/vowlt/ (n) ibbir-koronty.

voltage/vowltij/ (n) ibbirky tabarty korontythy.

volume/volyam/ (n) 1. mug. *What is the volume of the gas tank?* 2. jus (book wiing jusus leh). 3. darajythy edky (ed gaabyng amy dheer).

voluntary/volanteri/ (adj) aktiyaarka wal ing-weelow.

volunteer/volantiir/ (v) iska wal ingqobsoy. (n) volunteer.

vomit (v) mandahow.

vote/vowt/ (v) woot, ed-biyow.

voucher/vawjar/ (n) haanshy beesy hang liing isti'maalaw.

vow/vaw/ (n) nethyr, ballyng, dhaar.

vowel/vawal/ (n) shaghal (shaghalky abjadky).

voyage/voyij/ (n) jirmaad-maagny.

vulgar/valgar/ (adj) etheb-dorry eh (iyaal-suuqnymy eh).

vulnerable/valnarabal/ (adj) bayly eh.

vulture/valjar/ (n) heed ('oomaadi).

vulva/valva/ (n) shitty (farjy)

W

W,w/dabalyuu/ harafky labaatung i seddehaad oo farty Ingriisky.

waddle/wodal/ (v) ga-gaaddiyow.

wade/weyd/ (v) biyi dha-qaathow (biyi ky-dha-dereerow).

waffle/wofal/ (n) muufy wal may kor ku fuulang.

wag/waag/ (v) dub-ruhow (dabydhagaajhiyowky eeyky).

wage/weyj/ (v) 1. wethow. 2. ku qiibgalow. 3. ol qaathow amy ol wethow.

wages/weyjis/ (n) (pl) misheer.

waggle/waagal/ (v) ruhow, dhadhagaajhiyow.

wagon/wagan/ (n) baabur kor ku furyng.

wail/weyl/ (v) boroor, boroorythow.

waist/weyst/ (n) dhatty, moho.

wait/weyt/ (v) sughow.

waiter/weytar/ (n) kabalyeeri.

waitress/weytras/ (n) kabal-yeeri bilaang eh.

wake/weyk/ (v) kahow, baraarughow.

walk/wok/ (v) dereer.

wall/wol/ (n) derby, bood.

wallet/wolat/ (n) qalqal-jeeb (goony haang kang meghylky).

wallow/wolow/ (v) gelyngellothow.

walnut/wolnat/ (n) noo' loos ku mid eh.

walrus/wolras/ (n) morrothy-maagny.

waltz/woltz/ (n) noo' dheel ku mid eh.

wand (n) serby sihirooly isti'maalaw.

wander/wonder/ (n) weweree-ghow (dhumow).

wane/weyn/ (v) yeraathow, shuughow, gaabithow. *The moon is waning.*

wangle/waangal/ (v) tafaagny (wal maghuufnymy lyky heli).

want (v) fathow.

wanted/wanted/ (adj) ly-weydiyaw (qof boliis dedeyaw).

war/woor/ (n) ol, harby.

ward/word/ (n) 1. qol-isbitaal 2. haafyd 3. unug ly-nool reer ingdhalny.

warden/woordan/ (n) mahaabisilaaliyi.

ward off/word-of/ (v) is bedbaathiyow (wal usku reebow).

wardrobe/woordrowb/ (n) armaajy.

warehouse/weer-haws/ (n) maqa-asyng.

warm/worm/ (adj) 1. diirryng. 2. ky-diirsythow. 3. naaris-leh.

warmth/woormth/ (n) fardiir (qanda').

warn/worn/ (v) ing-dighow (ku efeefythow).

warp/woorp/ (v) kathuuthithow.

warrant/woorant/ (n) aymis, garan-siyi.

warrior/wooriyar/ (n) olly, harbiily.

wart/woort/ (n) bury, hoghor.

wary/weeri/ (n) is-jer (tahaddir).

wash/woosh/ (v) dhighow, dhadhi-ighow.

washer/wooshar/ (n) qassalyd.

washing/wooshing/ (n) wal dhigh-ow ing-baahyng, amy ly-dhighy.

wash up/woosh ap/ (v) dhidhigh-ythow (wijji i galgni ha dhigh-ythow). *Wash up before dinner.*

wasp/woosp/ (n) soor, hoong qani-ing.

waste/weyst/ (n) 1. kassaary 2. qashyng.

wasteful/weystful/ (adj) wal ing taraany.

watch/wooch/ (v) 1. fiiriyow. 2. ilaaliyow. (n) 3. sa'ad.

water/wootar/ (n) 1. biyi (v) 2. waraabbiyow. 3. biyooyow.

watercolor/wootar-kalar/ (n) biyi-rinjy (biyi rinjy lyky qassy), muthub-biyi.

waterfall/wootar-fool/ (n) biyi-dhi-imy, biyi-sholoolyb.

waterlogged/wootar-logged/ (adj) radsyng.

watermark/wootar-maark/ (n) sumud-biyi.

watermelon/wootar-melan/ (n) qary.

waterproof/wootar-pruuf/ (adj) biyi-geer. *A waterproof jacket.*

watertight/wootar-tayt/ (adj) biyi-reeb.

waterwheel/wootar-wiyel/ (n) ger-aang-ger biyi werejiyaayang si motoorky ing-kahy.

watt/wat/ (n) muggy korontythy.

wave/weyv/ (v) 1. galang-heethiy-ow. (n) 2. hir.

wavelength/weyv-length/ (n) dhi-irirky mawjyddy, hirky dhiiryr-shey.

waver/weyvar/ (v) 1. shakiyow, lammy-lammaayow. 2. is bebed-delow. 3. jereeyow, gariirow.

wax/waaks/ (n) 1. wal jiffy ing-bathang luku suubiyaw shuma'. 2. dhukaay.

way/wey/ (n) 1. jid. 2. jehy. 3. dheer (massaafy). *Australia is a long way from the United States.*

weak/wiik/ (adj) tabar-doryng (hoog ing lahaayny).

weakling/wiikling/ (n) hunfaar.

wealth/welth/ (n) han, maal, hanty (hooly shal eh nool i moot).

wealthy/welthi/ (adj) tanaad, taajir.

wean/win/ (v) naas-ku-gooyow.

weapon/wepan/ (n) salab (aarmy, hub, silah).

wear/wer/ (v) 1. kar-qaathyshy, gundyshy. 2. dhammaashy.

weary/wiri/ (adj) nooggyng.

weather/wethar/ (n) jawwy, howy.

weave/wiiv/ (v) 1. kar-dhowow. 2. dambiil amy deryng dhowow. 3. sheeky allifow.

web (n) ming-shabyg, shabag-'ary, ming aary-aary.

wedding/weding/ (n) oroos.

Wednesday/wensdeey/ (n) Arbaa.

weed/wiid/ (n) jhaang (eesky beero luku falaw).

week/wiik/ (n) jimaa, tothobaad (tothoby gee).

weekend/wiik end/ (n) jimaassy.

weep/wiip/ (v) boor (ooytyng).

weigh/weey/ (v) miisaang, ulees.

weight/weeyt/ (n) ulus.

weird/wiird/ (adj) ajiib, aathi ing haayny.

welcome/welkam/ (v) ha dhowaa- yow. *We were welcomed at door.*

welcome to/welkam tu/ (adj) ing oggolaathow. *You are welcome to join us.*

weld (v) alhamow, kabow.

welfare/welfer/ (n) 1. noolal feyly farhad leh. (n) 2. shab amy dhoorty ly siyaw dad ha kiinany.

well (n) 1. eel. (adv) 2. feyly amy eed. *I don't know him well.* (adj) 3. fiyaaw.

well-balnced/wel-baalanct/ (adj) miisaamyng

well-being/wel-biiyin/ (n) eed ing feyly.

well-done/wel-dan/ (adj) eed lyng kariyi, eed lyng suubiyi.

well-known/wel-nown/ (adj) ma- ghy leh, eed lyng kassaw.

well-off (adj) tanaad eh.

went (v) *go*, oo fal laha moothi eh.

wept (v) *weep*, oo fal laha moothi eh.

were/war/ (v) *be*, oo fal laha moothi eh.

we're/wir/ *we are*, o laha gaabiyi.

west (n) orsy (irydhiimy). **The West** Yurub i Waaqo Ameerika.

western/western/ (adj) orsy heje (aathy amy dhaghyng reer Yurub i Waaqo Ameerika).

wet (adj) quuying.

we've/wiiv/ *we have*, oo laha gaabiyi

whale/weyl/ (n) huut (neberi).

whaling/weylin/ (n) huut-geethow (huut dabythow).

wharf/woorf/ (n) furdy.

what/wat/ (pron) maay.

whatever/wat-eva/ (adj, pron) wal kasty, ebydshe. *Whatever he may say, I still don't believe him.*

wheat/wiit/ (n) qamadi.

wheel/wiiyl/ (n) geraangger.

wheelbarrow/wiiyl-baarow/ (n) baabur-galmeed, gaary-galang.

wheelchair/wiiyl-char/ (n) gember- lugeed.

wheeze/wiiz/ (v) neeftuur.

when/wen/ (adv, conj) emeew.

whenever/wen evar/ (adv) mar kasty.

where/wear/ (pron) inte, meelme.

whereas/wear aaz/ (conj) inkasty. *Fatima is blonde, whereas I've got dark hair.*

wherever/wear evar/ (adv) meel- kasty.

whether/wethar/ (conj) haddi. *I don't mind whether you come or not.*

which/wij/ (pron) ke amy sheeyke?. Which flavor do you want?

whichever/wij-evar/ (pron) ki kasty.

while/waayl/ (n) 1. inty, marky. *Did anyone phone while I was away?* 2. inkasty.

whim/wim/ (n) 1. dhamy amy howy (wal niyiddy luku jeely) 2. yoow masqang beddelow.

whimper/wimpar/ (v) jibeethow.

whine/weyn/ (v) owaad.

whip/wip/ (n) 1. jheethyl 2. dhowow (ukun dhowow). 3. dedeg ing darahow.

whirl/warl/ (v) wereejiyow.

whirlpool/warl-puul/ (n) warey- warey wereegythaasy.

whirlwind/warl-wind/ (n) daluuliyi.

whisk/wisk/ (n) hurbung.

whisky/wiski/ (n) kamry hoog amy kaluul bathang.

whisper/wispar/ (v) kushug.

whistle/wisal/ (n) 1. foory 2. fyrimby.

white/wayt/ (adj) ed (muthub ed).

whiz, whizz/wiz/ (v) deddeg ing darahow ed weheliyo.

who/huu/ (pron) eeyu (lang-keewu).

whoever/huu-evar/ (pron) lang-kasty.

whole/hool/ (adj) kulli (yoo-dhong). *Tell me the whole story.*

wholly/hooli/ (adv) kullysho, dhommaantiyo.

wholesale/hool-sel/ (n) jumly.

whom/huum/ (pron) eeyu, ay haayi.

whooping cough/huuping koof/ (n) hiigly (hiig-dheer).

whose/huuz/ (pron) ay leh (eeyu).

why/waay/ (adv) maay, sabab (mayweeley).

wick/wik/ (n) fathiil.

wicked/wiked/ (adj) lang dor (qof eed ing amal hung).

wide/waayd/ (adj) billeeryng, fidsyng (waasa' eh).

widely/waaydli/ (adv) meel kasty.

widespread/wayd spred/ (adj) faafy (meel bathang deeri).

widow (n) bilaang hartishe dhimythy, harty kelyny ing qaathyny.

widower/widower/ (n) lang habyrtiis dhimyty, to kelyny ing qaathyny.

width (n) billeer.

wife/wayf/ (n) habar.

wig (n) ting faalsy eh (baaruuky).

wiggle/wigal/ (v) shagshaghow (ruhow).

wild/wayld/ (adj) 1. hooly shaar ing haayny. 2. dhirif amy maqsuudnimy siyaady eh. 3. arryng galang ku baty, hoolynymy. 4. duur.

wilderness/wildarnes/ (n) eghyng (meel nolal ing jerny).

wildlife/wayld-layf/ (n) duur ky nool geethy i hoolyby.

will (v) 1. fal dhiyi doony. (n) 2. raji (tamanny, fathowky qofky). *She has the will to win.* 3. derdaar (ing derdaarryng).

willing (adj) fathaw.

willow (n) geed-ooyi.

willy-nilly (adv) diida my diidne (diida my diidne diinow hartyghaawu).

wily/wayli/ (adj) maghuuf eh.

win (v) libyng, guul, liibanow (rooyow).

winner/winar/ qofky libynty rati, guuleeysythy.

winch (n) makiiny wal lyky usaw.

wind (n) 1. hanfar (debeel). (v) 2. lallaab (duubow). 3. moroojiyow.

windy/windi/ (adj) debeel ba-thang, hanfar leh.

window (n) dariishy, shubbaaky.

windpipe/wind-paype/ (n) dhuunty hung-guryghy maraw inty oloolathy ing deerny. dhuunty ing dhahooyty afky i sambabky.

windshield/wind-shild/ (n) muraayi horaadky baaburky.

wine/wayn/ (n) kamrighy muthubky leh.

wing (n) 1.garab, baal, sithy baalky shimbirty amy dayuurathy. 2. gondoob amy qiib mingky ku mid eh. 3. gondoob masrah (meely attooriyaalky haku bahaayang).

wink (v) il-gurrub, il-jhibys.

winter/winter/ (n) jiilal.

wipe/wayp/ (v) maruubiyow, tirtirow.

wire/wayar/ (n) fiily.

wisdom (n) hikmy.

wisdom tooth/wisdom-tuuth/ (n) gooy agly.

wise/ways/ (adj) 1. reeghay. 2. aaqil eh (aqly bathang).

wish (v) fathow, hemmy, rajjy.

wit (n) fariid eh, agly bathang.

witch (n) naagty wal sihiraasy (sahi-rad)

witchcraft/wich-kraft/ (n) faal, sihir.

with (prep) 1. weheliyi. *I walk to school with my sister.* 2. etheegsythow. *Cut it with a knife.* 3. sabab. *He was shaking with fear.*

withdraw/with-droo/ (v) insihaab, gethaal ing guurow, ku bahow.

withdrawal/with-droowal/ (n) ly bahow, ly naghythow. *I withdrew $20 from my bank account.*

wither/withar/ (v) dherow, enjeghow ba'dyshe dhimythow. *The plant withered in the hot sun.*

withhold (v) ku haayow, indiithow.

within (adj) dhatiyo.

without/withawt/ (prep) laantiyo, laantiye.

witness (n) maryg, markaaty.

witty (adj) lang hikmit leh.

wizard (n) faaldhow.

wobble/wobbal/ (v) duulduulow.

woe/wow/ (n) bilaayi, helaak.

wolf/wulf/ (n) eey jhaf, eey-duur.

woman (n) bilaang, hangraab (dheddighy ibny Eeddyngky).

womb/wuum/ (n) ilmy-galeeng, ming.

wonder/wander/ (v) yaab.

wonderful/wonderful/ (adj) eed ing feyly (ajiib eh).

wood/wuud/ (n) 1. billeybaar, dethyb (alwaax). 2. duur.

wool/wuul/ (n) suuf.

word (n) kelmet (erey).

work (n) 1. hool, shaqy. 2. musawir, kutaab, kunsheerty, iwm. 3. goob shaqy (v) 4. jineestiky 5. hoogsythow.

work out/work awt/ (v) halliyow, natiijy ku deerow.

worker/worker/ (n) shaqaaly.

working class/werkin klaas/ (n) dabaqqathy muruq-maalky əh.

workman/werkman/ (n) muruq-maal.

workshop/workshop/ (n) masna', warshyd.

world (n) ifky, adduugnky, uungky.

worldwide/woldwayd/ (adj) ifky-dhong, adduunky-dhong.

worm (n) hisjhy, lulung.

worn out/worn-awt/ (adj) dham-maathy, doghoowi.

worry (n) welwel.

worse/woors/ (adj) ku hung.

worship (n) waag-tuug.

worst (adj) ingky hung.

worth (adj) istaahil. *This ring is worth thousands of dollars.* 2. ky dh_iriy-ow. *The museum is worth a visit.*

worthless/werthlis/ (adj) qiimv ing lahaayny, ma'ny in lahaayny.

wound/wund/ (n) dheeby.

wove/woov/ (v) *weave* oo fal laha moothi eh.

wrap (v) duubow.

wrath/rath/ (n) dhirif siyaathy eh.

wreath/riith/ (n) totoomy fiid eh, hirmy fiid eh.

wreck/rek/ (n) markab-jhab (markab maagny ky jhajhaby).

wreckage/rekej/ (n) jhabyt, dudung.

wrench/rench/ (n) kiyaaby (ɛalat kakyng lyky furaw musmaar wywiinky amy wiinyaalky)

wrestle/resal/ (v) legdymow.

wrestling/resalin/ (n) legdyng.

wretched/reched/ (adj) hantii: eh, faghiir amy maskiing eh.

wriggle/rigal/ (v) jiljilow, jejeesithow. *The snake wriggled through the bush.*

wring/ring/ (v) marmar, majhuujhis.

wrinkle/rinkal/ (n) marmar reeb, kadkathuud.

wrist/rist/ (n) shalbatoothy galanty i
  dhudhungky.
write/rayt/ (v) dhikow, abtughow.
writhe/rayth/ (v) rafythow, wilyby
  marki meel ky dhuuriyaasy.
wrong/rong/ (adj) 1. qalyt, gef. 2.
  hummaang. 3. fal hung.
wrung/rang/ (v) *wring*, oo fal laha
  moothi eh.

X

X,x/ekis/ harafky labaatung i
  affaraad oo farty Ingriisky.
Xmas/krismas/ *Christmas* oo la ha
  gaabiyi.
xenophobia/zenofobiya/ (n) nee-
  bang amy kahad ajnaby.
xerox/ziroks/ (n) footo-kooby 2.
  aalyddy footokoobiyaaghy.
x-rated/ekis-reyted/ (adj) filyng ariir
  ing fiirsythy korny (filyng
  fiirsyshhothis ku reebbynty qof
  ing tabargalny)
x-ray/ekis-ray/ (n) raajy.

Y

Y,y/waay/ harafky labaatung i shan-
  naad oo farty Ingriisky.
yacht/yat/ (n) doong shiraa'ly eh.
yak/yak/ (n) duby-gessy (duby loo
  gessy amy loo gessy lab eh).
yam/yam/ (n) bataaty may.
yank (v) saydhythow, hoog hang
  feethow.
Yankee/yankii/ (ifl) (n) koofar lynky
  weerijeri Amerikaangky deghaw

Waaqo USA (dadky ed
  deghaayang Waaqo Amerika).
  Yankee go home!
yap (v) eed ing qayliyow sithy eeyky.
yard (n) 1. waar (yaardi). 2. bedky
  ruungky.
yarn (n) 1. liilyng. 2. sheeky eed in
  dheer waany luku babathiyi
yawn/yon/ (n) hammaansy.
year/yeer/ (n) 1. sinny, gu. 2. inty
  dhulky ky wereeghy kory iriithy,
  qiyaas 365 gee.
yearly/yeerli/ (adj) sinnidly. *A yearly
  conference.*
yearn/yearn/ (v) jibsiiny. *She yearned
  to see her children again.*
yeast/yiist/ (n) qamiir. *That bread is
  rising too much; you've put too
  much yeast in it.*
yell (v) qayliyow.
yellow (n) huruud, jaally
  (muthubky liimothy amy ukunty
  huruudshe).
yen (n) beesothy Japaanky.
yes/yes/ (inter) ha, fariid, haatoy.
yesterday/yestardeey/ (adv) sheley.
yet (adv) 1. wily. *He asked for yet more
  money.* (conj) 2. laaking.
yield/yield/ (v) 1. is dhiibow,
  oggolaathow. 2. mery dhalow.
  *How much milk does that herd of
  cows yield?*
yoga (n) dhydhiinsyshy korky i
  masqaantiby dijhiyaasi, haku
  jeeddy falsafithy i dhaghyngky
  Indiya.
yogurt/yogurt/ (n) eethyg, wang
  fidhy (wang ruhow deerty)
yoke/yok/ (n) moddynnimy.
you/yu/ (pron) athy.
young/yang/ (aqdj) ariir, barbaar,
  de'y yer.
youngster/yaangesta/ (n) de' yer
  (qof gu yer).

your/yoor/ (pron) kiika, kiikany.
yours/yoorz/ (pron) walaagha
youth/youth/ (n) barbaar, de'y yerty.
yule/yuul/ (n) iid gaaly, dabshid gaaly (iid gaaly oo dab ly shithaw lahaky towaw dhalyshythi naby Iissy).

Z

Z,z/zee amy zet/ harafky labaatung i lihaad oo farty Ingriisky.
zany/zani/ (adj) dhokot (qof usku kokkoothaw sheleethis).
zeal/ziil/ (n) hamaasy.
zealous/zelas/ (adj) hammay leh.
zebra/ziibra/ (n) demeer-faroow.
zenith/ziinith/ (n) kugdy (meelly ingky korreeyty).

zero/ziiro/ (n) eber.
zest (n) 1. raahy amy farah bathang. 2. liimy qubshe.
zigzag/zigzag/ (n) la-laab, sig-saag.
zinc/zink/ (n) zink (nammuung bir eh).
zip (n) shinyeeri (hirow amy dhuujhiyow).
zip code/zipkoowd/ (n) summuddy boostythy.
zodiac/zowdiak/ (n) burjy (nasiibۡy qofky oo luku fiiriyaw hiddighee amy gee usy dhalythi).
zombie/zombie/ (n) meet ha noolathy (faaliyi naf haky naghy meet).
zone/zown/ (n) meel.
zoo/zuu/ (n) moorethy hoola ly fiirsythaw lyky dhaghaw.
zoology/zuu-olojy/ (n) ilmy-hooly amy barashythy hoola.

www.ingramcontent.com/pod-product-compliance
Lightning Source LLC
Chambersburg PA
CBHW020401100426
42812CB00001B/152